한국 토론 70

토론으로 배우는 한국어·한국문화

한국 토론 70

토론으로 배우는 한국어·한국문화

이은자

역락

이 책은 한국어를 배우는 외국인 학습자를 위해 만들어졌습니다.

토론은 어떤 문제에 대해 자신의 생각과 의견을 말하면서 상대방을 설득하는 말하기입니다. 한국어의 단계 중에 가장 어려운 말하기라고 할 수 있습니다. 한국어를 유창하게 해도 토론은 잘되지 않습니다. 토론을 잘하기 위해서는 논리적으로 정당화하기 위해 근거를 들어야 하고, 또 상대방의 말을 잘 경청하면서 상대의 논리에 무슨 문제가 있는지 알아야 합니다. 그래서 한국어가 모국어인 사람도 토론이 쉽지 않습니다.

한국에서 토론이 활성화된 지는 얼마 되지 않습니다. 옛날부터 한국인은 말보다는 행동으로 실천하는 것을 더 중요하게 생각했습니다. 이는 과거 오랜 시간 동안 유교문화의 영향을 받았기 때문으로 보입니다. 또 일제 식민지 시대와 군사 독재를 지나면서 정치·사회적으로 서열과 위계질서를 강조하는 수직적인 문화가 지배하고 있었기 때문입니다. 따라서 수평적인 관계에서 자유롭게 자기 의견과 주장을 펴는 토론이 일상에서 훈련되기 어려웠습니다. 그러나 2000년대 초기부터 TV 토론 프로그램이 많이 생기면서 토론에 대한 관심이 커졌습니다. 이제 한국은 인터넷을 기반으로 한 토론이 대중들에게 익숙한 일상이 되었고, 사회 전반에 중요한 의사소통 문화로 자리잡고 있습니다.

이 책에 나오는 토론 70개는 한국인들이 최근 수년 동안 가장 많이 토론해 온 주제입니다. 토론의 주제를 보시면 한국인이 해결하고자 하는 문제가 어떤 것인지 알 수 있습니다. 물론 이 중에는 한국인뿐 아니라 세계의 모든 사람들이 함께 관심을 가지고 있는 주제도 많습니다. 토론은 현재 상황에 대한 변화를 요구하는 데서 시작됩니다. 급변하는 정치·사회적 변화 속에 토론의 주제도 많이 변하고 찬성과 반대의 입장도 바뀔 수 있습니다.

토론은 한 국가의 민주주의를 평가하는 중요한 척도입니다. 폭력과 권력이 아니라 대화와 토론이 가능하다면 그 사회는 건강한 민주주의 사회라고 할 수 있습니다. 사회에 있는 문제를 합리적으로 해결하려는 시민들의 노력이 있어야 토론은 세상을 바꾸는 큰 힘으로 작용합니다.

토론을 하다 보면 결론도 없는 이야기를 저렇게 할 필요가 있을까 하는 생각이 들 때가 있습니다. 그럼에도 불구하고 우리가 토론을 하는 것은 나의 생각과 다른 다양한 견해가 있다는 것을 알아야 하기 때문입니다. 우리는 끊임없이 대화하고 다른 사람의 생각과 말을 존중하는 연습을 해야 합니다. 그래서 우선 말하기보다 듣기를 더 잘해야 합니다. 잘 듣는 것만으로도 토론은 의미있는 일입니다.

토론으로 꼭 결론을 내고 문제를 해결해야 할 필요는 없습니다. 그러나 서로 다른 의견이 자유롭게 오고 가는 가운데 최선의 답을 찾아낼 수 있어야 합니다. 정보를 전달하고 의견을 교환하는 것에 그치는 것이 아니라 자신의 주장을 정당화하여 상대방을 설득하려는 말하기를 하는 것이 토론의 궁극적인 목적입니다.

이 책은 한국어를 배우는 외국인 학습자들을 위해 사실상 밥상을 다 차려주는 역할을 하고 있습니다. 그러나 숟가락만 들고 토론을 하겠다는 생각을 하지 마십시오. 토론의 근거를 그대로 앵무새처럼 읽는 것은 바람직하지 않습니다. 구체적인 증거를 찾아 정리하시고, 자신의 생각과 말로 만드시기 바랍니다. 무엇보다 한국어와 한국문화를 많이 이해하는 시간을 갖기 바랍니다.

코로나19 상황 속에서도 이 책이 나올 수 있게 해 주신 역락 출판사와 내내 꼼꼼하게 편집을 도맡아 주신 문선희 편집장님께 진심으로 감사드립니다. 중국어를 감수해 주신 공영옥 선생님께도 고마움을 전합니다. 바쁜 일과에도 불구하고 해외에서 토론에 맞는 그림을 그려 보내 준 딸 이승민의 정성도 잊지 않습니다.

2021년 2월 청파동 연구실에서

이은자

책을 활용하는 방법

▌이 책에는 가장 중요한 토론의 근거만 정리되어 있습니다. 토론을 할 때는 그 근거를 뒷받침할 구체적인 증거가 있어야 합니다. 토론과 관련된 법조항, 설문조사, 통계자료, 개인의 경험이나 관찰, 연구 보고, 권위있는 전문가의 말, 사건이나 사고, 또는 속담이나 비유 등 구체적인 사례를 찾아서 정리하는 것이 필요합니다.

▌실제 토론을 잘하기 위해서는 무엇보다 말하기가 자연스러워야 합니다. 눈으로 보거나 그대로 읽지 말고 충분히 숙지하면서 자신의 말로 소리내어 연습하십시오.

▌무엇보다 중요한 것은 듣는 것입니다. 따라서 토론 연습은 혼자하지 말고 동료 친구와 함께 말을 주고 받으면서 상대의 말을 잘 듣는 것부터 연습하십시오.

▌책에 나오는 논거를 모두 열거하면서 토론할 필요는 없습니다. 몇 개의 논거만 가지고도 토론을 충분히 할 수 있습니다. 상대의 말을 듣고 자신의 주장을 하면서 다양한 의견을 나누는 일이 필요합니다. 특히 곳곳에 나오는 한국문화를 이해하는 과정을 충분히 갖기 바랍니다.

▌말하는 시선, 태도 등 비언어적인 의사소통도 상대를 설득하는 데 중요하게 작용합니다. 늘 열린 자세로 예의 있게 말하고 성의있게 듣는 연습을 생활화하기 바랍니다.

🔖 깨알한국문화

토론하기에 앞서

토론 논제 선정 조건

좋은 토론을 하기 위해서는 우선 논제가 좋아야 합니다. 토론 논제가 명확하지 않으면 토론을 하기 어렵습니다. 찬성과 반대로 명확히 구분되는 논제를 만들지 않으면 핵심 쟁점을 파악하기 힘듭니다. 토론 논제는 시의성, 공공성, 대립성의 조건이 충족되어야 합니다.

시의성이란 지금, 현재 가장 논란이 되는 논제를 다루어야 한다는 말입니다. 아무리 중요한 토론이라고 하더라도 '지금, 여기'의 논제가 아니라면 좋은 토론이라고 할 수 없습니다.

공공성이란, 개인적이고 사적인 논제가 아니라 공동체 전체가 관심을 가지고 있는 공공의 논제여야 한다는 말입니다. 아무리 흥미있는 토론이라고 하더라도 특정 개인의 문제로 토론하는 것은 바람직하지 않습니다.

대립성은 토론이 찬성과 반대로 명백하게 대립되는 논제여야 한다는 말입니다. 찬성과 반대로 대립되지 않는 논제는 토의 논제로 적합합니다. 토의는 바람직한 해결방법을 구하기 위해 모든 구성원이 의견을 제시하는 형태의 말하기입니다. 이에 비해 토론은 나와 생각을 달리하는 사람들을 설득하기 위한 말하기입니다.

이상의 조건을 충족해도 토론 논제는 구체적인 문장으로 제시되지 않으면 토론하기 어렵습니다. 논제를 문장으로 잘 다듬어야 합니다. 이때 주의할 것은 토론이 한 가지 문제에만 집중할 수 있도록 논제를 만들어야 하고, 긍정문의 형태로 제시되어야 한다는 것입니다. 만약 논제가 "사형제도, 과연 존재해야 하는가?"처럼 의문으로 제시하면 누가 찬성이 되고 누가 반대를 해야 할지 대립점을 찾을 수 없습니다. 따라서 긍정문의 형태로 제시해야 합니다.

그리고 논제가 어느 한 쪽으로 치우치지 않도록 중립적인 표현으로 문장을 만들어야 합니다. 예를 들면, "인권을 무시하는 사형제도는 폐지해야 한다"고 하는 것은 이미 사형제도가 해롭다고 한 것이기 때문에 토론 논제로 적절하지 않습니다. "사형제도 폐지해야 한다"가 토론을 할 수 있는 적절한 논제가 되는 이유입니다.

마지막으로 가장 중요한 것은 토론의 논제는 현재 상황을 변화시키려는 쪽의 주장이 찬성측이 되도록 제시되어야 한다는 점입니다. 모든 토론은 현재 사회가 가지고 있는 문제를 인식하고 변화를 요구하는 데서 발생합니다. 변화를 제안한 측이 찬성측이 되면서 동시에 입증의 부담, 즉 먼저 논리적 증거를 제시할 부담을 지게 됩니다. 따라서 시간이 지난 논제여도 당시 시점에서 다시 변화를 요구하게 되면 토론 논제는 얼마든지 성립됩니다. 예를 들면 "사형제도 폐지해야 한다"가 성립되다가 다시 "사형제도 존립해야 한다"가 현재 상황에 따라 번복될 수 있는 것입니다.

토론 논제의 유형

토론을 잘하기 위해서는 그 논제가 어떤 유형의 논제인지 성격을 정확히 파악하는 것이 중요합니다. 토론 논제의 유형은 대체로 사실논제, 가치논제, 정책논제로 나누어집니다. 사실논제는 사실인지 아닌지의 여부를 가리는 논제이고, 가치논제는 옳은지 그른지, 바람직한지 아닌지, 좋은지 나쁜지 등의 가치판단을 다루는 논제입니다. 정책논제는 현 상황에서 정책에 대한 변화를 추구하는 논제입니다.

따라서 토론 논제가 어떤 유형의 논제인지 명확히 알고 토론하는 것이 필요합니다. 예를 들어 "사형제도 폐지해야 한다"는 정책논제입니다. 따라서 정책이나 제도의 변화를 추구하는 데 초점을 맞추어야 합니다. 그러나 "사형제도 바람직하다"라고 하면 가치논제가 됩니다. 그러면 좀 더 옳고 그른 가치 판단에 초점을 맞추어 토론하는 것이 바람직합니다. 물론 이러한 구분이 토론하는 과정에서 정확히 분리되는 것은 아닙니다. 정책논제여도 가치의 문제가 논의될 수 있고, 가치논제여도 정책의 문제를 언급할 수 있습니다. 다만 토론은 제한된 시간에 하는 것이기 때문에 보다 효율적인 토론이 되기 위해서 논제의 성격을 분명히 파악하는 것이 중요합니다.

이 책에 제시된 토론은 주로 정책논제와 가치논제 유형입니다. 모두 한국에서 가장 많이 토론하는 논제들입니다. 여기 나오는 토론 이외에도 현재 이슈가 되는 논제를 잘 선정하여 문장으로 만든 후, 토론을 해 보시기 바랍니다.

토론할 때 많이 쓰는 한국어 표현

다음은 토론을 할 때 많이 활용되는 한국어 표현입니다. 일상의 한국어가 모두 토론에서도 사용되지만, 여기 제시된 표현은 특히 토론에서 반복적으로 사용되는 말입니다. 적절하게 활용해서 한국어 토론을 잘 할 수 있도록 연습해 보십시오.

주장을 할 때	저는 ---에 찬성합니다. 저는 ---에 반대합니다. 저는 ---라고 생각합니다 저는 --- 찬성에 동의합니다. 저도 ---와 같은 생각입니다. 저는 ---을 확신합니다. --에 대해서 의심할 여지가 없습니다.
근거를 말할 때	왜냐하면, --- 때문입니다. 설문조사 결과에 의하면, 한 보고서에 따르면, --의 연구에 의하면, 통계에 따르면, 예를 들면, 예컨대, 제 경험에 의하면, --는 이렇게 말했습니다. " ----- " 이런 속담이 있습니다. "----" 그것은 마치------- 과 같습니다.

확인질문이나 반문을 할 때	---라고 하셨는데, 맞습니까? 용어를 정확하게 사용해 주십시오. 좀 더 보충설명해 주십시오. 좀 더 자세히 설명해 주십시오. 대안을 제시해 주십시오. 해결책은 무엇입니까? 구제적인 근거를 말씀해 주십시오. 구체적인 방법을 제시해 주십시오. 정확한 출처를 말씀해 주십시오.
반론이나 반박할 때	그렇지 않습니다. 그것은 사실이 아닙니다. 반드시 그렇다고 할 수 없습니다. 과연 그럴까요? 저는 동의할 수 없습니다. 과연 그럴 수 있을지 의문입니다. 저는 그렇게 생각하지 않습니다. 그것으로 문제가 해결되지 않습니다. 물론 그것은 일리가 있습니다. 그러나 -- 물론 그럴 수 있습니다. 그러나 -- 그것은 이 문제와 관련이 없습니다. 그것은 논점에서 벗어난 말입니다. 그것은 이상일 뿐입니다. 현실적으로 맞지 않습니다. 근거가 타당하지 않습니다. 근거에 신빙성이 없습니다. 근거가 올바르지 않습니다. 그것은 논리적 오류입니다. 그것은 말도 안 됩니다. 그것은 어불성설입니다.

결론을 말할 때, 최종 발언을 할 때	따라서, ---에 찬성합니다. 따라서, ---에 반대합니다. 결론적으로 말하자면, ---입니다. 한 마디로 말씀드리자면, ---입니다. 결론을 요약하자면, ---입니다. 제가 말씀드리고 싶은 것은 ---입니다. 제가 다시 한 번 강조하고 싶은 것은 ---입니다. 이상입니다.
상대의 말을 끊어야 할 때	잠깐만요, 말씀 중에 죄송합니다. 한 마디만 더 하겠습니다. 말을 끊어서 죄송합니다. 이제 그만 마무리해 주십시오. 짧게 끝내 주십시오.

01

인간의 본성은 선한 것이다.

인간의 본성은 선한 것일까요? 악한 것일까요? 인간의 본성에 관한 논쟁은 그 역사가 매우 오래되었습니다. 무수히 많은 학자들이 인간의 본성에 대해 말했는데, 동양에서는 맹자孟子의 '성선설'과 순자荀子의 '성악설'이 대표적입니다. 서양에서는 장 자크 루소Jean-Jacques Rousseau가 인간의 본성을 선하게 보았고, 토마스 홉스Thomas Hobbes가 인간의 본성을 악으로 본 대표적인 철학자입니다. 인간의 본성에 대한 생각은 다른 토론의 중요한 근거가 되기도 합니다.

찬성

- 본성 human nature 本性
- 선하다 good 善
- 악하다 bad 惡
- 논쟁 argument 争论
- 역사 history 历史
- 무수히 numerously 无数
- 논의 argument 议论
- 동양 the East 东洋
- 맹자 Mengzi 孟子
- 성선설 the theory that human nature is fundamentally good 性善说
- 순자 Xunzi 荀子
- 성악설 the theory that human nature is fundamentally evil 性恶说
- 서양 the West 西洋

1. 인간의 본성은 선한 것입니다. 왜냐하면 인간은 다른 사람을 돕는 것을 좋아합니다. 우물에 빠진 아이를 볼 때 우리는 그냥 지나치지 않습니다. 지하철 철도에 떨어진 사람을 구해주는 사람들의 마음이 본래 인간의 마음입니다. 자발적으로 행하는 선행을 생각해 보십시오. 인간은 아무 대가를 바라지 않고 타인을 도울 때 기쁨을 느낍니다. 남에게 해를 끼치거나 나쁜 짓을 할 때 불편한 감정을 가집니다. 인간은 본래부터 이타적인 존재이며, 인간의 본성은 선한 것입니다.

2. 동양에서 유명한 성인, 맹자는 『맹자』에서 다른 사람을 불쌍히 여기는 측은한 마음이 곧 인仁, 사랑이라고 했습니다. '측은지심惻隱之心'

입니다. 사람이 악을 행하는 것은 자신이 본래 타고난 자질을 다하지 못했기 때문이라는 것입니다. 즉, 선하게 태어났지만 환경에 의해 악하게 되는 것입니다. 사람은 하늘에서 받은 근본적인 선이 있다고 생각합니다.

3. 서양에서 유명한 철학자 루소Jean-Jacques Rousseau도 인간이 조물주의 손에서 만들어질 때 모든 것이 선하였으나, 인간의 손에 의해 악해졌다고 했습니다. 다윈Darwin Charles은 인간이 가진 긍정적 감정이야말로 우리의 도덕 본능과 선한 마음의 토대를 이룬다고 했습니다.

4. 엄마가 울면 아이도 따라 웁니다. 인간은 선천적으로 슬픔에 공감합니다. 어린 아이들이 배우지 않고도 공감하는 것은 인간이 본래부터 선하다는 것을 말해줍니다. 인간의 본성이 악하다면 인간은 지금 살아남을 수 없었을 것입니다.

- 장자크 루소 Jean-Jacques Rousseau 卢梭
- 토머스 홉스 Thomas Hobbes 霍布斯
- 철학자 philosopher 哲学家
- 우물 well 井
- 자발적 voluntary 自发的
- 대가 cost 代价
- 타인 others 他人
- 해를 끼치다 harm 危害
- 나쁜 짓 wrong 不好的行为
- 이타적인 altruistic 利他的
- 불쌍히 pitifully 哀悯
- 측은한 마음 compassionate 恻隐之心
- 인 benevolence 仁
- 타고난 자질 innate qualities 天资
- 루소 Rousseau 名卢梭
- 조물주 the Creator 造物主
- 다윈 Darwin 名达尔文
- 토대 foundation 基础
- 선천적으로 naturally 先天的
- 공감하다 empathize with 有同感

반대

1. 인간의 본성이 선하다면 왜 우리는 법을 지키고 도덕을 배우며 살아야 합니까? 인간의 본성이 악하고 이기심이 많기 때문에 법과 도덕이 생겨난 것입니다. 인간은 법과 도덕, 예절과 관습 등을 교육받으면서 점차 성장하고 착하게 변해 온 것입니다. 인간의 본성은 악한 것입니다.

2. 순자는 인간의 본성이 악해서 세상이 어지러워지자 예의를 가르치고 제도를 만들어 비로소 인간 세상이 도리와 이치에 맞게 되었다고 하고 있습니다.

3. 철학자 토머스 홉스Thomas Hobbes는 『리바이어던Leviathan』에서 자연상태에서 인간은 '만인의 만인에 대한 투쟁'이라고 했습니다. 자연상태에서 인간은 서로 불신하고 전쟁을 할 수밖에 없다는 것입니다. 인간은 혼돈으로부터 벗어나기 위해 국가라는 거대 권력과 계약을 함으로써 자신을 지킨다는 것입니다.

4. 건물에서 화재가 일어나 사람들이 저마다 자기만 살겠다고 하다가 더 많이 죽는 사건이 많이 일어납니다. 인간이 다른 사람을 돕는 것을 좋아한다는 것은 거짓입니다. 인간은 자기의 생존만을 생각하는 이기적 동물입니다.

5. 어린 아이들을 잘 관찰해 보십시오. 아이들은 가르쳐주지도 않았는데 거짓말을 잘하고 다른

아이들의 것을 빼앗습니다. 인간의 본성이 착하다면 아이들을 가르칠 필요가 없는 것입니다. 인간을 본성대로 놔두면 난폭하게 되고 싸움이 일어납니다.

6. 종교를 생각해 보더라도 인간의 본성이 악하다는 것을 알 수 있습니다. 종교는 인간이 본래부터 악하다는 성악설로부터 시작되었다고 할 수 있습니다. 성경에서는 인간이 유혹에 넘어간 타락한 존재로 보고 있고, 불교에서는 인간이 욕망하고 집착하는 존재로 보고 있습니다. 종교는 인간을 선하게 살라고 가르칩니다. 왜냐하면 인간은 악하기 때문입니다. 인간을 다스리고 선하게 만드는 역할을 하는 것이 바로 종교입니다.

- 생존 survival 生存
- 이기적 selfish 自私
- 관찰하다 observe 观察
- 난폭하다 violent 粗暴
- 종교 religion 宗教
- 성악설 the theory that human nature is fundamentally evil 性恶说
- 성경 the Bible 圣经
- 유혹 temptation 诱惑
- 타락한 degrade 堕落
- 존재 existence 存在
- 욕망 desire 欲望
- 집착 obsession 执着

여러분 나라에서 인간의 본성에 대해 이야기한 유명한 사람을 소개해 보십시오.

25

02

안락사 제도 도입해야 한다.

죽어가는 불치병의 환자를 고통으로부터 해방시켜 편안하게 죽게 하는 것이 '안락사'입니다. 약물을 투여해 죽음에 이르게 하는 적극적 안락사, 생명연장 장치를 제거하는 소극적 안락사가 있습니다. 이 논제의 쟁점은 인간의 존엄성, 안락사의 남용, 경제적 부담 등의 논거로 찬반 의견이 갈립니다. 다양한 논거와 증거자료를 보충하여 토론해 보십시오.

찬성

- 안락사 euthanasia 安乐死
- 불치병 incurable disease 不治之症
- 고통 pain 痛苦
- 해방 emancipation 摆脱
- 생명연장장치 Life extension device 延长生命的装置
- 남용 abuse 滥用
- 연장 extension 延长
- 존엄성 sanctity 尊严
- 병원비 medical bills 医疗费
- 보호자 guardian 监护人
- 경제적 부담 financial burden 经济负担
- 편치 않다 worry 不舒服, 不受用
- 가능성이 희박하다 an outside chance 可能性很小

1. 고통스럽게 생명을 연장하기보다는 편안한 죽음이 낫습니다. 불치병에 걸려 죽을 날이 가까워 오는데도 불구하고 병으로 고통스러워 하는 것보다 편안하게 죽는 것이 낫습니다. 인간은 누구나 자신의 삶을 선택할 자유가 있습니다. 인간답게 살 권리가 있듯이 환자는 인간답게 그리고, 존엄하게 죽을 권리도 있습니다.

2. 보호자의 경제적 부담이 크기 때문입니다. 불치병에 걸린 환자는 병원에 오래 머물러 있어야만 합니다. 경제적인 능력이 없는 사람은 엄청난 병원비를 감당하기 어렵습니다. 환자도 가족들에게 미안하고 보호자와 가족들도 계속되는 경제적 부담에서 편치 않습니다. 살아날 가능성이 희박한 환자로 인해 가족들의 경제적 고통을 감수

해야 하는 것은 매우 힘든 일입니다.

3. 말기 암환자와 같이 회생 가능성이 희박한데 단지 숨을 쉬게 하기 위해 각종 의료장비와 시간 등 비용을 써야 하는 것은 사회적으로도 크게 손실입니다. 효율적이지 못한 방법입니다.

4. 안락사 남용과 악용의 문제를 걱정하는 경우가 있는데 이는 엄격한 제도적 장치를 마련하면 해결될 수 있는 방법입니다. 효율적인 보완대책을 마련할 생각을 해야지 무조건 안락사를 막는 것은 바람직하지 않습니다.

5. 뇌사를 인정하게 되면 환자와 가족의 동의에 따라 뇌사자의 장기이식이 가능해집니다. 이로 인해 새로운 생명을 얻는 사람이 생기게 됩니다. 보다 긍정적인 미래를 준비하는 것이 바람직합니다.

- 경제적 고통 financial distress 经济痛苦
- 감수 endure 甘受
- 말기 암환자 terminal cancer patient 癌症晚期患者
- 회생 가능성 chance of revival 起死回生的可能
- 의료장비 medical device 医疗装置
- 손실 loss 损失
- 효율적 efficient 有效的
- 남용 abuse 滥用
- 엄격한 strict 严格
- 제도적 장치 institutional strategy 制度性的举措
- 뇌사 brain death 脑死亡
- 장기이식 organ transplantation 器官移植

반대

1. 안락사는 비인간적인 행위입니다. 인간은 누구나 생명을 지닌 존엄한 존재입니다. 어떠한 이유로도 생명을 인위적으로 끊을 수 없습니다. 그것은 살인행위와 같습니다. 환자의 산소호흡기를 제거하는 방법이나 약물을 투여하는 방법도 모두 살인과 같습니다. 아무리 죽어가는 환자라 하더라도 생명에 대한 가치는 소중합니다. 생명을 마음대로 한다는 것은 비인간적인 행위입니다. 자연스럽게 죽는 것이 자연의 섭리입니다. 삶의 질이 인간의 존엄성에 선행할 수 없습니다.

2. 안락사로 환자가 편히 죽는다 하더라도 가족과 보호자들은 죄책감으로 평생을 괴로워하면서 살아갈 것입니다. 가족은 서로 고통받을 때 그것을 함께 이겨내야 하는 공동체입니다. 안락사는 가족을 후회와 자책으로 고통스럽게 만드는 일입니다.

3. 회복 불가능한 불치병이라 하더라도 희망은 있습니다. 돈 때문에 살아있는 생명을 죽일 권리는 없습니다. 10년 동안 식물인간이었던 환자가 깨어난 경우도 있습니다. 작은 희망이라도 있다면 포기할 수 없는 것이 인간의 생명입니다.

4. 안락사를 인정하면 오남용의 우려가 있습니다. 장애인이나 노인과 같은 사회적 경제적 약자는 자신의 의사와 상관없이 안락사가 남용될 수 있습니다. 존엄사를 빙자한 범죄우려도 있습니다. 생명을 경시하는 사회풍조가 생겨 사회적으로 문제가 될 것입니다.

5. 안락사를 감당할 수 있는 사람은 없습니다. 의사는 사람을 살리는 일을 하는 것이지 죽이는 일을 하는 사람이 아닙니다. 안락사를 실행할 의사는 살인자와 다름없는 사람이 되는 것입니다.

6. 안락사가 일반화된다면 의료기술이나 신약개발의 발전이 없을 것입

니다. 더 이상 불치병을 고칠 노력을 하지 않을 것이기 때문입니다.

7. 안락사보다 호스피스hospice를 활용하는 방법이 더 좋습니다. 안락사와 같은 극단적 방법이 아니라 환자나 가족들이 도움을 받아 고통을 최소화하고 편안하게 죽음을 맞이하도록 하는 것이 바람직합니다.

> 여러분 나라에서 안락사를 법으로 허용하는지 이야기를 나누어 보십시오.

죽음의 종류

- 안락사 euthanasia安乐死
- 자연사 natural death自然死亡
- 객사 die while staying away from home客死
- 사고사 accidental death事故死
- 병사 death from disease
- 동사 freeze to death冻死
- 아사 die of hunger饿死
- 옥사 death in prison瘐毙, 瘐死
- 익사 drown溺死
- 급사 sudden death猝死
- 개죽음 useless death白死

03

낙태 합법화해야 한다.

낙태혹은 인공임신중절, 인공유산란 임신 중인 태아를 여성의 자궁에서 인공적으로 제거하는 일을 말합니다. 한국에서 '아이를 지운다'는 표현을 합니다. 한국은 모자보건법이 허용하는 5가지의 경우를 제외하고, 임신 24주 낙태를 금지하고 있습니다. 이 논제는 기본적으로 윤리적, 사회적, 종교적 가치의 문제를 다루고 있습니다. 구체적인 쟁점은 여성의 결정권, 태아의 생명권, 생명경시 풍조, 산모의 건강 등입니다.

찬성

- 낙태 abortion 堕胎
- 자궁 womb 子宮
- 인공적 artificial 人工的
- 제거 elimination 摘除
- 모자보건법
  the Mother and Child Health Law 母子保健法
- 결정권 the right to decide 决定权
- 생명권 right to life 生命权
- 생명경시풍조
  tendency to devalue life 轻贱生命的风气
- 산모 puerperd 产妇
- 예방 prevention 预防
- 강간 rape 强奸
- 인격체 person 人格体
- 부양할 능력
  ability to support 抚养能力

1. 여성의 자기 결정권을 존중해야 합니다. 여성은 성관계와 임신, 출산 등 자신의 몸에 일어나는 일에 대해 스스로 결정할 권리가 있습니다. 강간으로 인해 원치 않는 임신이 되었을 때 어떤 여성도 아이를 낳고 싶지 않을 것입니다. 태아는 인격체라고 하기 어렵습니다.

2. 낙태를 금지하는 것은 엄마와 아이 모두에게 정신적 피해와 불행을 초래할 수 있습니다. 원치않는 아이를 낳았을 때 여성은 억지로 아이를 키워야 하고 이러한 환경에서 아이도 제대로 자랄 수 없습니다. 또한 경제적으로 아이를 부양할 능력이 안 된다면 엄마와 아이 모두에게 불행한 미래가 다가올 확률이 높습니다. 낙태는 여성과 아이들의 권리를 보호할 것입니다.

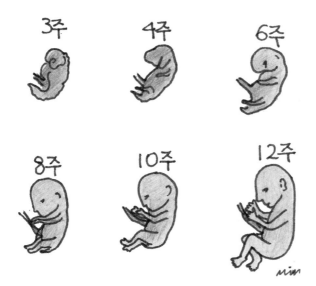

3. 낙태 금지로 미혼모가 급증하고 있습니다. 한국은 미혼모에 대한 사회적 보장제도가 미흡한 형편입니다. 아이를 키울 수 있는 사회가 되지 못한다면 여성에게 낙태에 대한 선택권을 주어야 합니다.

4. 무자격자에 의해 불법으로 이루어지는 낙태 시술로 인해 여성의 건강이 위협받습니다. 낙태를 범죄화한다고 해서 예방되거나 근절되는 것이 아닙니다. 낙태 금지는 낙태를 막을 수 없습니다. 최근 보도에 따르면 한국에서 하루에 4천1백 명의 낙태가 이루어지고 있다고 합니다. 차라리 낙태를 허용하여 사회적으로 보장된 안전한 시술을 받을 수 있도록 해야 합니다.

- 미혼모 single mother 未婚母亲
- 급증 rapid increase 急增
- 사회보장제도
  social security system 社会保障
  制度
- 미흡하다 insufficient 不够
- 무자격자 unqualified person 无
  资格者
- 불법 illegality 非法
- 낙태시술 abortion 堕胎手术
- 예방 prevention 预防
- 근절 extermination 根绝
- 안전한 시술 safe surgery 安全的
  手术

반대

1. 태아의 생명을 존중해야 합니다. 태아도 생명체입니다. 모든 생명은 존귀합니다. 부모라 하더라도 태아의 생명을 마음대로 침해할 권리는 없습니다. 낙태는 살인이라고 할 수 있습니다.

2. 낙태가 합법화되면 쉽게 낙태를 선택하게 될 것이고, 더 많은 낙태를 불러오게 됩니다. 낙태에 대한 죄책감도 줄어 생명의 소중함을 경시하는 풍조가 생기게 됩니다. 자신이 만든 생명에 대해 책임감을 가져야 합니다.

3. 현재 한국에는 모자보건법이 있습니다. 산모의 건강에 영향을 미칠 경우, 즉 유전학적으로 정신장애나 신체질환이 있는 경우, 전염병이 걸린 경우, 강간에 의해 임신된 경우, 혈족 또는 인척 간에 임신된 경우, 낙태를 허용하고 있습니다. 따라서 합법화로 낙태를 폭넓게 허용하게 되는 일은 막아야 합니다.

4. 산모의 건강과 상관없이 낙태가 무분별하게 일어날 수 있습니다. 한국에서는 아직도 남아선호사상으로 아이가 여자아이일 때 낙태를 선택할 수 있습니다. 또한 장애를 가진 아이를 임신하였을 경우에도 대부분의 사람들이 낙태를 선택하게 되는데 이는 장애에 대한 부정적인 고정관념을 심어주게 됩니다.

5. 출산율이 낮아지고 인구가 점점 고령화되고 있는 사회에서 낙태가 합법화되면 인구의 감소는 더욱 심해질 것입니다.

6. 낙태는 산모에게 큰 위험을 안겨줍니다. 낙태는 자궁천공이나 감염, 다음 임신에도 영향을 미치게 된다는 보고가 있습니다. 출혈과 감염 등으로 산모가 사망에 이르기도 합니다.

7. 종교적 입장에서 볼 때 낙태는 인간의 의지가 개입된 죄악입니다.

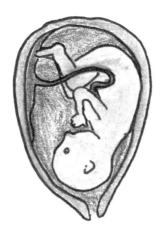

수정이 되는 순간부터 인간의 영혼이 부여됩니다. 신이 주신 생명체를 인간이 함부로 죽인다는 것은 신성모독입니다. 산부인과 의사에게 양심적 낙태 시술 거부의 권한이 있습니다.

8. 올바른 피임 방법과 성교육을 통해 원치 않는 임신을 최소화하여야 하고, 불가피하게 아이를 낳게 되는 경우 사회적 인식을 바꾸고 양육을 지원하는 사회적 경제적 지원 방안을 마련해야 합니다. 무엇보다 중요한 것은 태아의 생명과 여성의 건강 모두 소중하다는 것입니다. 특히 이 문제는 특정 분야나 여성만의 문제가 아니라 우리 모두의 문제라는 접근이 필요합니다.

- 신성모독 sacrilege, blasphemy 亵渎神圣
- 산부인과 obstetrics & gynecology 妇产科
- 양심적 conscientious 良心的
- 낙태시술 abortion operation 流产手术
- 피임방법 contraception method 避孕方法
- 성교육 sex education 性教育
- 최소화하다 minimize 最小化

한국나이

한국에서 나이는 자신이 출생한 날보다 한 살 더 많은 것으로 말합니다. 그래서 출생한 날을 기준으로 할 때는 '만*세'라고 합니다. 이는 전통적으로 태아를 생명의 시작으로 보기 때문입니다. 한국에서 법적 판례와 학설은 모두 '태아가 사람이다'에 기초하고 있습니다.

여러분 나라에서는 낙태가 어느 정도 발생하고 있습니까? 그리고 그 이유가 무엇인지 이야기를 나누어 보세요.

04

화장품 개발에 동물실험 금지해야 한다.

동물실험이란 동물을 사용하여 의학적인 실험을 하여 생명현상을 연구하는 일을 말합니다. 실험동물은 원생동물에서 포유동물 영장류까지 포함되나 사람은 제외됩니다. 동물실험은 다양한 분야에서 연구나 교육을 위해 쓰이고 있습니다. 동물실험 금지에 대한 논란은 오랫동안 진행되어 왔습니다. 여기서는 논의의 범위를 '화장품 개발'로 축소하여 집중 토론합니다.

찬성

- 동물실험 animal experimentation 动物实验
- 인간중심적 Anthropocentric 人类中心的
- 이기적 selfish 自私的
- 비윤리적 immoral 非伦理的
- 취약한 편 fragile 薄弱
- 마취제 anesthetic 麻醉剂
- 투여 inject 用药
- 안락사 euthanasia 安乐死
- 방치 negligence 放置
- 대체할 방법 alternative solution 代替方法
- 안전성 safety 安全性
- 보장 guarantee 保障
- 수출 exportation 输出
- 대체실험 replacement experiment 代替试验

1. 화장품 개발을 위해 동물들이 희생되어야 한다는 것은 인간중심적이고 이기적인 생각입니다. 동물에게도 생명의 권리가 있습니다. 동물도 감정이 있고 고통을 느낍니다. 더구나 인간의 미용에 사용되는 화장품에까지 동물이 희생되어야 할 필요는 없습니다.

2. 화장품 동물실험은 비윤리적인 일입니다. 실험 동물의 환경은 매우 취약한 편입니다. 마취제도 투여하지 않고 그대로 실험을 하는가하면 실험 후 안락사하지 않고 그대로 방치하기도 합니다.

3. 화장품 개발에는 동물실험에 대체할 방법이 존재합니다. 동물을 희생하지 않고서도 충분히 화장품의 안전성을 보장할 기술이 발전되고 있습니다.

4. 2013년부터 유럽연합은 동물실험을 거친 화장품 판매를 금지하고 있습니다. 유럽시장에서 이러한 움직임이 일고 있는 것은 유럽에 수출하는 화장품 산업에도 중요한 일입니다.

5. 동물실험보다 대체실험을 하는 비용이 더 적습니다. 동물실험에 쓰이는 동물들은 특정한 환경에서 잘 관리받은 동물이어야 하기 때문에 더 비용이 듭니다. 그러나 대체실험은 초기 개발비가 들어가면 저렴한 비용으로 사용할 수 있습니다.

6. 전세계에서 동물실험 반대운동이 일어나고 있습니다. 국가적으로도 망신입니다. 한국에서도 반대여론이 큽니다. 설문조사에 따르면 일반 시민 70% 이상이 화장품 동물실험 금지에 찬성한다고 대답한 바 있습니다.

- 개발비 development expense 开发费
- 저렴한 비용 lower cost 低廉的费用
- 망신 disgrace 丢脸

반대

- 동물실험 animal testing 动物实验
- 미용 beauty treatment 美容
- 생필품 daily necessity 日常用品
- 의약품 medicine and medical supplies 医药品
- 동일하게 equally 同样地
- 불가피한 inevitable 不可避免的
- 효율성 efficiency 有效性
- 대체실험 replacement experiment 替代实验
- 지불하다 pay 支付
- 신속한 expedite 迅速的
- 대외수출 overseas export 对外出口
- 타격을 입다 take a hit 遭受打击
- 안전성 safety 安全性
- 막대한 huge 巨大的
- 지장이 있다 be hindered 有碍
- 양보하다 offer, yield 让步

1. 현대 사회에서 화장품은 더 이상 여성의 미용만을 위한 것이 아닙니다. 화장품은 생필품이며 동시에 의약품의 구별이 없을 정도로 중요한 물건입니다. 화장품 생산에서 동물실험은 의약품과 동일하게 적용되는 필요불가피한 일입니다. 인간에게 발생될 위험성을 막고 안전한 화장품 개발을 위해 동물실험은 금지해서는 안됩니다.

2. 동물실험은 대체실험 방법에 비해 효율성이 가장 높습니다. 기술의 발전으로 여러 가지 대체실험 방법이 만들어졌다고 하지만 안정성을 갖추지 못하고 있습니다. 또한 대체실험은 동물실험에 비해 엄청난 시간과 비용을 지불해야만 합니다. 가장 안전하고 신속한 방법으로 동물실험이 필요합니다. 인간과 동물의 구조가 가장 일치하기 때문에 동물실험이 효과적입니다.

3. 화장품 개발에서 동물실험을 금지하면 한국의 대외수출에 경제적

으로 큰 타격을 입을 가능성이 큽니다. 한국은 중국에 화장품 수출에 의존합니다. 중국은 동물실험을 거치지 않은 화장품 수입을 금지하고 있습니다. 따라서 기업의 중국 화장품 수출에 막대한 지장이 있습니다.

4. 동물실험은 동물에 대한 최소한의 윤리, 즉 3R법에 의거하여 실시되고 있습니다. 동물의 고통을 덜어주기 위해 노력하고 있으며 단순한 도구가 아니라 인간을 위해 희생하는 동물에 대한 윤리적 기준을 지키고 있습니다. 화장품 개발과 발전을 위해 동물실험을 양보해야 합니다.

5. 인간은 동물보다 위에 있고 동물을 다스릴 수 있을 뿐 아니라 이용할 수 있습니다. 동물에게 권리를 부여한다는 것은 모기나 파리에게도 생명의 권리를 인정해야 하는 불합리한 결론에 이르게 됩니다. 먹이사슬의 최고인 인간과 동물을 동일하게 취급할 수 없습니다. 인간의 유익을 위해 동물을 이용하는 것은 자연스러운 일입니다.

> 👥👥 동물실험에 이용되는 동물에 어떤 동물이 있는지 이야기를 나누어 보세요.

• 먹이사슬 food chain 食物链

📖 **3R법**
1. Reduction, 가능한 한 적은 수의 동물을 이용한다.
2. Replacement, 실험을 시작하기 전 대체 가능한 방법이 없는지 모색해야 한다.
3. Refinement, 실험 진행 중에는 동물이 고통을 받지 않고 동물의 복지를 향상시킬 수 있는 방법으로 동물실험을 해야 한다.

📖 **실과 방**

실험실 / 지하실 / 연구실 / 교실 / 강의실 / 화장실 / 조리실 / 대기실 / 탈의실 / 휴게실 / 오락실 / 독서실
* 주로 유흥이나 놀이를 위한 공간에는 방을 붙임.
놀이방 / 찜질방 / 노래방 / 머리방 / 게임방 / 소주방 / 만화방 / PC방 / 빨래방 / 비디오방 / 다방 / 다락방

📖 **방콕**

외출하지 않고 방에만 있는 상태. '방에만 콕 박혀있다'는 말의 줄임말. 타이의 수도 방콕에 빗대어 쓰는 새로운 한국어. "지난 주말에 방콕했어."

05

거지를 적선하는 일은 바람직한 일이다.

먹을 것이나 입을 것이 없어 남에게 빌어서 생활하는 사람을 '거지'라고 합니다. 한국에서는 거지를 비렁뱅이, 걸인, 동냥아치 등으로 불렀습니다. 풍요한 시기에도 언제나 거지는 있었습니다. 예전에는 거지가 집을 돌아다니며 집 앞에서 구걸하는 형태가 많았으나 오늘날에는 그러한 형태의 거지는 거의 없고, 지하철 입구나 길거리에서 행인들에게 구걸하는 형태로 바뀌었습니다.

찬성

- 구걸하다 beg 讨乞
- 행인 passerby 行人, 路人
- 동정 sympathy 同情
- 거지 beggar 乞丐
- 적선 give alms 积善
- 선한 일 good deed 善事
- 자선단체 charity 慈善团体
- 정부기관 government agency 政府机关
- 미덕 virtue 美德
- 절도 theft 盗窃
- 매춘 prostitution 卖淫
- 상호이타주의 reciprocal altruism 相互利他主义
- 건전하게 healthily 健全地
- 공동체 community 共同体
- 유지되다 be kept 维持
- 불운한 unlucky 不走运的

1. 거지를 돕는 것은 개인적으로나 사회적으로 선한 일입니다. 자선단체나 정부기관 이외에도 개인의 자선행위가 필요합니다. 거지를 적선하는 일은 인간의 도덕적 의무이며 인간사회에서 가장 큰 미덕입니다.

2. 길거리에서 구걸하는 이들에게 적선을 하지 않는다면 그들은 길거리에서 죽어갈 수도 있으며 절도나 매춘과 같은 나쁜 방법으로 돈을 구할지 모릅니다. 우리가 거지를 돕지 않는다면 그들을 나쁜 상황에 두는 것입니다. 적선할 형편이 된다면 당연히 나누어야 합니다.

3. 사회가 건전하게 움직이기 위해서는 상호이타주의의 원칙이 작동해야 합니다. 공동체는 서로 돕는 행동을 통해서 유지되고 발전될

수 있습니다. 적선은 사회의 불운한 사람들에 대한 기본적인 우리의 책임입니다. 한 사회에 거지가 있다는 것은 불행한 일입니다. 아무리 사회가 발전하고 잘 살게 되더라도 함께 잘 살아야 합니다. 적어도 굶어죽는 사람이 없어야 행복한 사회입니다. 거지를 적선하는 일은 너무나 당연한 일입니다.

4. 선을 행하고 덕을 쌓는 일은 특별한 일이 아닙니다. 크게 기부를 하고 봉사활동을 하는 것만이 좋은 일이 아닙니다. 내가 사는 곳에 있는 거지에게 조금이라도 도움을 주는 것이 바로 선한 행동이고 덕을 쌓는 일입니다.

5. 물고기를 주는 것보다 물고기를 잡을 수 있는 방법을 가르쳐 주는 것이 낫다고 하는 것은 당장 죽지 않는 거지들에게 해당되는 말입니다. 거지는 지금 당장 일을 해서 돈을 벌기 어려운 사람들입니다. 당장은 물고기를 주면서 거지들이 다시 살아갈 수 있도록 돕는 것이 옳습니다.

반대

- 거지적선 give alms to the poor 帮助乞丐
- 적선하다 help, give alms 积善
- 앵벌이 panhandler 街头卖艺乞讨
- 사회악 social evil 社会罪恶
- 노숙자 the homeless 露宿者
- 관리소 management office 管理所
- 자선단체 charity 慈善机构
- 의존하다 depend on 依靠

1. 거지는 왜 거지가 되었을까요? 거지들 대부분은 어려운 가정문제나 경제문제를 스스로 극복하지 못하고 길거리에 나온 사람들입니다. 이들을 도와주어야 할 의무는 없습니다. 거지 스스로 삶을 극복해야 합니다.

2. 거지에게 적선을 하게 되면 '앵벌이'와 같은 직업적인 거지들이 생기게 됩니다. 사람들의 감정을 사서 손쉬운 돈벌이를 하게 만드는 것은 사회악을 만드는 것과 같습니다. 합법적인 노숙자 관리소나 자선단체에 돈을 맡기는 것이 차라리 낫습니다.

3. 적선은 거지들을 돕는 것이 아니라 오히려 거지를 영원한 거지로 만드는 일입니다. 적선은 누군가에게 의존하여 살아가는 나쁜 습관을 만들어 주기 때문입니다. 일하지 않아도 먹고 살 수 있다면 누가 일을 하겠습니까? 적선보다 일할 자리를 만들어 주어 스스로 일을 찾을 수 있도록 돕는 것이 더 나은 방법입니다. 즉, 거지에게 물고기를 주지 말고, 물고기를 잡는 방법을 가르쳐주어야 합니다.

📖 **앵벌이**

앵벌이란 나쁜 사람들이 시키는 대로 구걸이나 도둑질로 돈벌이를 하는 짓, 또는 그 어린이를 말합니다. 장애아들이 앵벌이가 되는 경우가 많은데, 이는 장애를 가진 아이들이 사람들의 동정을 받기 쉽기 때문입니다.

> 👥 여러분 나라에는 거지가 많습니까? 주로 어디에서 어떻게 구걸을 하나요? 서로 이야기를 나누어 보세요.

증거자료 메모

구체적인 증거자료를 정리해 보세요. 법조항, 설문조사, 통계자료, 개인의 경험이나 관찰, 연구보고, 권위있는 전문가의 말, 사건이나 사고, 또는 속담이나 비유 등 구체적인 사례를 찾아서 메모합니다.

06

착한 사마리아인법 도입해야 한다.

착한 사마리아인법은 위험에 처한 사람을 돕지 않으면 처벌할 수 있는 법을 말합니다. 이 법은 강도를 만나 길에서 죽어가는 유대인을 다른 사람들은 다 지나치는데 한 사마리아인만 구해주었다는 성서에서 나온 이름입니다. 한국은 이 법을 추진 중에 있습니다. 현재 미국과 유럽에서 시행 중에 있습니다. 이 토론은 법과 도덕의 경계에서 의견이 나누어 집니다.

찬성

- 착한 사마리아인법
  The Good Samaritan Law 好撒
  马里亚人法
- 유대인 Jew 犹太人
- 추진 중 ongoing 正在推行
- 시행 중 in force 正在施行
- 도덕 morality 道德
- 경계 alert 警戒
- 사회연대의식
  society sense of solidarity 社会
  连带意识
- 최소한의 at least 最小限度的, 最
  低限度的
- 구조 의무
  duty to rescue 救助义务
- 협력 cooperation 协力
- 존립 existence 存在
- 공동체 community 共同体
- 안정 stability 安定

1. 늘어나는 범죄를 막고 위험에 처한 사람의 생명을 구하기 위해 착한 사마리아인법이 필요합니다. 주변사람들이 모두 어려움에 처한 사람을 외면하지 않는다면 당연히 범죄도 줄어들 것이고 생명의 위험도 줄어들 것입니다.

2. 사마리아인법이 마련되면 사회적 안정을 얻을 뿐 아니라 사회연대의식을 강화하게 됩니다. 최소한의 구조 의무를 법으로 만들면 사회 구성원 모두가 범죄를 감시하고 생명을 보호하는 책임을 갖게 됩니다. 각 개인 간의 협력은 사회의 존립과 발전을 위해서 중요한 것입니다. 함께 잘 사는 공동체를 건설하기 위해 착한 사마리아인법이 필요합니다.

3. 이 법이 도입된다면 공권력 투입 비용과 응급처리 비용 등을 절감할 수 있습니다. 위험에 처한 국민을 보호하는 데 드는 사회적 비용을 줄일 수 있습니다.

4. 독일, 오스트리아, 프랑스, 호주, 일본 등에서 착한 사마리아인 법을 도입했습니다. 프랑스는 본인 또는 제3자의 위험이 없음에도 곤경에 처한 사람을 구하지 않으면 형법에 의해 5년 이하의 징역 및 벌금형에 처할 수 있다고 합니다. 세계 여러 나라에서 시행하고 있는 만큼 이 법의 필요성은 충분히 인정된 것입니다. .

5. 이 법이 있다면 국가가 안전한 나라로 알려지게 되고, 국가의 이미지는 좋아지게 됩니다. 외국인들이 한국을 더 찾게 되는 좋은 방법이 될 것입니다.

- 책임 responsibility 責任
- 의무 obligation 义务
- 공권력 governmental authority 公权力
- 투입 commitment 投入
- 곤경에 처하다 be in trouble 处于困境
- 형법 punishment 刑法
- 징역 penal servitude 徒刑
- 벌금형 monetary penalty 罚金刑
- 인정되다 be recognized 认定

반대

- 착한 사마리아인법
  good Samaritan law 好撒马里亚人法
- 도덕적 ethical, moral 道德的
- 강제하다 coerce, force 强制
- 침해하다 invade 侵害
- 비난 criticism 非难
- 처벌하다 punish 处罚
- 최후의 수단 last resort 最后的手段
- 자율권 private autonomy 自律权
- 무시되다
  be disregarded 无视, 忽视
- 침해받다 be infringed 受到侵害
- 강제로 by force 强制
- 모호하다 ambiguous 模糊
- 구조하다 rescue 救助
- 가해자 attacker 加害者
- 법적 소송 lawsuit 法律诉讼
- 휘말리다 get caught in 卷入
- 초래하다 cause 导致
- 범법자 law-breaker 犯法者
- 과잉반응 overreaction 过度反应
- 약화되다 weaken 被弱化
- 윤리교육 ethics education 伦理教育
- 도덕교육 moral education 道德教育

1. 도덕적인 문제를 법으로 강제하는 것은 개인의 자유를 침해하는 것입니다. 물에 빠진 사람을 구해주지 않은 사람에게 도덕적으로 비난할 수 있어도 법적으로 처벌할 수는 없습니다. 법은 최후의 수단입니다.

2. 자칫 무분별하게 적용되면 가벼운 도덕적 문제까지도 법으로 강제되면서 개인의 자율권이 침해받습니다. 처벌을 받지 않기 위해 돕는 행동은 옳지 못합니다. 법의 강제로 개인의 자율권이 무시되는 것입니다. 도덕의 영역을 모두 법으로 강제하는 사회는 바람직하지 않습니다.

3. 구해주는 상황에 대한 기준이 모호합니다. 왜냐하면 구조한 사람이 가해자로 몰리면서 법적 소송에 휘말릴 수도 있기 때문입니다. 또한 그냥 지나친 사람이 많으면 어떤 사람을 처벌해야 할지 알 수 없습니다. 법의 적용과 기준이 모호해서 혼란을 초래합니다.

4. 착한 사마리아인법이 도입되면 많은 사람들이 범법자가 될 것입니다. 길에서 불편한 사람들을 지나치기만 해도 불안해지거나 과잉반

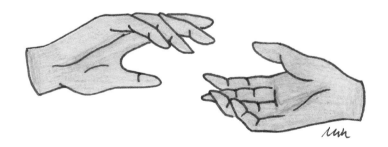

응을 하게 될 가능성이 높습니다. 외면하는 것을 막기 위해 아예 지나치게 도피하는 반응을 보일 수도 있습니다.

5. 강제적인 법을 만들면 자발적으로 행동하는 도덕의식이 약화될 수 있습니다. 선한 사람들의 미덕마저 법에 의해 움직이는 사람처럼 인식되어 이 사회는 삭막해질 것입니다. 강제적인 법을 만들기보다 윤리교육, 도덕교육을 강화하는 것이 바람직합니다.

사마리아인(Samaritans)
팔레스타인의 사마리아 지방에서 살던 사람들. 유대인들은 사마리아인을 이방인처럼 취급하여 멸시하였습니다. 그러나 어떤 유대인이 예루살렘에서 강도를 만나 길가에 버려졌는데 같은 유대인은 못 본 척 지나가 버렸지만 유대인에게 미움을 받던 사마리아인이 구조해 주었습니다. 이 이야기에서 착한 사마리아인 법이 나온 것입니다.

여러분 나라에서는 길에서 위험에 처한 사람을 돕는 사람이 많습니까? 지나치는 사람이 많습니까? 서로 이야기를 나누어 보세요.

07

선의의 거짓말은 필요하다.

선한 동기, 좋은 목적을 가지고 하는 거짓말을 선의의 거짓말이라고 합니다. 일명 '하얀 거짓말'입니다. 남을 속여 자신의 이익을 얻는 사기형 거짓말이 아닙니다. 그러나 악의가 없는 거짓말이라고 해서 용인할 수 있는 것인지, 철학적이고 윤리적인 문제가 이 토론의 쟁점입니다.

찬성

- 선한 동기
  good motive 善良的动机
- 목적 purpose 目的
- 선의 good will 善意
- 거짓말 lie 谎言, 谎话
- 사기형 fraudulent form 欺诈型,
  欺骗型
- 악의 malice 恶意
- 용인하다 accept 容忍
- 윤리적 ethical 伦理的
- 철학적 philosophical 哲学的
- 상처 wound 伤害
- 아픔 pain 痛苦
- 절대적인 absolute 绝对的
- 간주하다 regard 看作
- 무조건 unconditional 无条件
- 과언 undeserved 过分的话, 言过
  其实
- 평균 average 平均
- 인간관계 human relationship 人

1. 선의의 거짓말은 윤리적으로 필요한 일입니다. 왜냐하면 진실을 말하는 것이 상대방에게 더 큰 상처와 아픔을 줄 수 있습니다. 따라서 선의의 거짓말로 상대방에게 상처를 주지 않는 것이 좋은 일입니다. 수단이 도덕적이지 못한 것이라 하더라도 그 의도가 선하고 결과가 많은 사람들에게 행복을 가져온다면 큰 문제가 없는 것입니다.

2. 인간은 절대적인 기준으로만 살아갈 수 없습니다. 거짓말을 비윤리적인 것으로 간주하여 무조건 거짓말을 피하고 살아가는 것은 맞지 않습니다. 인간은 누군가와 첫 대면 최초 10분 동안 평균 3회의 거짓말을 하고, 하루 평균 200번 거짓말을 한다고 합니다. 거짓말을 하지 않으면 살 수 없다고 해도 과언이 아닙니다.

3. 선의의 거짓말은 인간관계를 유지하기 위해 꼭 필요합니다. 인간은

사회 속에서 많은 이들과 관계를 맺으며 살아갑니다. 하얀 거짓말은 플라세보Placebo 효과와 같은 작용이 있습니다. 약효가 전혀 없는 약이라도 환자들에게 효과가 있는 것처럼 선의의 거짓말은 지친 사람들에게 희망과 활력을 불어넣을 수 있습니다.

4. 거짓말은 때로는 문제를 평화적으로 해결하는 데 중요한 역할을 해줍니다. 폭력을 거부하고 하얀 거짓말을 선택하는 것이 현명한 일입니다. 만약 암살자가 당신의 친구를 추격해 와서 집안에 있냐고 물었을 때 당신은 어떻게 하시겠습니까? 선의의 거짓말은 필요불가합니다.

际关系
- 현명한 wise 贤明的
- 플라시보 효과 placebo effect 安慰作用
- 희망 hope 希望
- 활력 vitality 活力
- 평화적 peaceful 和平的
- 폭력 violence 暴力
- 거부 refusal 拒绝
- 암살자 assassin 暗杀者
- 추격하다 chase 追击
- 필요불가결하다 ndispensable 必不可少

반대

📖 거짓말의 종류
하얀 거짓말 white lies 白色谎言
새빨간 거짓말 a downright lie
弥天大谎
뻔한 거짓말 palpable lies 明显
的谎言
입에 침도 안바르고 하는 거짓말
Lying through your teeth 唾沫
星子话

1. 선의의 거짓말도 거짓말입니다. 거짓말이라는 것은 선한 것이 아닙니다. 아무리 상대방이 듣기에 좋은 말이라 하여도 말하는 사람의 진실을 벗어난 거짓은 분명 거짓입니다. 선의의 거짓말은 타인을 위하는 것처럼 보이지만 사실은 자신의 불편함을 없애기 위한 수단에 지나지 않습니다. 상대방이 상처를 받더라도 진실을 말하는 것이 옳은 일입니다. 어떠한 경우라도 거짓말은 용인될 수 없습니다.

2. 반드시 선의의 거짓말을 통해서만 갈등을 해결할 수 있는 것은 아닙니다. 굳이 선의의 거짓말을 하지 않아도 다양한 방법으로 피해 갈 수 있기 때문에 거짓말을 하는 것은 핑계입니다.

3. 자신의 기준에서 선의의 거짓말이지 상대에게 선한 것이 될지는 알 수 없습니다. 상대를 위한다는 것은 명분일 뿐입니다. 선한 목적은 선한 방법과 수단 역시 정당해야 합니다. 아무리 동기가 선하다고 해도 거짓말이라는 수단을 사용해서는 안됩니다.

4. 선한 거짓말이라고 해도 언젠가는 진실이 알려지게 됩니다. 그 때까지 거짓말을 한 사람은 불안하게 살아야 합니다. 또 진실을 나중에 알게 되었을 때 당사자도 더욱 실망하게 될 것입니다.

5. 선의의 거짓말이라고 하면서 습관적으로 거짓말을 하게 되면 거짓말을 하는 것이 당연하게 받아들여지게 됩니다. 그렇게 되면 사회는 거짓말로 가득찬 사회가 될 것이고 누가 무슨 말을 해도 믿지 못하는 불신사회가 될 것입니다.

👥👥 가장 많이 하는 거짓말은 어떤 것입니까? 서로 이야기를 나누어 보세요.

증거자료 메모

구체적인 증거자료를 정리해 보세요. 법조항, 설문조사, 통계자료, 개인의 경험이나 관찰, 연구보고, 권위있는 전문가의 말, 사건이나 사고, 또는 속담이나 비유 등 구체적인 사례를 찾아서 메모합니다.

한국인의 종교와 종교문화

한국의 종교는 서로 충돌되지 않은 채 상호공존하는 특성을 가지고 있습니다. 불교, 기독교와 가톨릭, 유교, 도교 등 다양한 종교와 사상이 존재하지만 종교 분쟁이 없는 나라입니다. 한 가족 안에 서로 다른 종교를 가지는 경우도 많습니다.

한국에서 역사가 가장 오래된 것은 무속신앙입니다. 무속은 종교로 인정되지 않지만 다양한 분야에서 의식하지 못할 정도로 일반 서민들의 생활 깊숙이 스며들어 있습니다. 불교, 유교, 기독교 등은 모두 무속신앙을 바탕으로 받아들여진 외래종교입니다. 무속신앙은 현세적이고 기복적인 것이 특징입니다. 무속신앙에서 모시는 신은 그 종류와 수가 매우 다양하고 많습니다. 하늘신, 땅신, 인간의 신, 잡귀신 등이 있고 자연에 있는 사물이나 현상을 의인화하여 만든 신들입니다. 따라서 이들은 지극히 인간적인 모습으로 나타납니다. 신령한 존재와 인간을 연결해주는 이가 바로 무당입니다. 무당은 굿이라는 의식을 통해 인간과 신을 연결해주는 역할을 합니다. 오늘날에는 굿을 보기 어렵지만 무당은 많습니다. 한국문화의 특징으로 한(恨)을 꼽기도 하는데 무속은 한국인의 한(恨)을 푸는 기제로 작용해 오기도 했습니다.

조선시대 통치이념이었던 유교는 한국사회에 가장 큰 영향력을 미친 사상이라고 할 수 있습니다. 유교를 종교라고 보기 어렵지만 종교에 버금갈 만큼 오랫동안 한국인의 삶과 도덕에 큰 영향을 주었습니다. 한국의 가족주의와 서열의식, 가부장적 권위주의 등은 모두 유교를 바탕으로 만들어진 문화라고 할 수 있습니다.

유교와 무속신앙을 제외하면 한국에서 가장 큰 영향을 미치는 종교는 불교와 기독교입니다. 부처님이 태어난 '석탄절'과 예수님이 태어난 '성탄절'이 모두 공휴일이라는 점만으로도 알 수 있습니다.

불교는 4세기 중반 삼국시대에 중국을 통해 한국에 들어왔습니다. 고구려를 통해 받아들였지만 신라가 통치이념으로 받아들였으며 고려시대에는 국교로 정착됩니다. 현존하는 한국의 문화유산 중에 유형문화재들은 대부분 불교가 성행했던 시대에 만들어진 것입니다. 조선시대에 유교통치 때문에 불교가 심하게 탄압을 받았지만 한국인이 가장 오랜 세월 동안 종교로서 받아들인 것이 불교이며 종교인구에서 차지하는 비중도 가장 큽니다. 한국 불교의 특징은 언제나 다른 종교와 조화를 이루며 자기성찰의 수련과 명상이 동반되고 있다는 점입니다.

기독교는 18세기 후반 중국을 통해 천주교(가톨릭)로 전해진 종교입니다. 그러나 조선후기 엄청난 박해로 인해 순교한 성자들이 많습니다. 지금은 성직자만 해도 5천 명에 이를만큼 큰 종교로 자리잡고 있습니다. 개신교는 19세기 초 서양과 수교를 한 뒤 선교사가 들어오면서 별다른 저항없이 한국의 종교로 확장되었습니다. 현재 인구의 20%가 개신교 신자이고 종파도 다양합니다.

한국은 이처럼 다종교 국가이지만 지극히 현세적이고 개인의 복을 비는 기복신앙에 가깝다는 점은 공통된 특징이라고 할 수 있습니다.

> 🧑‍🤝‍🧑 한국어에는 유교, 불교, 무속신앙과 관련된 어휘와 표현이 많습니다. 어떤 표현들이 어떤 종교와 관련된 것인지 조사해 보고 이야기를 나누어 보십시오.

08

종교인의 정치참여 규제해야 한다.

박근혜 정부 당시 천주교, 개신교, 불교 등 한국의 종교계가 잇달아 정부를 비판하며 시국선언을 한 바 있습니다. 일부 정치계는 환영과 응원의 메시지를 보냈으나 종교계에서는 찬반 갈등이 심화되었습니다. 현재도 종교인들의 정치발언의 수위가 높아지고 있어 이를 규제해야 한다는 목소리가 높습니다.

찬성

- 종교인 宗教徒
- 정치참여
  political participation 政治参与
- 헌법 constitution 宪法
- 국교 state religion 国教
- 분리 separation 分离
- 조사되다 be investigated 调查
- 본연의 역할 natural role 本来的
  作用
- 충실하다 faithful 充实
- 정치적 견해
  political opinion 政见
- 조직 organization 组织
- 개입하다 interfere 插手 介入
- 전문가 expert 专家
- 평신도 the laity 普通信徒
- 민간인 civilian 普通老百姓
- 편향된 biased 偏向

1. 대한민국의 헌법 2장 20조에는 국교는 인정되지 아니하며, 종교와 정치는 분리된다고 밝히고 있습니다. 종교인의 정치참여는 규제가 필요합니다.

2. 종교인의 정치참여에 대해 국민의 75%가 반대하는 것으로 조사되고 있습니다. 종교인은 종교인 본연의 역할에 충실해야 합니다. 정치적 견해를 밝히거나 조직에 직접 개입하는 것은 종교인이 해야 할 일이 아닙니다. 정치는 각 분야의 전문가인 평신도 혹은 민간인이 하는 것입니다.

3. 종교인이 정치참여를 하면 안 되는 이유는 종교인의 편향된 정치적 발언이 그를 따르는 신도들에게 큰 영향력을 미치기 때문입니다. 신도를 이용하여 자신의 정치활동을 하는 것밖에 되지 않습니다.

4. 종교인이 정치에 참여한다면 정치계가 종교인들의 교리에 대한 논쟁터로 변질될 우려가 있습니다. 또한 특정 종교인의 정치참여로 기득권을 갖게 된다면 다른 종교에 대해 배척과 탄압을 할 수 있게 됩니다. 종교의 분열을 초래하게 될 것입니다. 종교인의 정치참여는 규제하는 것이 맞습니다.

- 정치적 발언 political remarks 政治发言
- 신도 believer 信徒
- 변질되다 变质
- 우려 worry 忧虑
- 기득권 vested rights 既得权
- 배척 exclusion 排斥
- 탄압 oppression 弹压
- 분열 split 分裂
- 초래하다 bring about 招致

반대

1. 종교인도 국민의 한 사람으로서 정치에 참여한다는 것은 당연한 권리이자 의무입니다. 종교는 인간의 삶의 모든 영역을 다루고 있습니다. 세상의 모든 문제에 관해 종교는 정의로운 실현을 위해 노력하는 것이 그 본질입니다. 종교는 사람들의 문제를 떠날 수 없는 것이며 따라서 종교인의 정치참여는 자연스러운 결과입니다.

2. 종교는 국경이 없지만 종교인은 국가가 있고 국민의 도리를 다해야 합니다. 자유민주주의를 부정하고 나라를 어지럽히는 것을 그대로 보고만 있을 수는 없는 것입니다. 종교인도 정치에 대해 신앙적 고민을 할 필요가 있습니다. 정치와 종교가 별개라는 생각은 옳지 않습니다. 세상의 잘못된 것에 대해 'NO'라고 말해야 하는 것이 종교

- 종교인 정치참여 religious person's political participation 宗教徒政治参与
- 정부 government 政府
- 천주교 Catholicism 天主教
- 개신교 Protestantism 基督教
- 불교 Buddhism 佛教
- 종교계 religious world 宗教界
- 시국선언 declaration of the state of affairs 时局宣言
- 환영 welcome 欢迎
- 응원 cheer 助威
- 찬반 pros and cons 赞成和反对
- 갈등 conflict 矛盾
- 정치발언 political speech 政治发言
- 정의로운 just 正义的
- 실현 realization 实现
- 본질 essence 本质

- 국경 border 国境
- 도리를 다하다
  fulfill one's duty 尽…道义
- 자유민주주의 democracy 自由民
  主主义
- 부정하다 deny 否定
- 어지럽히다 mess up 扰乱
- 신앙적 religious 信仰的
- 고민 worry 苦闷
- 별개 separate 另外, 不同
- 참된 의무 true duty 真正的义务
- 민주적인 절차
  democratic process 民主程序
- 헌법 constitution 宪法
- 의거하다 be based on 依据
- 처벌 punishment 处罚
- 역사적 사건 historical event 历史
  事件
- 정의를 구현하다
  achieve justice 实现正义
- 유신정권 Yushin regime 维新政权
- 항거하다 resist 抗拒
- 시국선언 declaration of the state
  of affairs 时局宣言
- 군사정권 military regime 军事政权
- 맞선 stand against 对抗
- 구국선언 declaration of the
  salvation 救国宣言
- 6월 민주항쟁
  June Democracy Movement 六
  月民主运动
- 고문치사 사건
  torture death case 拷问致死事件
- 폭로하다 reveal 暴露
- 지식인 intellectual 知识分子
- 소명 calling 使命, 责任
- 다하다 fulfill 竭尽, 履行

인의 참된 의무입니다.

3. 종교인의 정치참여가 잘못되었다면 민주적인 절차와 헌법에 의거해 처벌을 하면 될 일입니다. 잘못된 형태의 정치참여가 문제인데, 종교인의 정치참여 자체를 규제할 필요는 없습니다.

4. 한국은 역사적 사건이 있을 때마다 종교인들이 정의를 구현하기 위해 정치적 선언을 했습니다. 예를 들면 천주교에서 유신정권 당시 항거하는 시국선언을 했고, 군사정권에 맞선 구국선언을 했습니다. 또한 한국의 민주항쟁을 불러온 박종철 고문치사 사건을 폭로한 것도 종교인이었습니다. 종교인도 이 사회의 지식인으로서 그 소명을 다하는 것이 옳습니다

여러분 나라에 유명한 종교지도자는 누구입니까? 그 분은 정치에 참여하는지, 하지 않는지 서로 이야기를 나누어 보세요.

증거자료 메모

구체적인 증거자료를 정리해 보세요. 법조항, 설문조사, 통계자료, 개인의 경험이나 관찰, 연구보고, 권위있는 전문가의 말, 사건이나 사고, 또는 속담이나 비유 등 구체적인 사례를 찾아서 메모합니다.

09

한국은 남북 통일이 되어야 한다.

대한민국은 세계 유일의 분단 국가입니다. 1953년 한국전쟁이 휴전된 이래 지금까지 남한과 북한이 나누어져 있습니다. 남북통일은 한반도에 존재하는 대한민국^{남한}과 조선민주주의인민공화국^{북한}이 하나의 국가가 되는 것을 의미합니다.

찬성

- 통일 unification 统一
- 필수적 essential 必须的
- 분단 partition 分裂
- 휴전 ceasefire 休战
- 당연하다 fair 当然
- 과업 task 任务
- 동질성 homogeneity 同质性
- 회복 recovery 恢复
- 민족문화
  national culture 民族文化
- 계승 succession 继承
- 필수조건 requirement 必需条件
- 인도주의적 입장
  humanitarian position 人道主义立场
- 이산가족 dispersed families 离散家属
- 식량난 the difficulty of obtaining food 粮食短缺
- 이바지하다

1. 남북한이 통일되어야 하는 것은 너무나 당연한 것입니다. 남과 북은 하나의 같은 민족입니다. 통일은 찬반의 문제가 아니라 당연히 해야 할 한국의 역사적 과업입니다. 통일은 원래 하나였던 한국민족의 동질성 회복과 민족문화의 계승과 발전을 위한 필수조건이라고 할 수 있습니다.

2. 인도주의적 입장에서도 통일은 꼭 필요합니다. 분단으로 생긴 수많은 이산가족들이 서로 그리워하며 고통스럽게 살아왔습니다. 특히 북한은 많은 식량난을 겪고 있습니다. 통일은 이러한 고통을 해결하는 데 크게 이바지할 수 있습니다.

3. 남북한 통일은 세계 평화에 기여할 수 있는 요건입니다. 통일이 되면 전쟁의 위협이 사라집니다. 통일이 되면 전쟁의 불안감으로부터

해방되고 국민 모두 평화롭고 안정된 삶을 살 수 있습니다. 특히 실향민과 탈북자들이 고향에 돌아갈 수 있고 민족의 화해가 이루어집니다. 또한 남북이 통일된다면 전세계에 전쟁을 멈추고 화해와 협력, 평화로 가야 한다는 메시지를 전할 수 있습니다.

4. 통일이 되면 중국과 러시아를 거쳐 유럽까지 열차를 타고 또는 자가용으로 갈 수 있습니다. 또한 관광객도 늘어납니다. 시베리아 횡단열차를 이용할 수 있어 여행의 경비도 절감됩니다. 물류비용도 감소할 것입니다. 육로가 열리면 배나 비행기로 운동하던 것을 열차를 통해 운송비용이 감소하고 동북아의 무역 중심지가 될 것입니다.

5. 북한은 지하자원이 풍부하고 인건비가 쌉니다. 북한의 자원과 노동력을 활용하고 남한의 자본과 기술력이 더해진다면 한국의 경제발전은 크게 도약할 것입니다. 통일이 되면 인구가 8천만으로 늘면서 내수시장이 확대되어 한국의 경제가 장기적으로 볼 때 발전할 것입니다. 또한 전쟁에 대한 위협이 사라져 세계시장에서 한국의 투자도 증가할 것입니다.

6. 통일이 되면 국방비도 감소하게 될 것입니다. 한국은 세계적으로 국방비 지출이 10위에 드는 국가입니다. 이 모두가 국민의 세금으로 지출됩니다. 또한 한국 국민의 의무였던 징병제가 사라지고 모

- contribute 为…做贡献
- 요건 requirement 必要条件
- 위협 threat 威胁
- 불안감 anxiety 不安感
- 실향민 displaced person 失乡民
- 탈북자 North Korean defector 脱北者
- 화해 reconciliation 和解
- 전 세계 the (whole) world 全球
- 협력 cooperation 协力
- 평화 peace 和平
- 열차 train 列车
- 관광객 tourist 游客
- 횡단열차 Trans train 横断列车
- 경비 expense 费用
- 절감 reduction 节减
- 물류비용 logistical cost 物流费用
- 육로 overland route 陆路
- 열차 train 列车
- 운송비용 transportation expenses 运输费用
- 동북아 Northeast Asia 东北亚
- 무역 trade 贸易
- 지하자원 underground resources 地下资源
- 인건비 personnel expenses 工价, 人工费
- 노동력 labor 劳动力
- 자본 capital 资本
- 기술력 technical skills 技术能力
- 도약 leap 跃进
- 내수시장 domestic market 国内需求市场
- 투자 investment 投资
- 국방비 national defense expenditure 国防费
- 징병제 conscription 征兵制
- 모병제 volunteer military system 募兵制
- 동독 East Germany 东德
- 서독 West Germany 西德
- 독일 Germany 德国

병제가 될 수 있습니다. 국가 안보에 들어가는 국민의 세금이 국민의 복지에 사용될 수 있습니다.

7. 남북한의 차이는 극복해야 할 대상입니다. 차이를 두려워할 필요는 없습니다. 동독과 서독도 차이가 있었지만 결국 통일로 한 국가가 되었고, 현재 독일은 유럽에서 가장 강력한 경제력을 가진 나라가 되었습니다.

반대

1. 남한과 북한의 경제력 차이는 약 30배에 이릅니다. 통일이 된다면 통일 비용을 남한이 지불해야 합니다. 남한은 당장 세금이 크게 늘어날 것입니다. 북한의 가난한 주민들을 모두 남한이 부담을 져야 하는 것입니다. 예측에 따르면 통일비용은 한국 GDP의 2-3배에 이를 것이라고 합니다. 게다가 북한이 세계 여러 국가에 진 빚의 규모가 을 넘고 있습니다. 통일이 된다면 한국 정부가 이를 갚아야 할 수밖에 없습니다. 통일은 대박이 아니라 망국으로 가는 길입니다.

2. 남한은 자유민주주의, 북한은 공산주의를 이념을 가지고 있습니다. 분단 후 70년이 지났습니다. 통일이 되면 이념적 대립으로 사회갈등이 초래될 것입니다. 다른 이념과 체제 속에서 다른 삶의 방식을 살아왔기 때문에 차이를 극복하기 어렵습니다. 남북한은 각자의 이념으로 충돌과 반목이 지속될 것입니다.

3. 남북한의 빈부격차와 문화적 대립이 심각해질 것입니다. 경제적으로 빈곤한 북한 주민들이 자본주의에 적응을 못하고 소외감을 느낄 수 있습니다. 주체사상으로 무장된 북한 주민들이 자본주의에 반발

할 수 있기 때문에 이들의 노동력을 긍정적으로 만들기 어렵고, 집단적인 테러나 내전을 일으킬 수 있습니다.

4. 독일과 같은 흡수통일의 방법은 엄청난 문제가 생깁니다. 흡수통일이 아닌 다른 방법을 모색해야 합니다. 준비되지 않은 통일은 엄청난 위험을 감수해야 합니다. 설문조사에 의하면 전국 청소년 53%만이 통일이 필요하다고 대답하고 있습니다. 후세대가 반대하는 통일을 하는 것은 후세대에게 큰 짐만 주는 것입니다.

5. 북한은 심각한 경제위기 때문에 저출산 고령화가 진행되고 있습니다. 인구 시너지는 허구에 불과합니다. 젊은 인구가 아니라 늙고 병든 인구가 늘어나는 셈입니다. 남북한 통일은 경제적으로 함께 몰락하는 일입니다.

6. 조선인민군의 해체 문제도 심각한 문제입니다. 200만 명으로 추산되는 북한의 조선인민군이 가지고 있는 무기들이 제대로 반환될 수 있을지 걱정됩니다. 북한인민군의 간부들은 당에 일생을 바치기로 한 군인들입니다. 이들이 지하조직을 만들거나 사회주의 북한을 내세우면서 폭동을 일으킬 수도 있습니다.

7. 통일이 되면 주변국들과 마찰이 우려됩니다. 특히 중국이 북한의 경제권을 모두 가지고 있는 형편입니다. 중국은 통일이 되면 북한의 광산과 산림에 대한 권한을 주장할 것입니다.

8. 통일이 된다고 모병제로 쉽게 바꾸지 않을 것입니다. 징병제는 폐지될 수가 없습니다. 통일이 되면 중국과의 국경분쟁 문제 때문에 치안유지를 위해 막대한 국력이 필요합니다. 국방비 증가와 함께 징병제는 더욱 확대되고 강화될 것입니다.

absorption 吸收统一
- 후세대 future generation 后代
- 짐 burden 负担
- 저출산 low birth rate 低生育率
- 고령화 aging 老龄化
- 허구 fiction, fabrication 虚构
- 몰락하다 collapse, ruin 没落
- 조선인민군 NKPA North Korean people's army 朝鲜人民军
- 해체 dissolution 解体
- 무기 weapon 武器
- 반환 return 归还
- 간부 executive 干部
- 당 political party 党
- 지하조직 underground organization 地下组织
- 폭동 riot 暴动
- 주변국 marginal state 周边国家
- 마찰 friction 摩擦
- 광산 mine 矿山
- 산림 forest 山林
- 모병제 volunteer military system 募兵制
- 징병제 conscription 征兵制
- 국경분쟁 a border dispute 边境纠纷
- 치안유지 maintenance of (the) public order 维持治安
- 국력 national power 国力
- 국방비 national defense expenditure 国防费

한국의 남북한 통일이 여러분 나라와 관련이 있습니까? 어떤 관련이 있는지 이야기를 나누어 보세요.

현재 한국 대통령의 임기는 5년이며 한 번만 할 수 있습니다. 대통령의 임기를 연장하거나 변경하는 헌법 개정은 그 개정안 제안 당시의 대통령에 대해서는 효력이 없습니다. 대통령으로 선출될 수 있는 자는 40세 이상이어야 합니다. 현재 대통령은 국민들이 직접, 비밀 선거를 통해 가장 많이 표를 얻은 사람이 됩니다. 후보자가 한 사람인 경우만 국민의 3분의 1이상 표를 얻어야 하고 그렇지 않으면 무조건 가장 많은 표를 얻은 사람이 대통령이 됩니다.

역대 대통령의 명단은 다음과 같습니다.

1대-3대	이승만	외교관, 대한민국 임시정부 대통령 * 간접선거
4대	윤보선	상공부 장관, 서울특별시장
5대-9대	박정희	제2군사령부 부사령관
10대	최규하	외교관, 외무부 장관
11대-12대	전두환	보안사령관
13대	노태우	제9보병사단장, 정무 제2장관 * 직접선거
14대	김영삼	국회의원 장택상 비서, 신민당 총재, 9선 국회의원
15대	김대중	목포상선회사 사장, 목포일보 사장, 평화민주당 총재, 6선 국회의원
16대	노무현	대전지방법원 판사, 변호사, 해양수산부 장관, 재선 국회의원
17대	이명박	현대건설 사장, 서울특별시장, 재선 국회의원
18대	박근혜	영남대학교 이사장, 한나라당 대표, 5선 국회의원, 최초 탄핵 인용
19대	문재인	변호사, 대통령비서실 민정수석비서관, 더불어민주당 대표, 초선 국회의원

여러분은 한국 대통령에 대해 어떻게 평가하십니까? 여러분 나라의 대통령은 어떤 사람입니까. 서로 비교하면서 이야기를 나누어 보십시오.

10

투표 연령 재고해야 한다.

한국은 만 19세가 되어야 투표를 할 수 있었습니다. 선거 때가 되면 선거연령을 낮춰야 한다는 의견이 나왔고, 2019년 법이 개정되어 선거 연령이 만 18세로 변경되었습니다. 그러나 한국상황에서 이 나이는 문제가 많다는 지적이 많습니다.

찬성

• 투표 연령 voting age 投票年齡
• 만*세 *ages(age in full) 滿 *岁
• 허용되다 be allowed 容許
• 정치의 장 political place 政治场合
• 우려 concern 忧虑
• 안팎 inside and outside 内外
• 특정 specific 特定
• 정당 party 政党
• 지지하다 support 支持
• 제지하다 oppose 制止
• 고1 high shool student 1st grade 高一
• 전달되다 be delivered 传达
• 정치적 중립성 political impartiality 政治中立性
• 보장하다 guarantee 保障
• 선거연령 age of a voter 选举年龄
• 졸업한 graduated 毕业的
• 명심하다 keep in mind 铭记

1. 만 18세에 투표가 허용되면서 고등학교가 정치의 장이 된다는 우려가 현실이 되고 있습니다. 학교 안팎에서 특정 정당과 정치인을 지지하거나 반대하는 정치활동을 할 경우 이를 제지하기 어렵습니다. 고3 교실이 정치의 장이 된다면 그대로 고1, 고2 교실에도 전달될 것입니다. 학교 교육의 정치적 중립성을 보장하기 어렵습니다.

2. 선거연령을 다른 나라와 비교해서 낮춘 것은 옳지 않습니다. 프랑스나 호주는 만 18세가 고등학교를 졸업한 나이입니다. 고등학교 3학년인 한국과 상황이 다릅니다. 선거연령은 그 국가의 사회적 교육적 환경에 따라 정해진 것을 명심해야 합니다.

3. 리얼미터 설문조사에 의하면 선거연령 낮추는 것에 대해 찬성이 46%, 반대가 48.1%로 반대가 더 많았습니다. 이것은 국민들이 만

18세에 투표권을 주는 것에 대해 신중하게 생각하고 있다는 것입니다. 여론을 외면할 수 없습니다.

4. 만 18세는 투표하기에 아직 미성숙한 나이입니다. 육체적으로 성숙하다고 할 수 있으나 아직 대학입시 중심의 고등학교 생활을 하고 있기에 정치에 대한 의견이 미성숙하거나 무관심한 경우가 많습니다. 교육의 당사자라고 해서 투표권을 줘야 한다면 굳이 만 18세에게만 해당되는 것은 아닙니다.

- 리얼미터 Realmeter 民调机构的名字
- 투표권 the right to vote 投票权
- 신중하게 carefully 慎重
- 여론 public opinion 舆论
- 외면하다 look away 回避
- 미성숙한 immature 不成熟的
- 육체적 physical 肉体的
- 성숙하다 mature 成熟
- 대학입시 university entrance examination 高考
- 의견 opinion 意见
- 무관심한 indifferent 不关心的
- 당사자 the person directly involved 当事者
- 굳이 obstinately 偏要
- 해당되는 applicable 适用于, 该当

반대

1. 선거연령은 세계적으로 점차 낮아지는 추세입니다. OECD 국가 34개국 가운데 한국이 유일하게 선거연령을 만 19세로 제한했습니

- 투표연령 voting age 投票年龄
- 선거 election 选举
- 선거연령 voting age 选举年龄

- 추세 trend 趋势
- OECD국가
  OECD countries 经济合作与发展组织国家
- 유일하게 only 唯一地
- 주역 leading role 主角
- 청소년 adolescent 青少年
- 모순 contradiction 矛盾
- 운전면허 a driver's license 驾驶证
- 혼인 marriage 婚姻
- 공무원시험
  civil service examination 公务员考试
- 군입대 join the army 入伍
- 투표권 the right to vote 投票权
- 형평성 fairness 公平性
- 정책 policy 政策
- 투표율 turnout 投票率
- 교육정책
  educational policy 教育政策
- 입시제도
  entrance examination system 入学考试制度
- 청년 일자리
  jobs for young people 青年工作岗位
- 이해당사자 party interested 利害当事者
- 반영하다 reflect 反映
- 참정권 political rights 参政权
- 보장하다 guarantee 保障
- 미성숙 immature 未成熟
- 노인 elderly man 老人
- 합리적인 rational 合理的
- 주권자 sovereign 主权拥有者
- 의견 opinion 意见
- 제대로 properly 正确地
- 반영하다 reflect 反映
- 폭넓게 widely 广泛地
- 보장되다 be guaranteed 受到保障
- 고령화 사회
  a aging society 高龄化社会
- 투표비율 turnout 投票比率
- 고연령 advanced age 高龄

다. 미래의 주역인 청소년이 미래 정책을 결정하는 투표에 참여하지 못하는 것은 모순입니다.

2. 운전면허, 혼인, 공무원시험 등이 모두 만 18세에 가능하고 군입대도 가능한 나이인데 투표권만 주지 않는다는 것은 형평성에 맞지 않았습니다. 이제 선거연령이 만 18세가 되어 청소년이 국가 정책과 정치에 관심을 가지게 되었고 투표율도 높아졌습니다. 민주주의의 발전을 위해 바람직한 일입니다.

3. 한국의 교육정책과 입시제도는 늘 비판을 받아오고 있습니다. 이는 가장 중요한 학생의 의견이 빠져있기 때문입니다. 만18세는 교육정책과 청년 일자리 등 다양한 정책과 관련된 중요한 이해당사자입니다. 따라서 만 18세에게 투표권을 주어 그들의 의견을 충분히 정치에 반영해야 합니다.

4. 국민의 참정권을 보장하는 데 있어 만 18세가 미성숙하다는 것은 이유가 될 수 없습니다. 그렇다면 나이가 100세가 넘은 노인분들의 투표권은 합리적인 것입니까? 민주주의 사회에서 주권자의 의견을 제대로 반영하기 위해서 만 18세 국민도 투표할 수 있도록 하는 것은 정치적인 의사표현을 보다 폭넓게 보장하는 일입니다. 고령화 사회가 되어가고 있는데 투표비율이 지나치게 고연령으로 쏠리게 되는 것은 옳지 않습니다.

여러분은 언제 첫 투표를 했습니까? 투표할 때 누구에게 표를 주었습니까? 그 이유가 무엇이었는지 이야기를 나누어 보세요.

증거자료 메모

구체적인 증거자료를 정리해 보세요. 법조항, 설문조사, 통계자료, 개인의 경험이나 관찰, 연구 보고, 권위있는 전문가의 말, 사건이나 사고, 또는 속담이나 비유 등 구체적인 사례를 찾아서 메모합니다.

11

집회의 자유, 제한해야 한다.

'집회의 자유'란 다수인3명 이상이 어떠한 공동목적을 위하여 일시적으로 일정한 장소에 모이는 자유를 말합니다. 집회의 자유는 인권으로서의 자유권의 일종이며 넓은 의미에서는 표현의 자유로 이해됩니다. 전통적으로 집회는 종교집회와 제례, 혹은 장례집회가 대부분이었습니다. 그러나 민주화되는 과정에서 대중집회가 확산되면서 대규모 정치집회가 자주 발생하게 되었습니다.

찬성

- 집회 rally 集会
- 헌법 constitution 憲法
- 국가안전보장
  national security 国家安全保障
- 질서유지 maintenance of order
  維持秩序
- 공공복리
  public welfare 公共福利
- 법률 law 法律
- 제한 limit 限制
- 명시 specify 明示
- 지불하다 pay 支付
- 사회적 비용 social cost 社会成本
- 손실 loss 損失
- 시위 demonstration 示威
- 배치 arrangement 配置
- 민생치안 public security 民生治安
- 소홀하다 neglectful 疏忽

1. 헌법 제37조 ② "국민의 모든 자유와 권리는 국가안전보장·질서유지 또는 공공복리를 위하여 필요한 경우에 한하여 법률로써 제한할 수 있다"고 명시되어 있습니다. 최근 집회들은 타인의 신체에 해가 될 수 있는 기구를 사용하거나 질서를 문란하게 하는 행위 등이 있습니다. 집회의 자유는 제한되어야 합니다.

2. 집회의 자유를 제한하지 않는다면 국가가 지불해야 하는 사회적 비용 손실이 큽니다. 집회나 시위가 생기면 경찰을 배치해야 하는데 막대한 세금이 들어갑니다. 또한 경찰력이 시위에 과도하게 배치될 경우 민생 치안에 소홀해질 수 있습니다.

3. 현행법만으로도 집회의 자유는 충분합니다. 현행법에 의하면 경찰

관이 집회와 시위를 방해하면 처벌받도록 되어 있고, 사전신고제를 통해 적법한 절차로 옥외 집회나 시위를 평화롭게 이루어질 수 있도록 하고 있습니다. 또한 소음을 크게 내지 않을 시 야간 집회도 허용하고 있습니다. 그러나 공공의 안녕과 질서를 유지하기 위한 이 법률은 제대로 지켜지지 않고 있습니다. 소음이 여전하며 피해가 많습니다. 이제 집회의 자유는 제한되어야 합니다.

4. 2020년 8월 15일 광화문에서 대규모 시위로 코로나19 확진자가 엄청 증가하였습니다. 국민의 건강을 해치는 집회를 허가하는 일은 없어야 합니다. 공동체의 건강을 위협하는 집회는 제한해야 합니다. 가장 중요한 것은 국민의 생명입니다.

- 현행법 current law 现行法律
- 처벌받다 cop it 受到处罚
- 사전신고제 Prior notice system 事前申报制
- 적법한 legal 合法的
- 절차 procedure 程序
- 옥외집회 outdoor assembly 室外集会
- 소음 noise 噪音
- 야간집회 night vigils 夜间集会
- 공공의 안녕 public security 公共安宁
- 질서 order 秩序

반대

1. 모든 국민은 집회의 자유를 가집니다[헌법 제21조 1항] 집회와 시위는 사회적 갈등을 해결하기 위해 자신의 주장을 표현할 수 있는 기회를 주는 것입니다. 집회의 자유를 제한하는 것은 국민이 표현할 수 있는 자유권을 침해하는 행위입니다. 집회와 표현의 자유는 시민적, 정치적, 사회적 권리를 보장받는 필수불가결한 권리입니다.

2. 현재 한국은 집회활동이 제한받고 과도하게 진압되는 경우가 많습니다. 인권이 침해받을 정도로 경찰은 폭력적이고 비상식적인 방식으로 집회를 진압하는 경우도 많이 있습니다. 대화가 아니라 폭력이 지배하여 국민이 정당하게 주장을 펼칠 수 있는 기회를 감소시키고 있습니다. 법으로 보장받아야 합니다.

3. 집회와 시위는 국가 발전의 원동력입니다. 국가의 민주적 발전을

위해 집회와 시위의 기회는 자유롭게 확대되어야 합니다. 대한민국의 발전을 이루기 위해 민주적 시민의 권리를 행사할 수 있는 집회와 시위의 자유를 보장해야 합니다.

4. 절차적 요건을 지켜 집회를 하는 것은 전혀 문제가 되지 않습니다. 집회로 인해 코로나19가 확산되었다는 것은 국민의 권리를 제한하기 위한 핑계일 뿐입니다.

여러분은 시위를 해본 경험이 있습니까? 그 이유가 무엇이었는지, 그리고 결과가 어떻게 되었는지 이야기를 나누어 보세요.

한국의 집회·시위문화

주말에 광화문에 가 본 적인 있는 외국인들은 한번쯤 한국인들의 집회와 시위를 본 적이 있을 것입니다. 한국사회에는 아직도 집회와 시위가 빈번하게 일어나고 있습니다. 2000년 이후 전국에서 벌어진 집회와 시위가 하루에 평균 31회로 보고되고 있을 만큼 집회와 시위가 정치문제뿐 아니라 삶의 모든 영역에서 일어나는 일상적인 현상이라고 할 수 있습니다. 집회와 시위는 자유민주주의 사회에서 국민의 당연한 권리이지만 질서유지와 공익을 위해서는 규제되어야 한다는 견해도 많습니다. 왜냐하면 다수의 시민들에게 불편과 경제적 손해를 주기 때문입니다. 특히 불법적이고 폭력적인 집회 시위로 바뀌는 경우, 국민들의 호응을 얻지 못하고 있습니다.

집회와 시위가 많은 만큼 그 유형도 다양합니다. 1인 시위, 3보 1배 시위, 촛불집회 시위 , 퍼포먼스 시위 등이 있습니다. 이 가운데 촛불집회 시위는 한국의 현 정부가 성립되는 데 중요한 역할을 했다고 할 수 있습니다. 촛불집회는 야간에 촛불을 들고 하는 것이어서 시각적 효과가 크고, 일과를 끝

낸 시민들의 참여가 쉽고, 다른 사람들의 주목을 받는다는 장점이 있습니다.

한국에서 집회와 시위문화는 일제강점기와 군사독재, 그리고 민주화과정 등 시대적 특수성에 따라 변화해 왔습니다. 한국에서 대중에 의해 조직적이고 체계적인 집회와 시위는 3.1 운동이라고 할 수 있습니다. 1919년 3월 1일 종교지도자들로 구성된 대표 33인이 독립선언문을 낭독하면서 시작된 독립운동은 전국에서 '대한독립만세'를 부르는 시위로 확대되었습니다. 해방이후에는 이승만 정권의 독재에 반대하는 학생들과 지식인의 4.19 혁명이 있었고 그 이후부터 집회시위가 계속되자 1960년부터 정부는 집회와 시위를 신고제로 실시하는 법(일명 '집시법')을 만들었습니다.

1987년 한국사회의 집회와 시위는 가장 전성기를 이루었습니다. 한국인의 민주화에 대한 열망이 집회와 시위로 표출되었고, 6월 민주항쟁이라는 극적인 사건을 통해 민주화를 이루었습니다. 그러나 독재를 타도하고 민주화를 이루고자 한 시위였지만 과격한 형태로 이루어졌기 때문에 희생자도 많았습니다.

2000년대 이후부터 촛불집회와 시위가 다수의 네티즌을 중심으로 이루어지면서 새로운 문화를 만들었다는 평가를 받고 있습니다. 자발적인 평화집회의 성격을 띠고 있기 때문입니다. 그러나 아직까지도 몇몇 집회와 시위에서 시위대와 공권력 사이에 대치되는 상황이 벌어지고 불안이 조성되고 있습니다. 모두가 공감할 수 있는 평화로운 집회·시위문화가 정착되려면 시간이 더 필요해 보입니다.

> 여러분 나라의 집회와 시위는 누가, 왜, 어떠한 방식으로 이루어지고 있습니까? 서로 이야기를 나누어 보십시오.

12

영어 공용화해야 한다.

공용어公用語는 한 나라 안에서 쓰이는 공식적인 말로서 국가가 공적인 의사 표현을 할 때 쓰는 언어를 말합니다. 따라서 영어공용화란 영어를 대한민국의 모든 공식문서에 사용함으로써 전 국민이 영어를 모국어와 함께 일상생활에서 의무적으로 사용하게 되는 것입니다. 소설가 복거일 씨가 세계화시대에 살아남기 위해서는 영어를 공용어로 채택해야 한다는 글을 발표하면서 논쟁이 시작되었습니다. 그 이후 영어공용화가 제주 국제자유도시로 좁혀 논쟁이 되기도 합니다.

찬성

- 영어공용화
  English-only movement 英语公用化
- 공용어 official language 官方语言
- 공식적인 official 正式
- 모국어 native language 母语
- 공식문서 official document 正式文书
- 의무적 mandatory 义务的
- 세계화시대
  In the age of globalization 全球化时代
- 논쟁 argument 争论
- 국제어 international language 国际语
- 인구 population 人口
- 최다 the largest 最多

1. 영어는 이제 사실상 국제어가 되었습니다. 전세계 영어공용국가가 47개국이고 사용하는 인구의 수도 세계 최다입니다. 앞으로 세계는 영어를 사용하는 국가와 그렇지 못한 국가 간의 차이가 날 것입니다. 따라서 영어구사능력은 필수입니다. 한국에서 영어교육은 초등학교 3학년부터 대학 졸업할 때까지 10년 넘게 하고 있지만 자유로운 의사소통을 하지 못하는 경우가 많습니다. 영어교육에 들인 시간과 노력에도 불구하고 교육의 효과가 크지 않은 것입니다. 영어를 공용화하게 되면 국민들의 영어실력이 향상될 것입니다. 따라서 높아진 영어실력만큼 국제 경쟁력도 높아질 것입니다. 세계화시대에 윤택한 생활을 하기 위해서는 영어공용화가 필요합니다.

2. 영어를 공용어로 지정하면 모국어인 한국어가 위축된다는 염려는 하지 않아도 됩니다. 영어를 공용어로 한다고 민족어가 사라지는 것은 아닙니다. 두 언어가 공존해서 시민들이 함께 쓰는 이중언어 상황이 올 뿐입니다. 이중언어 교육을 하는 나라의 경우를 보면, 캐나다, 싱가포르 등 이중언어 교육이 서로 상호 보완적입니다. 이중언어를 쓴다고 반드시 주체성이 결여되는 것은 아닙니다. 영어공용화로 새롭고 창의적인 문화가 생길 가능성이 있습니다. 영어와 우리문화가 결합하여 더 나은 문화를 만들고 또 이를 세계화시키는데에도 도움이 될 것입니다.

3. 영어공용화는 평등한 영어교육의 기회를 부여합니다. 현재 사교육비에서 영어교육이 차지하는 비율이 높습니다. 영어공용화는 사교육비 절감에 큰 도움이 될 것입니다. 특히 저소득층에게 큰 도움이 됩니다. 영어교육이 상대적으로 약화된 현실에서 영어를 공용어로 하게 되면 자연스럽게 영어를 배우는 기회가 커지고 교육 기회의 불평등은 그만큼 줄어들기 때문입니다. 영어의 공용화는 저소득층

- 영어구사능력
  English speaking skills 英语运用能力
- 의사소통 communication 沟通
- 경쟁력 competitiveness 竞争力
- 윤택한 abundant 富足的
- 위축되다 be daunted 畏缩
- 염려 worry 担心, 忧虑
- 민족어 ethnic language 民族语
- 공존하다 co-exist 共存
- 이중언어 bilingual 双语
- 상호보완적 complementary 互补的
- 주체성 subjecthood 主体性
- 창의적인 creative 创意的
- 결합하다 combine 结合
- 평등한 equal 平等的
- 조기교육 early education 早期教育
- 사교육비
  private education expenses 课外辅导费
- 절감 retrenchment 节减
- 저소득층 downscale 低收入人群
- 상대적으로 relatively 相对的
- 약화되다 weaken 削弱
- 불평등 inequality 不平等
- 여러 세대 many generations 好

- 장기투자 long term investment
  长期投资
- 후손 descendant 子孙

에게도 평등한 교육기회를 갖게 해 줄 것입니다.

4. 영어공용화는 처음에는 비용이 많이 발행하지만 장기적으로 볼 때 이익이 됩니다. 영어공용화로 얻어지는 혜택은 단기간이 아니라 여러 세대에 걸쳐 나옵니다. 아직 태어나지 않은 후손들이 혜택을 입게 되는 것입니다.

반대

- 영어공용화
  English publicization 英语公用化
- 능숙하게 proficiently 熟练
- 구사하다 have a command of 运用
- 우선 first 先
- 손해 loss 损害
- 다민족 multiracial 多民族
- 다언어 multilingual 多语言
- 국가통합 national integration 国家统
- 정책 policy 政策
- 비영어권 국가
  non-English-speaking countries
  非英语圈国家
- 힘의 논리 logic of force 力量逻辑
- 초강대국 superpower 超级大国
- 국력 national power 国力
- 신장되다 be increased 伸长
- 외교 diplomacy 外交
- 영어구사능력
  proficiency in English 英语运用
  能力
- 상대국 other country 对方国家
- 뚜렷이 clearly 清楚地
- 신분적 dentity 身份的
- 차별 discrimination 差别
- 신구세대간
  new and old generations 新老两
  代之间

1. 영어 공용화를 한다고 해서 한국사람의 영어실력이 갑자기 향상되는 것은 아닙니다. 네덜란드와 덴마크는 국민의 토플 성적이 세계 1, 2위일 정도로 영어를 잘합니다. 그러나 영어를 공용어로 쓰지 않습니다. 실용적인 영어교육을 통해 영어를 능숙하게 구사할 수 있으면 되는 것이지 공용어와는 상관이 없습니다. 영어교육과 영어공용화는 다른 문제입니다.

2. 세계에 영어를 사용하는 국가가 많지만 영어만 쓰는 시대는 오지 않습니다. 영어를 못하면 엄청난 손해라는 생각은 잘못된 생각입니다. 영어가 절대 우선이 될 수 없고 영어를 잘 못하는 것이 손해도 아니고 불행도 아닙니다. 영어공용어로 하는 국가는 모두 다민족, 다언어 국가이기 때문에 한국과는 다릅니다. 영어공용화를 통해 국가통합의 필요성에 의해 채택된 정책일 뿐입니다. 영어는 이제 유럽연합과 중국, 그리고 비영어권 국가에 의해 크게 도전을 받게 될 것입니다. 힘의 논리에 의해 언어를 바꾼다는 것은 어떤 국가가 초강대국이 되면 또 그 언어를 공용화하자는 논리와 같습니다.

3. 영어를 잘한다고 해서 국력이 바로 신장되는 것은 아닙니다. 영어를 잘한다고 외교를 잘하는 것도 아닙니다. 외교에서 중요한 것은 영어

구사능력보다 상대국의 역사와 문화에 대한 이해가 먼저입니다.

4. 영어가 공용어가 된다면 영어를 잘하는 사람과 못하는 사람이 뚜렷이 구별되면서 경제적, 신분적 차별로도 이어질 수 있습니다. 영어 공용화는 신구세대간의 국민적 갈등을 조장하는 일입니다. 영어공용화로 사회계층간의 양극화 발생이 더 심해질 것입니다.

5. 한 나라의 언어는 단순히 의사소통만을 위한 도구가 아닙니다. 언어는 한 민족의 정신적 정체성을 말하며 민족의 사고방식이 녹아있는 것입니다. 영어를 공용화하면 한국문화에 대해 상대적으로 소홀히 다룰 수 있고 영어권 문화에 대한 문화적 사대주의가 심해질 수 있습니다. 공용어에 대한 경험은 이미 한국 역사에도 있었습니다. 일제시대에 일본어를 능숙하게 구사할 수 있어야 한다고 했습니다. 그러나 한국은 일본어를 쓰지 않으려고 했습니다. 이는 한국문화 고유의 문화와 정서가 파괴되고 정체성의 혼란을 겪을 수 있다는 것을 알고 있었기 때문입니다. 영어공용화는 민족과 문화를 포기하는 일입니다.

6. 영어를 공용화하면 법령, 공문서 등을 모두 영어로 바꾸어야 합니다. 비용이 천문학적으로 많이 드는 일이며 현실적으로 불가능한 일입니다. 또 영어공용화를 하면 영어 사교육비가 오히려 더 커질 수 있습니다. 학생들은 물론이고 공무원들이 영어 공부만 하게 되어 비용이 많이 들고 비효율적입니다.

- 갈등 conflict 矛盾
- 조장하다 encourage 助长, 提高
- 사회계층간
  between social classes 社会阶层间
- 양극화 polarization 两极分化
- 정신적 psychologica 精神的
- 정체성 identity 本质
- 녹아있다 be melted away 融入
- 소홀히 다루다
  treat with neglectfully 疏忽
- 사대주의 cultural toadyism 事大主义
- 민족 race 民族
- 법령 ordinance 法令
- 공문서 official document 公函, 公文
- 천문학적 astronomical 天文学的
- 공무원 public official 公务员
- 비용 cost 费用
- 비효율적 inefficient 没有效率的

여러분은 영어를 어느정도 사용하십니까? 영어가 얼마나 필요한 언어인지 이야기를 나누어 보세요.

13

난민 수용정책 확대해야 한다.

전쟁이나 종교적, 정치적 박해를 피해 외국으로 탈출하는 사람들을 난민이라고 합니다. 지난 해에만 21만 명 이상의 난민이 아프리카나 중동에서 유럽으로 탈출을 시도했다고 합니다. 난민선이 지중해에서 침몰해 수백 명이 사망하는 사고가 발생해 국제적인 문제가 되고 있습니다. 한국에서는 2018년 500명이 넘는 예멘인들이 제주도로 입국하여 난민 신청을 하면서 큰 이슈가 된 바 있습니다.

찬성

- 난민수용정책
  refugee acceptance policy 难民收容政策
- 박해 persecution 迫害
- 탈출 escape 逃脱, 逃跑
- 난민 refugee 难民
- 난민선 refugee ship 难民船
- 지중해 the Mediterranean 地中海
- 침몰하다 sink 沉没
- 기본 도리 basic duty 基本道理
- 인도주의적 측면
  humanitarian 人道主义的侧面
- 망명 exile 流亡, 亡命
- 헌신 devotion 献身
- 은혜 favor 恩惠
- 희생자 victim 遇难者

1. 어려운 상황에 처한 사람을 돕는 것은 세계 평화의 기본 도리입니다. 인도주의적 측면에서 인류의 생존을 이유로 망명을 하는 것은 받아들여져야 합니다. 인도주의적인 헌신과 봉사가 필요합니다.

2. 은혜를 받으면 갚을 줄도 알아야 합니다. 한국전쟁 당시 다른 나라의 도움이 없었다면 지금의 대한민국이 있을 수 없었습니다. 또 나중에 언젠가 한국인을 도와줄 수 있는 사람들이 됩니다.

3. 난민은 희생자일뿐 위협의 대상이 아닙니다. 난민에 대한 잘못된 정보가 퍼지고 있습니다. 근거없는 가짜 뉴스 때문에 난민이 오해를 받고 혐오의 대상이 되어서는 안됩니다.

4. 난민 문제를 주도적으로 해결하면 동북 아시아에서 국제적 위상이 높아질 것입니다. 난민 문제는 국제사회가 하나의 공동체로서 해결해야 할 문제입니다. 난민을 수용하여 지구공동체의 일원으로서의 임무를 다해야 합니다. 더구나 한국은 유엔난민기구에 모두 가입되어 있습니다. 보다 적극적인 수용 자세가 필요합니다.

5. 장기적인 관점에서 난민을 수용한다면 미래에 경제적인 이익도 창출할 수 있습니다. 실제 유럽 15개국 조사한 결과, 난민을 수용한 후 3-5년 후부터 1인당 국내총생산을 증가시켰으며 세수도 1% 늘었다는 보고가 있습니다. 난민들 중에는 다양한 기술과 계층의 사람들이 있습니다. 국가가 새로운 성장 동력으로 난민을 활용할 수 있는 것입니다.

- 위협 threat 威胁
- 혐오 hatred 嫌恶
- 주도적 leading 主导的
- 국제적 위상
  global positioning 国际地位
- 장기적인 관점
  in the long term 长期的观点
- 창출 create 创出
- 천연자원 생산국
  natural resources producer 天然资源 生产国
- 성장 동력 growth engines 增长点

반대

1. 난민을 우리가 책임질 필요는 없고, 이를 강요할 수는 없습니다. 더구나 한국은 현재 휴전 중인 나라입니다. 전쟁의 위험이 늘 존재하는 나라이기 때문에 현실적으로 다른 나라의 난민까지 수용한다는 것은 맞지 않습니다. 시리아 내전이 언제 끝날지도 모르는 상황에서 한국이 도와준 편이 이긴다는 보장도 없습니다.

2. 국제적인 위상보다 국가의 안전이 더 위협받습니다. 시리아 난민으로 위장한 IS대원을 수용할 가능성이 있고 IS의 테러에서 안전하지 못할 것입니다. IS에서 테러를 경고한 나라에 한국이 포함되어 있기 때문에 더욱 위험합니다. 또한 난민들 중 일부의 폭력성이 우려됩니다. 사회 하층에 편입되는 수가 많고 지하경제 및 범죄와 연결될 가능성이 높습니다. 테러의 가능성을 중요하게 생각해야 합니다.

3. 현실적으로 사회적인 비용 부담이 증가합니다. 난민을 관리할 인력

- 난민수용정책(반대)
- 휴전 ceasefire 休战
- [속담] 코가 석자다
  have one's own fish to fry 泥菩萨过河, 自身难保
- 국제적 위상
  global positioning 国际地位
- 위협받다 threaten 受到威胁
- 보장 guarantee 保障
- 인력 manpower, labor force 人力
- 기독교인 Christian 基督教徒
- 폭력성 inclination of violence 暴力性
- 사회 하층 lower level of society 社会底层
- 지하경제 the underground economy 地下经济
- 범죄 crime 犯罪
- 연계 ties, connection 联系, 连接
- 우려되다 fear, be concerned 忧虑, 顾虑
- 진정성 truth 真实性

도 부족한 상태입니다. 우리 코가 석자입니다. 한국에도 난민보다 더 굶어죽는 사람들이 많습니다.

4. 난민들이 가지고 있는 종교로 인해 한국에 있는 기독교인들과의 종교적 갈등이 발생할 우려가 있습니다. 이는 큰 사회갈등을 조장하게 됩니다.

5. 난민의 진정성이 의심스럽습니다. 전쟁의 위험성을 피할 수 있어서가 아니라도 서유럽과 북유럽 등의 나라로 가는 난민들이 무임승차를 하고자 하는 의도가 의심이 됩니다.

6. 난민문제를 해결하기 위해서는 보다 장기적인 방안이 필요합니다. 수용정책을 확대하는 것보다 철저한 난민등록제를 우선적으로 실시해야 합니다.

---

88 여러분 나라에서는 난민을 받아들이고 있습니까? 어느 정도 받아들이고 있는지 자신의 나라 상황에 대해 이야기를 나누어보세요.

- 무임승차 free ride 搭便车行为, 坐享其成
- 장기적인 방안 a long-term plan 長期規划
- 철저한 thoroughgoing thorough 彻底的
- 난민등록제 refugee registration system 难民登记制

📖 **난민 할당제**

유럽연합(EU)이 특정 국가에 몰리는 난민 사태를 해결하기 위해 난민 할당제를 추진하고 있어 논란이 되고 있습니다. 유럽 각 국의 경제 수준, 인구 규모, 실업률, 과거 망명 신청자 수 등을 고려해 난민을 의무적으로 할당하자는 내용입니다.

독일과 이탈리아, 스웨덴, 프랑스 등 난민을 받아들이고 있는 국가는 난민 할당제를 찬성하고 있습니다. 몇 몇 국가가 난민에 대해 과도한 책임을 지는 거은 불공평하다는 것입니다. 난민 문제는 유럽 전체의 문제라고 보고 있습니다.

반면 영국, 아일랜드, 덴마크 등의 나라는 반대하고 있습니다. 난민에 대한 책임을 강요할 수 없다고 합니다. 강제로 할당된 난민에 대해 부정적인 인식이 생길 것이기 때문에 그 국가에서 잘 지낼 수 없습니다. 누군가가 이민자를 들어오도록 허용한 후 다른 나라에 나눠준다는 말은 합당하지 않은 방법입니다.

3부

경제

14

종교인, 과세해야 한다.

한국에서 종교인들은 합법적으로 소득세를 내지 않고 있습니다. 대부분의 종교 단체들이 수입과 지출을 국세청에 신고하지만 헌금으로 들어오는 수입은 국세청에 신고하지 않습니다. 2018년부터 종교인도 소득세를 징수하기로 결정했지만 아직은 실행되고 있지 않습니다.

찬성

- 종교인 religious person 教徒
- 과세 taxation 徵稅
- 합법적 lawful 合法的
- 소득세 income tax 所得稅
- 종교단체 religious organization 宗教团体
- 국세청 National Tax Service 国税厅
- 신고 register 申告
- 헌금 offertory 捐款
- 징수 collection 征收
- 비과세 tax exemption 免税
- 형평성 fairness 公平性
- 납세의 의무 duty of tax payment 纳税义务
- 소득 income 所得
- 명시되다 be stated explicitly 被明示
- 성직자 cleric 神職人员
- 조세형평주의 equity in taxation 税收平衡主义

1. 종교인의 비과세는 형평성에 맞지 않습니다. 헌법 38조에 '모든 국민은 납세의 의무를 가지고 있다', '소득이 적은 사람이라도 조금이라도 세금을 내야 한다'고 명시되어 있습니다. 종교인은 성직자이기 이전에 대한민국의 국민이기 때문에 세금을 반드시 납부해야 합니다. 종교인의 비과세는 조세형평주의를 위반하는 것입니다. 종교인의 수입은 근로소득으로 보아야 합니다.

2. 종교인은 이제 특별한 대우를 받을 수 없습니다. 그동안 종교인들에게 세금을 면제한 것은 종교인들의 임무가 공익을 위해 봉사하는 성직자라는 생각이 있기 때문입니다. 그러나 최근 종교인들의 비리와 비도덕적인 행동이 문제가 되어 실망스런 일이 발생하고 있습니다. 더이상 그들에게 성직자의 특혜를 주는 것은 옳지 않습니다.

3. 한 연구원의 조사에 따르면 국민의 64.7%가 종교인의 과세를 찬성하고 있습니다. 국민들이 동의하지 않는 종교인의 비과세는 사라져야 합니다. 종교인도 국민들과 똑같이 세금을 납부함으로써 국민들에게 납세의 모범을 보여야 합니다.

4. 경제적 상황이 안 좋아 국가가 세수 부족을 겪고 있는 상황입니다. 이런 어려운 시기에 종교인들이 납세를 하지 않으면 국가의 재정이 더 열악해집니다. 세수 확충에 이바지하고 국가의 경제가 양성화될 수 있도록 종교인은 모두 납세의 의무를 져야 합니다.

5. OECD국자 중에 종교인에게 과세를 하지 않는 나라는 대한민국뿐입니다. 불교, 가톨릭에서 근로소득세 납부에 찬성하고 있고 세금을 내고 있는데 유독 개신교에서만 반발하고 있습니다. 종교인들조차 납세를 찬성하고 자발적으로 국가에 세금을 납부하고 있는데 비과세를 허용할 필요는 없습니다. 모든 종교인들에게 똑같이 과세해야 합니다.

- 위반 violation 违反
- 근로소득 earned income 劳动所得
- 대우 treatment 待遇
- 면제 exemption 免除
- 임무 assignment 任务
- 공익 public interest 公益
- 비도덕적 immoral 不道德的
- 특혜 prerogative 特惠
- 납부하다 pay 缴纳
- 모범 example 模范
- 세수 부족 lack of tax revenue 税收不足
- 재정 finance 财政
- 열악하다 inferior 恶劣
- 세수 확충 Tax revenue expansion 税收扩充
- 지하경제 the underground economy 地下经济
- 양성화 legalization 公开化
- 근로소득세 tax on earned income 劳动所得税
- 유독 only 唯独
- 개신교 Protestantism 新教

반대

1. 종교인들은 신자들의 헌금으로 살아갑니다. 종교인의 과세는 세금을 지불한 신자들의 헌금에 또 세금을 부과하는 이중납세에 해당합니다. 신자들의 헌금은 개인의 소득에 대해 세금을 지불하고 받은 것이기 때문입니다. 이것은 부당합니다.

2. 종교인들의 활동은 근로활동이라고 볼 수 없습니다. 즉, 노동이 아니라 성직자의 봉사입니다. 따라서 성직자들에게 세금 납부의 의무를 제외해 주어야 합니다. 종교인들의 봉사를 일반인의 근로 개념으로 보는 것은 옳지 않습니다. 종교인에게 근로소득의 세금을 부여하면 종교활동을 영리적인 것으로 바라보는 인식이 생기게 됩니다. 이는 종교의 신성성과 자유를 침해하는 일입니다. 종교인의 활동은 일반인과 다르게 존중해 주어야 합니다.

3. 종교인들에게 세금을 납부하면 소득 수준이 낮은 종교인들은 경제적 부담이 커지게 됩니다. 종교인들이 납세를 하지 않는 것처럼 알려져 있으나 실지로 큰 규모의 교회들은 자발적으로 세금을 납부하

고 있습니다. 종교인들의 과세는 강제하기보다는 자발적으로 납세하도록 하는 것이 바람직합니다. 종교인에게 맡겨야 합니다.

4. 종교 단체의 신도의 수는 자주 바뀝니다. 늘기도 하고 줄기도 합니다. 종교인들의 정확한 소득도 알 수 없기 때문에 소득 수준과 납세 금액을 매번 정하는 것도 어렵습니다. 종교인 과세는 실효성이 없습니다.

5. 종교인에게 과세를 하자는 이유는 세금의 문제가 아니라고 생각합니다. 부패한 종교인의 모습 때문일 것입니다. 사업적 수단으로 헌금을 걷고 그것으로 호화로운 삶을 사는 일부 종교인들 때문에 모든 종교인이 세금을 내야 하는 것은 옳지 않습니다. 모든 종교인에게 과세를 하는 것보다 종교계의 부정을 바로잡는 것이 더 바람직한 일입니다.

6. 종교인에게 과세를 하게 되면 국가권력이 종교단체를 간섭하고 지배하는 결과를 낳게 될 것입니다. 종교인이 무지나 실수로 세금을 일부 내지 못할 수 있습니다. 그

러면 일반인처럼 탈세자의 누명을 쓰게 되고 종교단체까지 세무조사를 받게 됩니다. 종교단체를 일반 사업장으로 취급하는 것은 종교의 자유를 침해하는 일입니다. 종교인의 과세는 국가가 종교를 탄압하는 것과도 같습니다. 반대합니다.

> 👥 여러분 나라 사람들은 어떤 종교를 믿습니까? 종교인들은 세금을 냅니까? 서로 이야기를 나누어 보세요.

- 사업적 수단 business means 事業手段
- 호화로운 luxurious 豪华的
- 종교계 religious circles 宗教界
- 부정 illegality 不正当, 非法
- 국가권력 government power 国家权力
- 종교단체 religious group 宗教团体
- 간섭하다 interfere 干涉
- 지배하다 rule 支配
- 무지 ignorance 无知
- 실수 mistake 失误
- 탈세자 tax dodger 逃税人
- 누명 false charge 冤名
- 세무조사 tax investigation 税务调查
- 사업장 place of business 事业场所
- 침해하다 invade 侵害

15

가상화폐, 투기의 대상이다. 규제해야 한다.

가상화폐란 컴퓨터 등에 정보 형태로 남아 장부 없이 사이버상으로만 거래되는 전자화폐를 말합니다. 정부나 중앙은행이 발행하는 일반 화폐와 달리 처음 고안한 사람이 정한 규칙에 따라 가치가 매겨집니다. 비트코인은 2009년 일본의 사토시 나카모토라는 프로그래머가 개발한 대표적인 가상화폐입니다. 정확한 명칭은 '암호화폐'입니다. 최근 가상화폐의 거래가 커지면서 여러 가지 문제가 거론되고 있습니다.

찬성

- 가상화폐 cryptocurrency 虚拟货币
- 장부 books 账簿
- 사이버상으로 cyberspace 网络上
- 거래되다 be traded 交易
- 전자화폐 electric money 电子货币
- 정부 government 政府
- 중앙은행 central bank 中央银行
- 규칙 rule 规则
- 가치 worth 价值
- 암호 code 暗号
- 거론되다 be mentioned 被提到
- 교환 exchange 交换
- 매개수단 instrumentality 媒介
- 안정성 stability 稳定性
- 생산적 productive 生产的
- 규제 regulation 控制

1. 가상화폐는 화폐가 아닙니다. 화폐는 교환의 매개수단이 되어야 하고 가치의 안정성이 있어야 합니다. 비트코인은 화폐, 즉 거래의 수단으로 쓰이지 않고 있습니다. 가치가 변하기 때문에 화폐가 아닙니다. 사회적, 생산적 기능이 하나도 없습니다. 규제가 필요합니다.

2. 비트코인은 등락에 따라 많은 사람들에게 흥분을 선사하는 전형적인 투기 거품을 만듭니다. 정상적인 경제활동을 통해서 이익을 추구하는 것이 아니라 사람들의 심리에 의해 그 가치가 좌우되는 것입니다. 비트코인 시장이 과열된 상태라 국민들의 피해를 줄이기 위해 강력한 규제가 필요합니다. 그대로 둔다면 수많은 부작용이 생길 것입니

다. 이미 미국, 일본 등에서는 가상화폐 투자 사기가 발생하고 있습니다. 더 큰 문제가 생기기 전에 규제해야 합니다.

3. 가상화폐는 개인들이 거래소를 거치지 않고 직거래할 수 있습니다. 따라서 사기나 해킹같은 범죄가 발생할 수 있습니다. 거래된 것은 취소하기 어렵고 피해를 받아도 책임을 물을 수 없어 보상받을 수 없습니다. 또한 익명성을 악용해 마약, 무기의 불법 거래나 돈세탁, 탈세 등이 발생할 수도 있습니다. 게다가 가상화폐를 관리하는 중앙기관이라는 개념이 없어 문제 발생시 책임 소재가 모호합니다.

4. 투기의 목적으로 사용하고 있는 것을 미래의 핵심 가치라고 하는 것은 잘못된 판단입니다. 블록체인 기술을 발전시키는 것은 좋으나 가상화폐는 분리시켜 발전시켜야 합니다. 그렇지 않으면 블록체인 기술은 도박을 발전시키게 될 것입니다. 비트코인이 우리에게 어떤 경제적 이득을 주는지 따져볼 필요가 있습니다.

5. 최근 여론조사에 의하면 정부의 가상화폐 시장 규제 방안에 찬성한

- 등락 fluctuation 升跌
- 흥분 excitement 兴奋
- 전형적인 typical 典型的
- 투기 speculation 投机
- 거품 bubble 泡沫
- 이익 profit 利益
- 심리 psychology 心理
- 좌우되다 be determined 取决于
- 과열되다 overheat 过热
- 투자사기 investment fraud 投资欺诈
- 거래소 stock exchange 交易所
- 직거래 direct dealing 直接交易
- 사기 fraud 欺诈
- 보상받다 receive a reward 得到补偿
- 익명성 anonymity 匿名性
- 마약 drug 毒品
- 무기 weapon 武器
- 불법 거래 trafficking 非法交易
- 돈세탁 money laundering 洗钱
- 탈세 tax evasion 偷税
- 책임소재
  locus of responsibility 责任归属
- 모호하다 ambiguous 模糊

- 블록체인 Blockchain 区块链
- 도박 gambling 赌博
- 따져보다 weigh 斟酌
- 여론조사 poll 舆论调查
- 압도적으로 overwhelmingly 压
      倒性的, 绝对的
- 통제 control 管制

다는 의견69.7%이 반대한다19.5는 의견보다 압도적으로 높게 나타났습니다. 국민들이 가상화폐가 주는 투기현상을 우려하고 있는 것입니다. 규제와 통제가 필요합니다.

반대

- 가상화폐 cryptocurrency 虚拟货币
- 교환 exchange 交换
- 수단 means 手段
- 거래소 stock exchange market
      交易所
- 가치 value 价值
- 매매하다 trade 买卖
- 공과금 utility bill 公共设施费用
- 결제수단 payment method 清算
      手段
- 협의하다 discuss 协议
- 범위 scope, range 范围
- 금융거래방식
      financial transaction method 金
      融交易方式
- 이체비용 transfer expenses 转账
      费用
- 거래비용
      transaction cost 交易费用
- 수수료 commission 手续费
- 보관비용 storage cost 保管费用
- 도난 robbery 失窃, 被盗
- 분실 loss 遗失
- 우려 worry 忧虑
- 환전 exchange 兑换
- 촉진시키다 kick-start 促进
- 결제 payment 结算
- 신기술 new technology 新技术
- 기반기술 generic technology 基
      础技术
- 전세계 all over the world 全球
- 무한한 infinite 无限的
- 발전가능성
      development possibility 发展的
      可能性

1. 가상화폐도 물건을 교환하는 수단으로 사용할 수 있습니다. 비트코인을 화폐가 아니라고 하지만 페이스북 코인, 아마존 코인, 월마트 코인 등 가치를 저장하고 매매하는 수단으로 사용할 수 있습니다. 따라서 가상화폐도 화폐입니다. 스위스 주크시의 경우 주민들의 공과금을 비트코인으로 받겠다고 했고, 한국의 소셜커머스 업체인 위메프도 가상화폐를 결제수단으로 사용할 수 있게 하는 방안을 협의하고 있습니다. 앞으로 가상화폐 결제는 더욱 큰 범위에서 이용될 것입니다. 미래에 주목할 금융거래방식이 될 것입니다.

2. 가상화폐는 화폐를 발행하는 비용이 들지 않으며 이체비용 등 거래비용도 없습니다. 또한 수수료의 부담이 없습니다. 컴퓨터에 저장되기 때문에 보관비용도 들지 않고, 도난이나 분실의 우려가 없기 때문에 저장 수단으로서의 기능도 뛰어납니다. 은행을 거치지 않기 때문에 해외로 돈을 보내거나 환전할 때도 편리하고 쉽게 이용할 수 있는 장점이 있습니다. 국제적인 상업거래를 촉진시키고 결제와 관련된 신기술입니다. 발전시켜야 합니다.

3. 암호화폐의 핵심기술인 블록체인은 제4차 산업혁명을 이끄는 기반기술 중 하나로 전세계가 주목하고 있는 기술입니다. 무한한 발전가능성을 가진 혁신기술입니다. 블록체인과 가상화폐 기술 자체를 부정해서는 안됩니다. 기술의 발전을 염두에 두고 볼 때 가상화폐는 우

리의 삶을 혁신적으로 바꾸어 줄 것입니다. 가상화폐가 현재의 상황이 과도기인 것은 분명하나 투기의 대상으로 단정하고 규제하는 것은 바람직하지 않습니다. 60년 전 인터넷이 등장했을 때 이를 받아들이기 두려워했습니다. 그러나 지금 인터넷은 우리의 생활을 완전히 바꾸어 놓았습니다. 4차산업혁명의 중심에 있는 가상화폐를 규제하는 것은 기술발전에 심각한 걸림돌이 될 것입니다.

4. 가상화폐 해킹은 본질적으로 그 자체의 특성과는 관련이 없습니다. 그것은 거래소를 겨냥한 사건입니다. 가상화폐의 안정성에 대해 걱정하고 있지만, 기술이 발전해 가면서 문제점들을 보완한 새로운 가상화폐가 생겨나고 있습니다. 지나치게 우려할 일은 아니라고 봅니다.

5. 개인 간에 가상화폐의 가치가 충분히 인정된다면 국가의 통제 없이도 화폐로서 활용할 수 있습니다. 민간의 자발적 참여로서 충분히 블록체인을 구성할 수 있습니다. 규제보다는 감독과 관리로 성장할 수 있게 해야 합니다.

여러분 나라에서는 가상화폐를 사용합니까? 사용한다면 어떤 화폐를 사용하는지 이야기를 나누어 보세요.

- 혁신기술
  innovative technology 革新技术
- 제도 system 制度
- 정책 policy 政策
- 선행하다 precede 先行
- 안타까운 miserable 惋惜
- 혁신적으로 innovatively 革新的
- 과도기
  period of transition 过渡期
- 단정하다 conclude 断定
- 걸림돌 obstacle 路障
- 겨냥한 aim 瞄准
- 우려하다 be concerned 忧虑
- 민간 private 民间
- 자발적 참여
  voluntary participation 自觉参与
- 감독 supervision 监督
- 관리 management 管理

16

정년, 연장해야 한다.

근로자가 일정한 연령에 이르면 당사자의 의사와 관계없이 근로관계가 종료되는 제도를 정년제도라고 합니다. 한국은 정년을 의무조항으로 만들어 60세로 연장하고 2017년 1월부터 중소기업을 제외한 대부분의 기업과 국가 및 지방자치단체 등에서 이를 활용하고 있습니다. 60세가 되지 않은 근로자를 특별한 이유 없이 해고할 경우, 부당해고로 간주해 법적 처벌을 받습니다.

찬성

- 정년 retirement age 退休年齡
- 연장하다 extend 延長
- 당사자 the person directly involved 当事者
- 연령 age 年齡
- 의사 intention 意愿
- 종료되다 end 結束
- 의무조항 mandatory clauses 强制性条款, 义务条款
- 중소기업 small and medium enterprises 中小企业
- 지방자치단체 a local autonomous entity 地方自治团体
- 해고하다 dismiss 解雇
- 부당해고 unfair dismissal 不正当解雇
- 간주하다 regard 看做

1. 한국은 현재 65세 고령인구의 비율이 2017년 14%에 이르는 고령 사회입니다. 2026년에는 고령인구가 약 20%가 넘어 초고령 사회가 될 것으로 예상됩니다. 따라서 경제활동인구가 감소해 경제의 활력이 떨어지게 됩니다. 정년을 더 연장하여 경제활동인구를 보존할 필요가 있습니다. 국가의 경쟁력을 위해서 정년 연장은 필요합니다.

2. 평균수명이 길어지면서 고령자들도 건강한 상태에서 생산적인 활동을 할 수 있는 시대가 되었습니다. 평균 기대수명이 80세를 넘긴 지 오래입니다. 인구수명이 100세 시대를 넘기고 있는 시대에 숙련된 인력을 사장시키는 것은 기업의 손실이고 국가의 손실입니다. 수십 년간 쌓아온 지식과 경험을 능력에 따라 더 오래 일할 수 있도록 기

회를 더 만들어주어야 합니다.

3. 정년을 연장하면 중장년층의 소득이 늘어납니다. 한국에서 50대 가장은 자녀의 대학교육, 결혼, 노후 준비로 가장 많은 소득이 필요한 시기입니다. 인간의 수명은 늘었는데 일하는 기회가 그대로라면 경제적으로 어려움을 겪게 될 것입니다. 정년 연장은 노인빈곤의 문제를 어느 정도 해결할 수 있습니다.

4. 우리보다 일찍 고령화 사회가 된 일본의 경우 1998년에 이미 60세로 정년을 연장했고 2013년부터 65세로 연장하고 있습니다. 대부분의 기업들이 정년제를 채택하고 있습니다. 대만, 싱가포르도 정년을 62-64세로 연장한 상태입니다. 독일도 65세이고 2029년까지 67세로 연장할 계획입니다. 한국의 실질 퇴직 연령이 평균 53세인데 이는 외국과 비교할 때 10년의 차이가 나는 것입니다.

- 처벌 punishment 处罚
- 고령인구 The number of elderly people 老龄人口
- 고령사회 The number of elderly people 老龄社会
- 초고령사회 A super-aged society 超高龄社会
- 경제활동인구 economically active population 经济活动人口
- 보존하다 preserve 保存
- 경쟁력 competitiveness 竞争力
- 대안 alternative 对策
- 평균수명 average life expectancy 平均寿命
- 기대수명 Life expectancy at birth 预期寿命
- 숙련된 skilled 熟练
- 사장시키다 bury 埋没
- 손실 loss 损失
- 중장년층 middle-aged class 中老年阶层
- 노인빈곤 poverty of the elderly

5. 정년 연장으로 청년실업을 걱정하고 있지만 한 전문가 연세대 최강식 교수 의 보고서에 따르면 정년을 연장해 고령인력이 늘어난다 해도 장기 적으로는 청년실업을 심화시키지 않을 것이라고 하고 있습니다. 청 년실업문제는 정년연장보다 IT시대의 고용없는 성장과 경기불황, 그 리고 세계경제 등과 관련이 더 높습니다.

6. 여론조사에 의하면 찬성이 66.4%라고 합니다. 국민 3명 중 2명은 정 년 연장을 찬성하고 있는 것입니다. 저출산, 고령화 사회의 대책으로 사회적 공감대를 충분히 얻고 있는데 정년을 연장하지 않을 이유가 없습니다.

반대

1. 정년을 법으로 강제하는 것은 기업의 자율적인 경영권을 침해하 는 것입니다. 정년 연장은 기업의 비용부담을 가중시킵니다. 더구 나 생산성에 비해 과도한 임금을 받고 있는 것이 고령 근로자입니 다. 55세 이상 근로자의 상대임금은 35세 미만 근로자에 비해 3배 에 이릅니다. 반면 생산성은 절반에 그치고 있습니다. 재원이 있다 면 나이가 많더라도 임금을 줄 것입니다. 이를 법으로 강제할 필요 가 없습니다.

2. 정년을 연장시키면 청년 취업자의 수를 감소시켜 일자리 문제를 심 화시킬 것입니다. 기업이 신규채용을 감소시키기 때문입니다. 청년 실업률이 높은데 일자리의 순환이 일어나지 않는다면 청년실업문제 가 더 커질 것입니다. 청년층과 세대갈등도 일어날 수 있습니다. 정년 연장은 바람직한 일이 아닙니다.

3. 정년 연장을 의무화해도 법의 혜택을 받을 수 있는 계층이 매우 제한

적입니다. 현실적으로 적용하기 불가능합니다. 법을 지킬 수밖에 없는 공공기관과 대기업으로 한정될 수밖에 없기 때문입니다. 이로 인해 근로자들간 소득의 양극화가 더욱 심각해 줄 수도 있습니다. 정년을 연장하는 것보다 고용을 보장하는 것부터 생각하는 것이 필요합니다.

4. 정년연장과 함께 고려되었던 것이 바로 임금피크제였습니다. 그러나 임금피크제는 결국 임금 삭감으로 이어지고 사실상 사라졌습니다. 정년 연장은 악용될 가능성이 높습니다.

5. 수입이 생기는 기간이 늘어나는 것을 좋아할 일이 아닙니다. 그만큼 늙어서도 오랜 기간 일해야 한다는 것은 비참한 일입니다. 체력도 떨어지고 젊을 때의 업무 능력을 유지할 수 있는 일도 아닙니다. 정년 연장은 사회의 불안만 커지는 일입니다.

6. 영국과 미국, 호주 캐나다 등의 나라에서는 연령을 이유로 강제퇴직을 연령차별로 간주해 금지하고 있습니다. 정년제를 차라리 없애고 그들의 경험과 전문성을 자유롭게 활용하는 것이 국가의 이익에 도움이 될 것입니다.

- 세대갈등 |generational conflict 世代间的矛盾
- 의무화하다 make something mandatory 义务化
- 계층 class 阶层
- 제한적 restrictive 限制性的
- 공공기관 government office 公共机关
- 대기업 large company 大企业
- 한정되다 be limited 限制
- 소득 income 所得
- 양극화 polarization 两极分化
- 고용 employment 雇用
- 보장하다 guarantee 保障
- 임금피크제 salary peak system 工资封顶制
- 삭감 cut 削减
- 악용되다 be abused 被恶意利用
- 비참한 miserable 悲惨的
- 업무능력 work ability 业务能力
- 유지하다 maintain 维持
- 강제퇴직 forced retirement 强制退休
- 연령차별 wage discrimination 年龄歧视
- 간주하다 regard 看做
- 전문성 expertise, specialty 专门性

여러분 나라에서는 몇 세까지 일을 할 수 있습니까? 어떤 제도가 있는지 서로 이야기를 나누어보세요.

17

TV간접광고 금지해야 한다.

간접광고란 일반적인 광고와는 달리 방송 프로그램 안에서 상품을 소품으로 활용하여 특정 상품을 노출시키는 형태의 광고를 말합니다. 2009년 방송법이 '가상광고'와 '간접광고'를 허용함으로써 자연스러운 노출의 경우, 간접광고가 허용되고 있습니다. 그러나 시청률이 높은 프로그램의 간접광고가 너무 심해지면서 문제가 되고 있습니다.

찬성

- 간접광고 indirect advertisement 间接广告
- 소품 props 小道具
- 특정 상품 specific commodity 特定商品
- 노출시키다 expose 露出
- 가상광고 Virtual advertising 虚拟广告
- 허용하다 permit 容许
- 시청률 viewer ratings 收视率
- 시청자 viewer 观众
- 공감하다 sympathize with 有同感
- 오락 entertainment 娱乐
- 권리 right 权利
- 방해하다 interrupt 妨害
- 소비자 consumer 消费者
- 선택 choice 选择
- 여지 scope 余地

1. 간접광고는 시청자의 권리를 빼앗는 것입니다. 시청자들은 드라마든 오락이든 그 자체로 공감하기를 원합니다. 그런데 간접광고로 인해 드라마나 오락을 즐기는 시청자의 권리를 방해합니다. 일반 TV 광고는 소비자가 원치 않으면 채널을 돌려도 됩니다. 그러나 간접광고는 시청자에게 선택의 여지를 주지 않습니다. 드라마나 오락을 보다가 간접광고 때문에 채널을 돌릴 수 없기 때문입니다.

2. 공중파 TV가 사용하는 전파는 엄연한 공공재입니다. 합법적인 루트를 통해 광고비를 지불하고 광고시간을 할당받아서 광고해야 합니다. 단순히 협찬 형식으로 막대한 자본이 오고가는 간접광고가 실행된다면, 이는 전파의 공공성과 공익성을 저해하는 것입니다.

3. 간접광고는 TV프로그램의 질을 떨어뜨립니다. 내용과 관련도 없는 제품이 갑자기 등장한다든지 내용과 상관없는 물건에 지나치게, 클로즈업한다든지 하여 시청자의 눈살을 찌푸리게 합니다. 결국 방송의 간접광고는 프로그램의 질을 하락시키는 일이 됩니다.

4. 간접광고는 과도한 소비문화를 유도하게 됩니다. 시청자들이 원치 않는 상품을 일방적으로 노출하기 때문에 불필요한 구매욕구를 자극하게 됩니다.

5. 간접광고는 결국 제품의 비용을 소비자에게 떠맡기는 것입니다. 엄청난 간접광고료는 제품의 가격으로 이어지고 그 부담을 소비자가 안고 가야 합니다.

- 채널을 돌리다 change the channel 切换频道
- 공중파 public TV 公共电视
- 전파 radio wave 电波
- 엄연한 undeniable 俨然, 分明
- 공공재 public goods 公共物资
- 지불하다 pay 支付
- 할당받다 be allocated 分得
- 협찬 sponsorship 赞助
- 막대한 huge 莫大
- 자본 capital 资本
- 공공성 publicness 公共性
- 공익성 being public 公益性
- 저해하다 hinder 阻碍
- 눈살을 찌푸리다 frown 皱眉头
- 하락시키다 decline 使下降
- 과도한 excessive 过度的
- 소비문화 consumption culture 消费文化
- 구매욕구 purchasing desire 购买欲望
- 자극 stimulate 刺激
- 떠맡기다 lumber 交给
- 부담 burden 负担

반대

1. 제작사마다 광고의 수익이 점점 줄어들고 있습니다. 간접광고를 유치하지 않으면 TV제작에 드는 손실을 메울 수가 없습니다. TV간접광고는 제작 비용에 절대적으로 필요합니다.

2. 미디어 콘텐츠의 질을 높이기 위해서는 간접광고를 유치해야 합니다. 우수한 작품들은 주인공의 1회 출연료만 계산해도 어마어마합니다. 이 큰 제작비를 단순한 광고수익으로 불가능합니다. 좋은 배우, 좋은 컨텐츠를 만들기 위해서는 간접광고의 수익이 필요합니다.

3. 간접광고는 제작비 측면이 아니라 소비자에게도 도움이 됩니다. 실생활에서 보여지는 제품이야말로 소비자가 믿고 사용할 수 있습니다. 일반광고가 가지는 과대광고보다 실제 생활과 밀접하게 관련된 제품들이 자연스럽게 나오기 때문에 간접광고에서 더 실질적인 정보를 다양하게 얻게 됩니다.

4. 한국의 TV프로그램들이 전세계 한류 열풍으로 인기를 얻고 있습니다. 간접광고는 한국의 상품을 보다 효과적으로 알릴 수 있는 중요한 수단입니다. 드라마에 나오는 장소가 관광지로 인기가 있어 국가 브랜드 이미지를 높을 수 있는 것처럼 간접광고로 외국으로 수출되는 제품들의 광고효과가 높아집니다. 이는 그 어떤 마케팅 전략보다 뛰어난 것입니다. 간접광고를 보다 적극적으로 권장해야 합니다.

5. 간접광고를 금지하면 방송 광고시장이 침체될 것입니다. 가뜩이나 어려움을 겪고 있는 광고시장이 붕괴될 우려가 있습니다. 미국, 일본 등 세계적으로도 간접광고를 허용하는 추세입니다. 규제는 바람직하지 않습니다.

- 관광지 tourist attraction 旅游区
- 수출 export 出口
- 광고효과 effectiveness of advertising 广告效果
- 전략 strategy 战略
- 권장하다 encourage 鼓励, 倡导

> 여러분 나라에서 간접광고를 허용합니까? 허용한다면 가장 자주 등장하는 간접광고는 무엇인가요? 서로 이야기를 나누어 보세요.

18

부자 증세를 확대강화해야 한다.

부유층에게 세금을 더 내게 하는 것을 일명 '버핏세Buffett rule'라고 합니다. 이는 세계 3대 부자인 미국의 억만장자 워런 버핏이 "미국 정부가 부유층에게 더 많은 세금을 부과해야 한다"고 공개적으로 말하면서 생겨난 신조어새로 만든 말입니다. 2011년 미국의 오바마 대통령이 이 법안의 도입을 시도했지만 통과하지 못하고 무효가 된 바 있습니다. 미국 이외에도 여러 국가에서 버핏세 도입에 관한 논의가 이루어지고 있습니다.

찬성

- 부유층 the rich 富裕阶层
- 세금 tax 税
- 버핏세 Buffet rule 巴菲特税
- 세계 3대 부자
  the three richest men in the world 世界三大富翁
- 억만장자 billionaire 亿万富翁
- 공개적으로 openly 公开地
- 신조어 neologism 新名词
- 법안 bill 法案
- 도입 introduction 引进
- 시도하다 try 试图
- 통과하다 be approved 通过
- 무효 invalidity 无效
- 현행 existing 现行
- 소득세 income tax 所得税

1. 현행 소득세는 부의 재분배 기능을 하지 못하고 있습니다. 프랑스, 스위스, 노르웨이 등과 같은 유럽과 같은 선진국들은 오랫동안 시행해 온 제도입니다. 사회적으로 재분배의 기능을 활발하게 하기 위해서는 부유세가 강화되어야 합니다. 부유세가 없는 미국은 기부문화가 발달하여 사회적으로 부의 재분배가 활발한 것입니다. 한국은 기부문화가 부족해서 부유세가 필요합니다.

2. 부자증세는 소득 최상위층에게 부과되는 것이라 경제활동을 위축시키는 일을 하지 않습니다. 이미 많이 가지고 있는 사람들에게 부과되는 세금이라 일반 경제활동에 방해가 되지 않습니다.

3. 세금이 공제되는 것을 생각하면 실질적으로 부자들은 세율이 낮은 편입니다. 부유세를 신설해서 세금을 더 받아야 오히려 공평하게 될 수 있습니다. 집을 여러채 가지고 있는 의사, 변호사 등이 1년 소득을 800만 원밖에 신고하지 않았다는 국세청 발표가 있었습니다. 고소득자의 소득이 제대로 파악되고 있지 않습니다. 따라서 부유세를 강화해야 합니다. 부유세는 매년 말 재산총액에서 부채총액을 뺀 순재산 총액을 계산하고 그 금액이 일정액을 초과하는 것에 대해 세율을 적용하는 것입니다.

- 부의 재분배 redistribution of wealth 财富再分配
- 기능 function 功能
- 선진국 advanced country 发达国家
- 부유세 wealth tax 富裕税
- 기부문화 donation culture 捐赠文化
- 부족하다 insufficient 不足
- 부자증세 taxes on the wealthy 富翁增税
- 소득 income 所得
- 최상위층 the highest rank 最高位阶层
- 위축시키다 constrict 制约
- 부과되다 be imposed 被征收
- 공제되다 be deducted 扣除
- 실질적으로 effectively 实质性的
- 세율 tax rate 税率
- 신설하다 establish 新设
- 공평하다 fair 公平
- 여러채 many buildings 好几幢
- 신고하다 declare 申告
- 국세청 National Tax Service 国税厅
- 고소득자 high-income earner 高收入者
- 소득 income 所得
- 파악되다 grasp 把握
- 강화하다 strengthen 强化
- 재산총액 the total amount of property 财产总额
- 부채총액 total liabilities 负债总额
- 순재산 net assets 净财产
- 계산하다 calculate 计算
- 일정액 a specific sum of money 一定数额
- 초과하다 exceed 超过
- 세율 tax rate 税率
- 적용하다 apply 适用

4. 종합토지세가 부동산 투기와 토지 소유의 불평등을 해결하기 위해 도입되었다면 부유세는 토지뿐 아니라 전체 재산 소유의 불평등을 해결하기 위해 필요한 것입니다. 빈부의 격차를 해소하기 위해 부자 증세가 강화되어야 합니다. 부자에게 세금을 걷어 가난한 사람들에게 사용한다면 빈부격차가 해소되고 양극화로 인한 사회문제가 줄어들 것입니다.

5. 국민들의 다수가 부유세에 찬성하는 것으로 조사되었습니다. 월소득 400만 원 이상의 고소득층도 80% 이상이 부유세 도입에 찬성하였다고 합니다.

반대

1. 보편적 증세를 통해서만 복지수혜의 정당성을 확보할 수 있습니다. 부자들에게 세금을 더 받아 국민 전체의 복지를 보장하는 것은 정당한 방법이 아닙니다. 소득세도 있고 재산세도 있는데 부유세까지 부과하면 이중과세가 되는 것입니다.

2. 부자증세는 조세의 형평성에 어긋납니다. 내가 번 돈을 부자라는 이유로 더 가져가고 벌지도 않았는데 가난하다는 이유로 돈을 받는다면 이 사회에서 열심히 일해서 부자가 되려는 노력을 누가 하겠습니까? 자본주의 사회에서는 보편적 증세만이 답입니다. 빈부격차를 해소하는 길이 부유세 말고도 다른 방법이 많이 있을 것입니다.

3. 실질적인 세수를 늘리기 위해서는 부자증세보다 보편적 증세가 실효적입니다. 프랑스의 루이14세 때 재무장관이었던 장 바티스트 콜베르 Jean-Baptiste Colbert가 한 유명한 말이 있습니다. "가장 바람직

한 조세는 거위의 털을 뽑는 것과 같다" 거위가 소리를 가장 적게 지르게 하면서 털을 많이 뽑는 것이 가장 훌륭한 세금 정책이라는 뜻합니다.

4. 부유세가 도입되면 세금을 많이 내야하는 부자들은 새롭게 투자하려는 의욕이 줄어들 것입니다. 또한 저축하려는 동기도 줄어들 것입니다. 전반적으로 경제 활성화를 방해하는 일입니다.

5. 부유세를 만들면 부자들이 재산을 숨기거나 재산을 해외로 빼돌릴 것입니다. 이것은 국내 자본이 해외로 빠져나가는 심각한 문제가 생깁니다. 해외로 유출되는 자금 때문에 경제사정은 나빠질 것입니다.

6. 부유세를 내는 유럽의 국가들도 이제는 점점 줄어들고 있습니다. 프랑스, 스웨덴, 아일랜드, 덴마크, 네덜란드 등은 과거에 시행하였다가 폐지하였습니다. 부유세가 현실적으로 불가능하다는 것을 말해주고 있는 것입니다.

- 실질적인 actual 实质性的
- 세수 tax revenue 税收, 税收入
- 실효적 effective 实效的
- 거위의 털 goose down 鹅毛
- 세금 정책 policy on taxation 税收政策
- 투자하다 invest 投资
- 의욕 will, desire 意欲, 欲望
- 저축 동기 motives of savings 储蓄动机
- 경제활성화 economy revitalization 振兴经济, 经济活性化
- 방해하다 interrupt 妨害
- 재산 property 财产
- 숨기다 hide 藏
- 해외 자본 foreign capital 国外资本
- 자금 funds 资金
- 경제사정 economic condition 经济状况
- 시행하다 carry out 实施, 施行
- 폐지하다 abolish 废止
- 불가능하다 impossible 不可能

👥👥 여러분 나라에서 세금을 가장 많이 내는 사람은 누구입니까? 서로 이야기를 나누어 보세요.

📖 **한국의 대기업, 재벌** **(Chaebol, 財閥)**

한국 대기업의 큰 부자를 흔히 '재벌'이라고 부릅니다. 재벌은 삼성, 현대, 롯데 등 한국의 가족이나 일가 친척으로 구성된 혈연적 대기업 집단을 말합니다. 원래 이 말은 일본에서 온 것인데, 1960년대 이후 경제성장과 함께 출현한 한국의 재벌은 소유와 경영의 분리가 되지 않은 문제로 비판의 대상이 되고 있습니다.

19

공공기관 비정규직을 정규직으로 전환해야 한다.

비정규직이란 근로기간이 정해져 있지 않은 정규직과 달리 근로방식, 근로시간, 고용의 지속성 등에서 보장을 받지 못하는 고용형태를 말합니다. 계약직, 일용직, 파견직 등 시간제 근로자를 총 망라한 개념입니다. 한국에서 비정규직 근로자의 비중이 해마다 늘어 36.4%^{2019년 통계청 기준}에 이르고 있습니다.

찬성

- 공공기관 a public institution 公共机关
- 비정규직 casual workers 非正式职
- 정규직 regular worker 正式员工
- 전환하다 convert 转换
- 근로기간 a work period 工作时间
- 고용 employment 雇用方式
- 지속성 durability 持续性
- 보장 guarantee 保障
- 고용형태 forms of employment 雇用方式
- 계약직 contract worker 合同工
- 일용직 day laborer 日工
- 파견직 Agency worker 派遣职
- 시간제 근로자 worker by the hour 小时工
- 망라하다 encompass 包括
- 차별 discrimination 歧视

1. 비정규직 노동자에 대한 차별이 심각합니다. 비정규직 노동자의 삶의 질 개선을 위해 공공기관부터 정규직으로 전환해야 합니다. 비정규직의 임금은 정규직에 비해 절반도 못미치는 수준입니다. 같은 일을 하고도 임금을 반도 못받는 것은 최악의 노동차별입니다. 비정규직 노동자들은 임금뿐 아니라 휴식시간이 거의 없는 지나친 업무로 열악한 조건에 있습니다. 이는 노동자의 인권을 무시한 것입니다.

2. 비정규직 노동자는 늘 고용의 위기의식을 갖습니다. 언제 그만두게될지 모르기 때문입니다. 비정규직은 부당 해고가 되어도 자신의권리를 주장할 수가 없습니다. 정규직으로 전환하여 고용의 형태를안정시키면 불안에 떨지 않고 일을 할 수 있을 것입니다. 고용의 안

정을 위해 비정규직을 정규직으로 전환해야 합니다.

3. 비정규직을 줄이는 것은 정부의 사회적 책임입니다. 비정규직을 줄이지 않으면 비정규직이 양산될 가능성이 많아 빈곤의 늪에서 탈출하기 어렵습니다. 이는 계층간의 소득격차를 심화시켜 사회적 위화감을 조성하고 사회통합을 저해할 수 있습니다. 정규직을 늘려 보다 안정된 사회를 만드는 것이 필요합니다.

4. 정규직으로 전환한다고 해서 비용이 크지 않을 것입니다. 예를 들면 서울시가 60세 이상 여성 청소노동자를 준공무원직으로 정규직화했습니다. 덕분에 서울시 청소 노동자의 월 평균 급여는 향상되

- 절반 half 一半
- 최악 the worst 最坏
- 노동차별 labor discrimination 劳动差别
- 열악한 inferior 恶劣的
- 인권 human rights 人权
- 위기의식 Consciousness of crisis 危机感
- 부당해고 unfair dismissal 非法解雇
- 불안에 떨다 shake with anxiety 惶惶不安
- 사회적 책임 social responsibility 社会责任
- 양산되다 be mass produced 大量生产
- 빈곤의 늪 swamp of poverty 贫困的泥沼
- 탈출하다 escape 逃脱
- 계층간 between classes 阶层之间
- 소득격차 income disparity 收入差距
- 위화감 disharmony 违和感
- 조성하다 build 造成
- 사회통합 social integration 社会一体化
- 저해하다 hinder 阻碍
- 준공무원직 quasi public official 准公务员
- 정규직화 change permanent position 正规职化
- 평균 급여 mean salary 平均工资
- 추가적인 additory 追加的
- 인건비 personnel expenses 人工成本
- 사업비 working expenses 事业费
- 명목 nominal 名目

었지만 추가적인 인건비는 늘지 않았습니다. 다른 사업비 명목으로 사용하는 비용을 임금에 사용하면 비용은 생각보다 크지 않습니다.

반대

- 비정규직 temporary employee 临时工
- 노동 labor 劳动
- 유연화 flexibilization 柔软化
- 신축성 elasticity 伸缩性
- 능력 ability 能力
- 기술 수준 technical standard 技术水平
- 장점 advantage 长处
- 효율적 이용 effective use 有效利用
- 생산성 productivity 生产率
- 향상 improvement 向上 , 提高
- 비용 증가 expense increase 费用增加
- 부담 burden 负担
- 복리후생 welfare 福利
- 퇴직금 retirement pay 退职金
- 수당 allowance 津贴
- 사회보험 social insurance 社会保险
- 국가재정 national finance 国家财政
- 파산되다 go bankrupt 破产
- 신규 취업자 new employee 新就业人员
- 박탈되다 be deprived 被剥夺
- 청년 취업자 youth employee 青年就业人员
- 별도의 special 另外的
- 자회사 subsidiary company 子公司
- 간접고용 indirect employment 间接雇佣
- 역차별 reverse discrimination 逆向歧视
- 마찰 friction 摩擦
- 갈등 conflict 矛盾

1. 노동의 유연화를 위해 비정규직은 필요합니다. 노동인력을 조정하는데 있어서 신축성을 제공해주고, 근로자에게는 시간 스케줄, 능력, 기술 수준에 따라 일할 수 있게 하는 것이 비정규직의 장점입니다. 노동의 효율적 이용과 생산성 향상을 기대할 수 있습니다.

2. 비정규직을 정규직으로 전환할 경우, 비용 증가의 부담이 큽니다. 비정규직일 때보다 복리후생, 퇴직금, 수당, 사회보험 등 비용이 엄청나게 더 듭니다. 공공기관의 비용은 모두 국민의 세금으로 나가는 것입니다. 비정규직이 정규직으로 전환되면 국가재정은 파산될 것입니다.

3. 비정규직이 정규직이 된다면 신규 취업자들의 기회가 박탈됩니다. 고용의 안정성을 이유로 정규직으로 바꿔야 한다고 하지만 그렇게 될 경우 새로운 청년 취업자들이 감소할 수 있습니다.

4. 현재 공공기관은 별도의 자회사를 만들어 비정규직을 고용할 수 있습니다. 비정규직이 정규직으로 전환된다하더라도 자회사의 비정규직이 되어 간접고용 형태가 됩니다. 결국은 비정규직의 문제는 전혀 달라지지 않을 것입니다.

5. 기존 정규직에 대한 역차별이 될 수 있습니다. 정규직으로 전환된 비정규직 직원과 기존에 있던 정규직 간에 마찰과 갈등이 생깁니다. 어려운 절차를 거치고 들어온 정규직 직원들과 같은 수준의 처

우를 한다는 것은 기존 정규직 직원에 대한 역차별인 것입니다. 비정규직으로 들어와도 정규직이 된다면 누가 정규직으로 들어오려고 노력하겠습니까. 근본적인 해결책을 만들어야 합니다.

6. 공공기관에서 정규직 가능성이 커진다면 민간기업에서도 문제가 확산될 것입니다. 그렇게 되면 문제는 더욱 심각해집니다. 국가 전체의 경제적 상황을 보고 공공기관의 정규직 문제를 해결해야지 공공기관만의 문제로 인식하는 것은 문제가 있습니다.

- 절차 procedure 程序
- 처우 treatment 待遇
- 민간기업 private enterprise 民间企业

여러분 나라에서 비정규직이 많습니까? 비정규직에 어떤 일이 많은지 서로 이야기를 나누어보세요.

20

최저임금, 인상해야 한다.

최저임금제는 근로자들의 생활안정을 위해 국가가 임금의 최저 수준을 정하고 근로자를 고용하는 회사로 하여금 그 이상의 임금을 지급하도록 법으로 정한 제도입니다. 한국은 1988년 최저임금제도가 도입된 뒤 2021년 시간당 최저임금이 8,720원이 되었습니다. 문재인 대통령은 대선 당시 2020년까지 최저임금을 1만 원으로 하겠다고 약속을 했습니다. 그러나 지키지 못했습니다. 최저임금 인상을 강력하게 반대하는 집단과 팽팽히 맞서면서 사회문제가 되고 있습니다.

찬성

- 최저임금제 the minimum wage system 最低工资制
- 근로자 worker 劳动者
- 고용하다 employ 雇用
- 지급하다 pay 支付
- 시간당 hourly 每小时
- 대선 presidential election 大选
- 팽팽히 tensely 紧绷绷地
- 보장하다 guarantee 保障
- 급격히 sharply 急剧地
- 미혼 unmarried 未婚
- 생계 livelihood 生计
- 수준 level 标准
- 가구 household 户
- 직장인 office worker 职业人士
- 끼 talent 顿, 饭

1. 최저임금제는 근로자들의 기본적인 생활을 보장해주는 제도입니다. 최저임금이 급격히 올랐다고 하지만 2021년 현재 8,720원은 아직 부족한 임금입니다. 임금은 근로자의 생활안정을 유지할 수 있는 수준이 되어야 합니다. 현재의 시급은 혼자 사는 미혼 근로자가 생계에 필요한 돈의 70% 수준이고 2-3인 가구 기준으로 볼 때에는 생계비의 30%에 불과합니다. 일반 직장인들의 평균 점심값이 6,370원이라고 할 때 겨우 한 끼의 식사만 해결할 수 있는 임금입니다. 최저임금을 올려 근로자의 빈곤을 해소해야 합니다.

2. 한국의 최저임금은 다른 나라와 비교해볼 때 현저히 낮습니다. 최

저임금으로 살 수 있는 햄버거 빅맥 지수를 생각하면 한국은 1.36으로 호주, 네덜란드, 일본2.4에 비해 크게 낮은 금액입니다. 최저임금 인상은 한국의 소득불평등을 해결하기 위해서도 필요합니다. 소득불평등을 나타내는 지니계수Gini's coefficient가 선진국 가운데 5번째로 높습니다. 최저임금 인상으로 근로자의 생활수준을 올리고 소득불평등을 해소해야 합니다.

3. 최저임금이 인상되면 경제전반의 생산성이 향상됩니다. 최저임금이 결국 근로자들의 소비로 이어지고 내수 증가로 이어져 생산과 투자로 이어집니다. 경제회복을 위해서도 최저임금은 더 올라야 합니다.

4. 최저임금을 올리면 고용이 줄어든다는 이론이 있지만 사실상 최저임금의 인상은 고용에 별 영향을 미치지 않습니다. 오히려 독일에서는 임금인상으로 소비력이 증가하여 고용창출 효과가 발생했고 빈

- 빈곤 poverty 贫穷
- 해소하다 resolve 解决
- 현저히 markedly 显著地
- 햄버거 빅맥 지수 Big Mac index 巨无霸指数
- 소득불평등 income inequality 收入不平等
- 지니계수 Gini's coefficient 基尼系数
- 선진국 advanced country 发达国家
- 생활수준 the standard of living 生活水平
- 생산성 productivity 生产率
- 향상 improvement 向上
- 내수 domestic 内需
- 생산 production 生产
- 투자 investment 投资
- 경제회복 economic recovery 恢复经济
- 고용 employment 雇用
- 소비력 purchasing power 消费能力, 消费量
- 고용창출 creation of jobs 创出工作岗位

곤도 해소되었다고 합니다. 전세계의 연구논문을 살펴보면 최저임금 인상이 고용과 큰 영향관계가 없다는 결론을 내리고 있습니다. 실제로 한국에서 2002년과 2006년에 최저임금이 지금처럼 16.8% 올랐습니다. 그러나 그 다음 몇 해 동안 고용 문제가 없었습니다.

- 연구논문 research paper 研究论文
- 악영향 bad[harmful] influence 坏影响
- 암시장 black market 黑市
- 인상률 rate of increase 增长率

5. 최저임금이 고용에 악영향을 준다고 하지만 암시장의 확대로 최저임금 미만의 노동자가 증가하는 가능성도 많습니다. 따라서 실질적인 인상률은 낮게 실현될 것으로 해석됩니다. 따라서 최저임금은 올라야 합니다.

반대

- 최저임금 minimum wages 最低工资
- 자료 material 资料
- 노동생산성 labor productivity 劳动生产率

1. 한국의 최저임금은 2017년 6월 OECD 자료에 의하면, 프랑스, 호주보다는 낮지만, 독일이나 캐나다, 일본, 미국과 비교해서 결코 낮지 않습니다. 또한 아직 한국은 최저임금의 수준을 높일 만큼 노동

생산성이 높아지지 않았습니다. 한국의 노동생산성은 오히려 낮아졌습니다. 최저임금을 올릴 필요가 없습니다.

2. 최저임금을 지불하는 것은 기업이고 경영주입니다. 중소기업이나 자영업자들은 최저임금의 인상으로 고용을 줄이거나 경영을 축소해야 하는 어려움에 직면하게 됩니다. 일자리가 점점 줄고 있는 요즘 최저임금 인상은 일자리에 더욱 악영향을 미칠 것입니다.

3. 최저임금이 인상되면 근로자들의 일자리가 줄어 고용불안을 초래하게 될 것입니다. 일일 아르바이트를 하는 학생, 주부, 노년층 등의 일자리가 가장 먼저 위협받게 될 것입니다. 최저임금 미만의 노동자를 보면 대부분 빈곤가구이거나 보조 소득자입니다. 따라서 최저임금이 인상되면 결과적으로 빈곤층이 늘어나게 되는 것입니다.

4. 최저임금을 또 올리면 소상공인, 영세중소기업이 힘들어집니다. 최저임금 상승률이 중소기업이나 자영업자들이 대비할 수 없을 정도로 짧은 시간에 급격하게 오르고 있습니다. 중소상공업 경영자들이 대비할 수 있도록 충분한 시간을 두고 점진적으로 올리는 것이 바람직합니다.

5. 최저임금이 오른다고 하더라도 소득불평등이 해결되지 않을 것입니다. 최저임금이 오르면 대기업 직원들도 임금을 올려달라고 할 것이기 때문에 소득불평등이 지속될 것입니다. 최저임금이 오르게 되면 인건비가 그대로 상품 가격에 영향을 미치게 됩니다. 따라서 물가가 오르게 되고 이는 결국 국민전체 소비자의 부담으로 이어지게 됩니다.

- 지불하다 pay 支付
- 기업 business 企业
- 경영주 manager 企业主
- 중소기업 small and medium-sized enterprise 中小企业
- 자영업자 self-ownership 个体商户, 私营业主
- 고용 employment 雇用
- 축소하다 reduce 缩小
- 직면하다 encounter, face 直面
- 일자리 job, work 工作
- 고용불안 job instability 就业不稳定
- 일일 아르바이트 daily part-time job 日薪兼职
- 주부 housewife 主妇
- 노년층 elderly people 老年阶层
- 위협받다 threaten 受到威胁
- 미만 under 未满
- 빈곤가구 the poor household 贫困户
- 보조소득자 auxiliary income earner 辅助收入者
- 빈곤층 the poor 贫困阶层
- 소상공인 small business owner 小企业主
- 영세중소기업 small and medium-sized enterprises 中小企业
- 상승률 rate of rise 上升率
- 점진적 gradual, progressive 渐进的
- 소득불평등 income inequality 收入不平等
- 대기업 large company 大企业
- 인건비 personnel expenses 人工费, 人事费
- 물가 price 物价
- 소비자 consumer 消费者
- 부담 burden 负担

여러분 나라에서 최저임금은 얼마입니까? 서로 정보를 교환해 보세요.

금수저, 흙수저, 수저계급론

수저계급론은 부모님의 소득이나 부(富)로 사회의 계급을 결정한다는 표현의 신조어입니다. 한국의 뉴스나 드라마에서 '금수저', 혹은 '흙수저'라는 말을 들어본 적이 있으십니까? 이 말은 온라인 커뮤니티에서 2015년에 처음 등장한 후 지금까지 자주 사용되고 있습니다. 그 뜻은 금으로 만든 수저(숟가락과 젓가락) 혹은 흙으로 만든 수저를 말합니다. 부모가 부자인 집에서 태어난 사람들은 금으로 만든 수저를 사용할 만큼 풍족하게 살고, 가난한 집에서 태어난 사람들은 흙으로 만든 수저로 살기 때문에 가난하다는 뜻입니다.

"나는 흙수저야"라고 말하면 우리 부모님은 가난하고 가난한 집에서 태어났다는 뜻입니다. 원래 한국의 속담이나 유럽 속담에 '은수저를 입에 물고 태어나다' 라는 말이 있습니다. 태어날 때부터 부유하게 태어났다는 말입니다. 실지로 부유한 사람들은 은수저를 많이 사용합니다. 옛날 임금들은 은수저를 사용하여 음식에 독이 있는지를 확인할 수 있었다고 합니다. 그러나 현재 금이나 흙으로 수저를 만드는 경우는 거의 없습니다. 옛날에 가난한 사람들은 흙수저가 아니라 나무수저를 사용했습니다. 지금 한국의 대부분의 가정에서는 스테인리스 수저가 일반적으로 사용됩니다. 최근 한국에서 사용되는 금수저, 흙수저라는 말은 부모로부터 물려받은 것이 없으면 아무리 노력해도 힘들게 살 수밖에 없다는 사회현실을 비꼬는 뜻이 있습니다.

부모가 얼마나 돈이 많아야 금수저인지 정확한 기준은 없습니다. 사람마다 생각하는 기준이 다르기 때문입니다. 어떤 사람에게는 금수저로 보이지만 어떤 사람에게는 은수저로 보이는 경우도 많습니다. 그만큼 이 말은 매우 자의적이고 모호한 용어입니다. 그러나 그럼에도 불구하고 금수저는 대략 재산이 30억 이상이고 연수입이 3억 이상되는 상위 1%의 부모를 가진 사람을 말합니다. 금수저와 은수저를 제외하면 대부분 자신을 흙수저라고 말하는 경우가 많습니다. 직장인의 84.9%가 이 용어가 대한민국의 현실이라고 대답했다고 합니다.

> 여러분은 금수저이십니까? 흙수저이십니까? 흙수저는 아무리 노력해도 금수저가 될 수 없다고 생각하십니까? 이야기를 나누어 보십시오.

4부

교육

21

문·이과 통합해야 한다.

한국은 고등학교 2학년부터 문과와 이과로 나누어 교육을 받습니다. 문과는 11개 사회 과목 중 선택하고 이과는 9개 과학 과목 중 선택합니다. 그런데 2018년부터 통합사회, 통합 과학으로 합쳐지면서 문·이과의 장벽이 사라졌습니다. 즉 국어, 영어, 수학, 통합사회, 통합과학, 필수 한국사 총 6개 과목이 문·이과 구분 없이 수능에 반영이 되는 것입니다. 이미 현재 통합된 상태이지만 통합해야 한다를 찬성으로 토론을 해 봅시다.

찬성

- 문과 liberal arts 文科
- 이과 natural sciences 理科
- 통합 integration 合并,综合
- 장벽 barrier 障碍, 屏障, 壁垒
- 수능 수학능력고사
  national college entrance exam
  高考大学修学能力考试
- 습득 learn 学会
- 폭넓은 extensive 全面地
- 시각 view 视点
- 균형 balance 均衡
- 벽 barrier 障碍
- 융합형 fusion 融合型
- 인재 talented[capable] people 人才
- 양성 nurture 培养
- 치우치다 weighted 偏重

1. 그동안 문과와 이과가 나누어져 있어 고등학교까지 배워야 할 기본적인 지식을 습득하지 못했습니다. 문·이과 통합으로 기본적인 문·이과 지식을 모두 습득해서 폭넓고 다양한 교육을 받아야 합니다. 고등학교에서 문과 혹은 이과 특정 분야만 알게 되면 세상을 바라보는 시각이 균형을 잃게 됩니다. 문과 이과의 벽은 인간이면 기본적으로 알아야 할 지식마저 배우지 못하게 하는 장애가 되고 있습니다. 따라서 고등학교에서 문·이과 통합교육은 당연한 것입니다.

2. 문·이과 통합교육은 융합형 인재 양성에 적합한 교육 방법입니다. 글로벌 시대에 유능한 인재를 육성하려면 한쪽에만 치우친 교육을

받아서는 불가능합니다. 문·이과를 통합하면 다양한 분야의 능력을 갖춘 융합형 인재를 양성할 수 있습니다.

- 진로 career 发展方向
- 신중하게 carefully 慎重地
- 성급한 hasty 性急的, 着急的

3. 문·이과가 나누어지면 한 번 선택한 과정을 바꾸기 어렵습니다. 문·이과가 통합된다면 여러 방면의 지식을 쌓아 자신이 좋아하고 잘하는 진로의 가능성을 모두 열어놓을 수 있습니다. 자신의 진로에 대해 보다 신중하게 고민하고 선택할 수 있는 시간이 필요합니다. 고등학교에서 문과와 이과로 나누는 것은 자신의 적성을 잘 모르면서 성급한 결정을 내리기 쉽습니다.

반대

1. 문·이과를 통합하면 수업에 혼란이 생기게 됩니다. 무엇보다 학생들에게 과중한 부담을 주게 됩니다. 지금보다 학업의 양이 늘어나고 시험에 대한 스트레스도 가중됩니다. 한국 청소년들의 학습 시간은 이미 세계에서 가장 깁니다.

- 혼란 confusion 混乱, 杂乱
- 과중한 heavy 过重的
- 부담 burden 负担, 担负
- 청소년 youth 青少年
- 진로 course 发展方向, 出路
- 전공 major 专攻, 专业
- 전문성 expertise 专门性
- 재능 talent 才能

- 낭비 waste 浪費
- 효율성 efficiency 有效性
- 융합형 fused form 融合型
- 의견 opinion 意见, 见解
- 수용 accept 容纳
- 재교육 reeducation 再教育
- 사교육비 private education
  expenses 课外教育费
- 공교육
  public education 公共教育
- 약화 be weaken 减弱
- 막대한 huge 巨大的
- 손실 loss 损失

2. 문과와 이과를 통합하면 진로와 전공을 미리 정해놓고 공부하는 학생에게 오히려 전문성을 살리지 못하고 혼란을 주고 한 곳에 집중할 수 있는 기회를 빼앗아 갑니다. 학생들의 재능과 시간을 낭비하게 됩니다. 불필요한 공부를 줄이고 보다 집중된 공부를 하는 것이 필요합니다. 적성에 맞는 과목을 중심으로 한 분야를 전문적으로 공부하는 것이 효율적입니다. 문·이과를 통합하면 적성에도 맞지 않는 공부를 다 해야 하기 때문에 효율성이 떨어집니다. 학생이 좋아하는 공부를 할 수 있도록 해야 성적도 좋아집니다.

3. 융합형 인재란 이것저것 다 잘하는 인재를 말하는 것이 아니라 자기 분야를 제일 잘 알고 다른 분야에도 소질이 있어 그 사람들과 공동 연구를 할 수 있는 사람을 말합니다. 자신의 분야에서 전문성을 갖추지 못하면 융합형 인재는 불가능합니다.

4. 문·이과를 통합하기 위해서는 학교 교사들의 재교육이 필요합니다. 이런 준비 없이 교육정책부터 바꾼다면 사교육만 커지게 될 것입니다. 학부모의 사교육비 비용도 증가합니다. 또한 국가적으로도 공교육의 약화와 막대한 비용 손실이라고 할 수 있습니다.

여러분 나라의 교육제도를 소개해 보세요. 문과와 이과를 나누어서 교육하는지 이야기를 나누어 보세요.

증거자료 메모

구체적인 증거자료를 정리해 보세요. 법조항, 설문조사, 통계자료, 개인의 경험이나 관찰, 연구 보고, 권위있는 전문가의 말, 사건이나 사고, 또는 속담이나 비유 등 구체적인 사례를 찾아서 메모합니다.

22

대학의 성적 우수 장학금 폐지해야 한다.

장학금의 본래 의미는 '가난하지만 성적이 우수한 학생에게 주는 학자 보조금'입니다. 그러나 대학에서는 경제적 형편과 관련없이 성적 우수자에게 장학금을 지급하는 경우가 많습니다. 한국에서는 성적 우수 장학금이 경제적인 이익보다 학생이 가지는 명예와 영광으로 생각하는 경향이 큽니다.

찬성

- 성적우수 good grades 成绩优秀
- 장학금 scholarship 奖学金
- 명예; honor 名誉
- 영광; glory 光荣
- 성과 result 成果
- 수혜 benefit 受惠
- 사각지대 blind spot 死角地带
- 저소득층 downscale 低收入人群
- 전반적인 overall 总的
- 교육의 질 quality of education 教育质量
- 향상되다 improve 提高
- 금전적인 financial 金钱的
- 보상 reward 补偿
- 명예로운 honorable 荣誉的
- 수단 means 手段
- 본질 essence 本质
- 과열된 overheat 过热的

1. 성적우수 장학금은 성적이 우수한 일부 소수의 학생들이 계속 반복해서 혜택을 받아가게 됩니다. 이는 학생들에게 공평한 혜택을 주는 것이라고 보기 어렵습니다. 폐지하는 것이 맞습니다.

2. 성적 장학금을 폐지하면 그 비용으로 저소득층 학생들을 지원할 수 있을 뿐 아니라 대학의 전반적인 교육의 질이 향상되는 데 쓰일 수 있습니다. 장학금은 장학금 본래의 의미를 살려 형편이 어려운 학생에게만 지급되어야 합니다.

3. 성적이 우수한 학생들에게 금전적인 보상으로 보상을 할 필요는 없습니다. 보상의 긍정적인 효과는 명예로운 상이나 칭찬과 같은 다른 수단이 존재합니다. 금전적인 보상을 통해 학습 동기를 부여받

는 것은 교육의 본질을 흐리는 일입니다. 상장이나 메달을 주면 충분합니다.

4. 성적 우수 장학금은 학생들 간의 과열된 학점 경쟁을 부추깁니다. 대학은 학업뿐 아니라 다양한 도전을 시도하는 곳입니다. 학점 경쟁으로 대학의 분위기가 더욱 살벌해지고 학문의 영역 또한 매우 협소해질 수 있습니다.

- 학점 grade 学分
- 경쟁 essence 竞争
- 부추기다 instigate 鼓动
- 도전 challenge 挑战
- 살벌해지다 combative 紧张, 杀气腾腾
- 협소해지다 narrowish 狭小

Scholarship

반대

1. 성과에 따라 장학금을 지급하는 것은 대학이 거의 유일합니다. 대부분의 장학금은 본인의 노력으로 얻을 수 없는 것입니다. 성적우수 장학금은 경제 수준이 좋지 않음에도 불구하고 장학금 수혜의 사각지대에 속한 학생들이 받을 수 있는 유일한 장학금입니다.

2. 대학의 목적 중의 하나는 학문을 하는 것에 있습니다. 학생들이 열심히 공부한 결과로 나오는 성적 우수 장학금은 당연한 보상이라고 할 수 있습니다.

3. 성적우수 장학금은 대학생들의 면학 분위기를 높이는데 크게 영향을 미칩니다. 성적우수 장학금은 단순히 장학금이라는 금전적인 것 뿐 아니라 대학생의 대학생활과 학업능력을 증명하는 중요한 스펙으로 긍정적으로 작용합니다.

4. 성적 장학금 제도를 폐지하여 생활장학금을 지급하는 것은 국가가 학생들의 복지를 대학에 떠맡기는 일입니다. 국가는 대학의 정책에 개입할 필요가 없습니다.

5. 저소득층을 대상으로 한 장학금 제도는 이미 많이 존재하고 있습니다. 한국장학재단에서 학자금을 지원하고 있으며 대학교도 생활장학금의 지원이 확대되고 있습니다. 교육부는 학생과 학부모의 소득 수준에 따라 차등 지원하는 국가장학금으로 소득 최하위계층을 지원하고 있습니다.

6. 성적 장학금의 의미가 '가난하지만 성적이 우수한 학생에게 주는 학자 보조금'이라고 하지만 실질적으로 '가난하다'는 의미는 없어지고 성적이 우수한 것에 집중되어 있습니다. 성적 우수장학금이 가지고 있는 장점을 버릴 필요가 없습니다. 필요한 장학금이 있다면 따로 설정하면 됩니다. 굳이 성적우수 장학금을 폐지할 필요가 없습니다.

여러분은 장학금을 받아본 적이 있습니까? 어떤 이유로 장학금을 받았습니까? 서로 이야기를 나누어 보세요.

23

교복 자율화해야 한다.

한국에서 교복은 일제강점기에 도입되었습니다. 교복자율화는 중고등학생들이 교복을 입는 대신 자유로운 복장을 할 수 있도록 한 조치를 말합니다. 1983년 교복자율화제도가 생겼지만 다시 의무화가 부활되었습니다. 현재 교복 착용 여부는 학교 교장의 재량으로 결정됩니다. 한국의 중고등학교에서 95% 이상이 교복을 착용하고 있습니다.

찬성

- 교복 school uniform 校服
- 자율화 Liberalisation 自律化
- 일제강점기
  The Japanese occupation period
  日帝强占时期
- 도입 introduction 引进
- 복장 clothes 服装
- 조치 action 措施
- 의무화 making something
  mandatory 义务化
- 부활 reinstate 复活
- 착용 wear 穿用
- 여부 whether or not 与否, 是否
- 교장 principal 校长
- 재량 discretion 斟酌
- 의무적 mandatory 义务的
- 인권침해 human rights abuse 侵
  犯人权
- 일제 the Japanese Empire 日帝

1. 교복을 의무적으로 착용하는 것은 학생에 대한 인권 침해입니다. 교복을 착용하는 것은 일제의 잔해이며 일본, 태국 등 아시아 6개국에서만 실시하고 있는 제도입니다. 구미 선진국은 일부 사립학교만 있고 대부분의 국가에서는 교복을 강제로 입지 않습니다. 교복은 자율화해야 합니다.

2. 교복 의무화는 학생들을 통제하고 복종을 가르치는 도구가 되어 학생들의 개성과 창의력을 무시하는 것입니다. 반면 교복자율화는 개성과 다양성을 존중하고 스스로 책임의식을 기를 수 있는 교육적인 효과가 큰 조치입니다.

3. 교복 가격이 얼마나 비싼지 알고 계십니까? 교복이 경제적으로 부

담이 적다고 하지만 사실상 교복이 고급화되면서 고가의 교복이 더 문제가 되고 있습니다. 사복보다 더 큰 부담이 교복에서 오는 것입니다. 또 겨울에 입는 동복과 여름에 있는 하복까지 마련해야 하고 체육복과 여벌의 셔츠까지 구입하면 비용이 커집니다. 또한 교복을 한 번 사서 오래 입을 수도 없습니다. 아이들이 한창 크는 시기여서 해마다 교복을 사주어야 하는 부담까지 있습니다.

4. 교복은 공부하고 생활하기 불편한 복장입니다. 활동적인 학생들의 움직임을 제약하는 것입니다. 교복자율화로 학생들이 보다 편리하고 자유롭게 움직일 수 있게 해주어야 합니다.

- 잔해 remains/traces 残留的痕迹
- 구미 interest 口味
- 선진국 advanced country 发达国家
- 사립학교 private school 私立学校
- 의무화 making something mandatory 义务化
- 통제 control 管制
- 복종 obedience 服从
- 도구 means 手段
- 창의력 creativity 创意力
- 개성 individuality 个性
- 다양성 diversity 多样性
- 책임의식 sense of responsibility 责任意识
- 고급화 enhancement 高级化
- 고가 high price 高价
- 동복 winter clothes 冬服
- 하복 summer clothes 夏服
- 체육복 gym clothes 运动服
- 여벌 a spare suit 多余的衣服
- 복장 clothes 服装
- 제약하다 limit 限制

반대

- 교복자율화 abolish school uniforms 校服自愿化
- 일체감 sense of unity 集体感, 一体感
- 단결심 spirit of unity 团结意识
- 고취하다 inspire 宣扬
- 신분 position, status 身份
- 애교심 school spirit 爱校之心
- 공동체의식 community spirit 共同体意识
- 사복 plain clothes 便服, 私服
- 흉내 imitation 模仿
- 탈선 deviation 脱轨
- 유혹 temptation 引诱
- 면학분위기 atmosphere conducive to academic pursuit 学习氛围
- 유행 fashion, trend 流行
- 민감하다 sensitive 敏感

1. 교복은 학생들의 일체감과 단결심을 고취시킵니다. 교복을 입게 되면 학생들은 학생이라는 신분에 맞는 행동을 하게 되고 더욱 학생다워집니다. 질서있는 행동을 위해 교복은 필요합니다. 또한 학교에 대한 애교심을 키우고 공동체의식을 느끼는 데에도 교복은 도움이 됩니다.

2. 사복을 입게 되면 옷에 신경쓰느라 공부를 게을리 하게 됩니다. 또한 어설프게 어른 흉내를 내기 쉽기 때문에 탈선의 유혹이 생기게됩니다. 학생들은 학생의 신분을 드러내는 교복을 입어 면학분위기를 높이는 것이 올바른 것입니다.

3. 학생들이 유행에 민감하고 유명브랜드 옷을 선호하기 때문에 사복

을 입게 되면 비용이 커서 부모님들의 가계에 경제적 부담이 됩니다. 교복을 입으면 저소득층 가정에서는 부담을 줄일 수 있습니다. 또 교복 물려받기로 매우 경제적으로 활용할 수 있습니다

4. 교육자의 입장에서 볼 때 교복을 입지 않으면 교외지도의 어려움이 있습니다. 교복을 입어야 교외 지도하는데 수월합니다. 교복을 입지 않으면 학생들을 통제하기 어렵고 생활지도를 하기 어렵게 됩니다.

5. 사복을 입게 되면 빈부격차로 인한 위화감이 생깁니다. 유명 브랜드 옷이나 비싼 옷을 입을 수 있는 학생과 그렇지 못한 학생들 사이에 차별화가 심해지기 때문입니다. 왕따 문제로 이어질 가능성도 있습니다. 왜냐하면 옷으로 경제 계급이 구분되면서 가난한 학생들을 따돌림하는 일이 생길 수 있기 때문입니다.

- 선호하다 prefer 偏好
- 저소득층 lower-income group 低收入人群
- 물려받기 inherit 继承
- 저렴하다 cheap 低廉的
- 입장 position 立场
- 교외지도 extramural guidance 校外指导
- 수월하다 easy 容易
- 통제하다 control 管制
- 생활지도 life guidance 生活指导
- 빈부격차 gap between the rich and poor 贫富差距
- 위화감 disharmony 不协调感
- 차별화 differentiation 区别化
- 왕따 outcast 孤立

여러분은 교복을 입어본 적이 있습니까? 어떤 교복을 입었는지 사진이 있으면 서로 소개해 보세요. 교복을 선택할 때 가장 중요한 것이 무엇인지도 이야기를 나누어 보세요.

24

교육적 체벌, 전면 금지해야 한다.

체벌이란 교육을 목적으로 학생들에게 가하는 육체적 고통을 수반한 징계를 말합니다. 체벌에는 직접체벌과 간접체벌이 있습니다. 직접체벌은 도구나 신체를 이용하여 학생의 신체에 직접적인 고통을 가하는 것을 말합니다. 간접체벌은 학생 스스로 신체적 고통 행위를 하도록 강제하는 것입니다. 예를 들면 운동장 뛰기, 손들기 등이 있습니다. 2012년부터 학생인권조례가 도입됨에 따라 학생에게 신체적 처벌을 금지하는 체벌금지법이 생겼지만 교실에서는 여전히 직·간접적인 교육적 체벌이 존재하고 있습니다.

찬성

- 교육적 체벌
  educational corporal
  punishment 教育的体罚
- 전면 overall 全面
- 금지 prohibition 禁止
- 육체적 고통
  physical pain 肉体的疼痛
- 수반하다 involve 伴随
- 징계 disciplinary action 惩戒
- 운동장뛰기
  running on the playground 操场
  上跑步
- 손들기 raise one's hand(s) 举手
- 도구 tool 工具
- 학생인권조례
  student rights ordinance 学生人

1. 어떠한 경우라도 신체적 고통을 가하는 행위는 학생의 인권을 침해하는 일입니다. 교육적 이유라고 하지만 과도한 체벌이 학생을 크게 다치게 하기도 합니다. 체벌은 폭력을 용인하는 것입니다. 어떠한 경우도 절대 있을 수 없는 일입니다.

2. 체벌을 교육의 수단으로 사용해서는 안 됩니다. 체벌과 같은 강압적인 방법보다는 칭찬과 훈육 등이 교육에 더 효과적입니다. 체벌이 있어야만 학생들이 통제되는 것은 아닙니다. 체벌이 아닌 다른 방식으로 지도해야 합니다. 벌점제나 봉사활동 등을 통해 자존감을

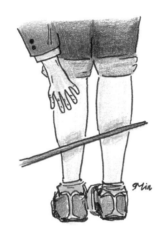

높이고 의미가 있는 일을 통해 반성할 수 있도록 하는 것이 바람직 합니다.

3. 체벌은 학생들의 성격 형성에도 바람직하지 않습니다. 자아 발달에 악영향을 줄 것입니다. 체벌의 효과가 있더라도 그 순간만이지 장기적인 측면에서 볼 때 효과는 없고 학생들에게 트라우마만 남길 뿐입니다.

4. 체벌은 학생들의 반발심을 일으키고 폭력적인 문화를 조장합니다. 한 학생을 체벌하여 다른 학생들을 지도하는 데 효과적이라고 하지만 오히려 그 반대입니다. 학생들은 어른이 아닙니다. 더 반발하게 될 것이고 매를 맞고 끝내버리겠다고 생각하기 때문에 문제는 고쳐지지 않습니다. 체벌은 폭력을 정당화하는 손쉬운 해결 수단으로 생각할 우려가 있습니다.

权条例
- 체벌 금지법 a ban on corporal punishment 禁止体罚的法
- 인권 human rights 人权
- 침해 violation 侵害
- 폭력 violence 暴力
- 용인 admit 容忍
- 칭찬 compliment 称赞
- 훈육 discipline 训育
- 통제 control 管制
- 벌점제 penalty points system 罚分制
- 봉사활동 voluntary service 服务活动
- 자존감 self-regard 自尊感
- 반성하다 reflect on 反省
- 성격형성 character formation 性格形成
- 자아발달 ego development 自我发达
- 악영향 bad influence 坏影响
- 순간 moment 瞬间
- 장기적인 long-term 长期的
- 미미하다 slight 微乎其微
- 반발심 resistance 反抗心
- 정당하다 proper 正当

5. '사랑의 매'는 있을 수 없습니다. 핑계입니다. 학생을 진정 사랑한다면 매를 들지 말고 대화와 관심으로 가르쳐야 합니다. 잃어버린 교사의 교권은 매로 찾지 말고 학생에 대한 관심으로 찾아야 합니다.

반대

- 체벌 physical punishment 体罚
- 교육현장 spot of education 教育現场
- 집중력 concentration 集中力
- 통계 statistics 统计
- 교정하다 correct 矫正
- 억제하다 suppress 抑制
- 성장과정 process of one's growth 成长过程
- 성인 adult 成人
- 통제하다 control 管制
- 조절하다 control 调节
- 매 rod, lash 鞭(子)

1. 체벌은 교육적 효과가 있습니다. 체벌을 금지하자 교육현장에서 학생들의 집중력이 떨어졌다는 통계가 나와 있습니다. 학생 스스로도 체벌이 필요하다는 생각을 합니다. 체벌은 실행하는 것 뿐 아니라 그 자체만으로도 학생들의 문제 행동을 교정하고 억제할 수 있는 효과가 있습니다.

2. 인간의 성장과정을 볼 때 어떤 특정한 시기에 교사나 혹은 다른 성인이 행동을 통제하거나 조절해야 할 필요가 있을 때가 있습니다.

체벌은 교육제도가 없었던 오래 전부터 가정에서 매를 들었던 것과 같은 훌륭한 교육적 방법입니다. 체벌은 '사랑의 매'입니다.

3. 현재 교권은 바닥으로 추락했습니다. 체벌은 교권의 침해를 막을 수 있는 수단이기도 합니다. 학생들의 행동을 통제하지 못하는 교실의 붕괴가 일어나고 있습니다. 체벌로 교사의 교육적 자율성을 보장해주어야 합니다.

4. 체벌은 필요합니다. 문제를 일으키지 않는 다른 학생들의 권리도 보장해야 하기 때문입니다. 체벌로 다스리지 않으면 모범적인 다른 학생들이 학업에 집중할 수 없고 문제행위를 막을 수가 없습니다.

5. 체벌은 그 학생뿐 아니라 다른 학생들에게도 효과적입니다. 많은 학생들을 일일이 개별지도가 어려운 상태에서 체벌의 효과는 일벌백계할 수 있는 상징적인 확대효과를 가져옵니다. 많은 학생을 한 번에 통제하기 위해서 체벌은 불가피한 지도 방법입니다.

- 바닥 bottom 底面
- 추락 fall, drop 跌落, 坠落
- 교권 teacher's authority 教师权威
- 침해 invasion 侵害
- 붕괴 collapse 崩溃
- 자율성 autonomy 自律性
- 학업 study, learning 学业
- 문제 행위 controversial action 问题行为
- 일일이 one by one 逐个
- 개별지도 individual guidance 个别指导
- 일벌백계 punish sb as a warning to others 惩一儆百
- 상징적인 symbolic 象征的
- 확대효과 extension effect 扩张效应
- 불가피하다 inevitable 不可避免

여러분은 학교에 다닐 때 선생님께 맞아본 적이 있습니까? 자신의 학교 경험을 이야기해 보세요.

25

대학 기부입학 허용해야 한다.

기부입학이란 대학에 일정액 이상의 기부를 하면 입학을 허용하는 것입니다. 미국에서는 가능하지만 한국에서는 '3불 정책'이라고 해서 대학기여입학제, 대학별본고사실시, 고교등급제 이렇게 세 가지를 허용하고 있지 않습니다.

찬성

- 기부입학 捐助入学
- 일정액 一定数额
- 본고사실시
  conduct individual university admission exam实施正式考试
- 고교등급제
  the grading of high schools 高校等级制
- 재정 finance 财政
- 재정난 financial difficulties 财政困难
- 등록금 tuition 学费
- 정부보조금 a government subsidy 政府补助金
- 경쟁력 competitiveness 竞争力
- 인하 reduction 下降
- 장학금 scholarship 奖学金
- 기회 opportunity 机会
- 평등 equality 平等
- 구제하다 aid 救济
- 학비 school expenses 学费

1. 대학의 기부입학은 대학교의 재정에 도움을 주어 학교교육의 질을 높여줍니다. 현재 대학들은 대부분 재정난에 처해있습니다. 등록금과 정부보조금으로는 대학의 재정이 부족합니다. 대학의 기부입학으로 대학 재정을 보충해야 합니다. 대학재정은 곧 대학 교육의 질과 관련되어 있습니다. 대학 경쟁력을 확보하기 위해서 기부입학을 허용해야 합니다.

2. 기부입학으로 인해 대학의 재정문제가 해결되면 학생들의 등록금을 인하할 수 있습니다. 또한 학생들에게 장학금을 줄 수 있는 기회도 늘어납니다. 기부입학은 가난한 학생들에게 교육의 기회를 확대함으로써 또 다른 의미에서 평등을 실현할 수 있다고 봅니다.

3. 미국에서는 기부금 입학이 허용되어 많은 학생들이 학교에 다닐

수 있게 하는 제도가 있습니다. 능력이 있는 학생이 돈이 없어 학교를 못 다닐 때 구제할 수 있는 좋은 방법인 것입니다. 하버드대, 예일대 등 최고의 대학들은 성적이 우수하지만 돈이 없어 대학을 못가는 학생들에게 학비를 보조함으로써 우수한 학생을 모으고 있습니다.

4. 대학의 기부입학은 대학교수의 연구를 가능하게 합니다. 우수한 교수를 유치하는 것 또한 대학의 재정이 충분해야 가능한 것입니다. 대학의 재정이 안 좋아지면서 교수들의 연구비까지 축소하는 대학이 늘고 있습니다. 교육의 질이 떨어질 것이 걱정이 됩니다.

5. 한국의 대학은 주로 사립대학입니다. 사립대학의 학생선발권은 국가가 강제로 제한할 수 없습니다. 기부입학이 형평성에 어긋난다면 장애인 입학도 하면 안 되고 농어촌 자녀나 재외국인 자녀 혜택도 없애야 합니다. 그것 역시 형평성에 어긋나는 것입니다.

- 보조 help 补助
- 우수한 excellent 优秀的
- 축소 reduction 缩小
- 사립대학 private university 私立大学
- 선발권 selection right 选拔权
- 형평성 fairness 公平性
- 농어촌 farming and fishing village 农渔村
- 자녀 sons and daughters 子女
- 재외국민 Korean national/resident abroad 海外公民
- 혜택 benefit 惠泽

반대

1. 기부 입학제는 국민의 기본권인 평등하게 교육받을 권리에 위배됩니다. 여기서 평등하게 교육받을 권리란 학생들의 학습능력을 말하는 것이지 부모의 재정능력을 말하는 것이 아닙니다. 돈이면 대학도 들어갈 수 있게 하는 것은 입시교육의 형평성을 위반하는 제도입니다. 대학의 입학은 기회가 균등히 주어져야 합니다. 열심히 공

- 대학기부입학 college donation admission 大学捐献入学
- 기본권 basic human rights 基本权
- 위배되다 be against 违背
- 평등 equality 平等
- 학습능력 learning ability 学习能力
- 재정능력 financial ability 财政能力
- 입시교육 education for the

부해도 가기 힘든 대학을 돈으로 쉽게 들어갈 수 있는 것은 교육의 기회균등과 평등에 어긋나는 것입니다. 교육이 물질만능주의로 물들게 됩니다.

2. 대학의 기부입학이 허용되면 몇몇 일류대학에만 학생들이 몰리게 되는 현상이 발생합니다. 돈을 주고 대학을 가는데 누가 지방의 이름도 모르는 대학에 가겠습니까. 부유층의 기부입학은 명문대로 집중되고 독점화되는 현상이 생길 것입니다. 대학간의 불균형이 더 심화될 것이며 지방대의 경쟁력도 약화될 것입니다. 대학간의 부익부 빈익빈의 격차를 높게 만드는 기부입학은 대학간의 서열화를 극대화시킵니다.

3. 대학 기부입학은 학생들에게 위화감을 갖게 합니다. 열심히 공부하고 노력하는 학생들에게 좌절감을 줄 것입니다. 또 가난한 서민층 학생들에게 반발심을 조성할 것입니다. 기부입학제는 사회통합에 역행하는 일입니다.

4. 기부입학제는 한국의 교육풍토와 정서에 맞지 않습니다. 한국인의

교육열은 세계적으로 유명합니다. 이렇게 교육열이 높아진 것은 교육이 평등하게 계층이동을 할 수 있는 수단이라는 인식이 있기 때문입니다. 그런데 기부입학을 통해 교육의 의미가 돈으로 사고파는 상업적인 의미로 바뀌는 것은 우리 사회의 교육 문화와 맞지 않는 것입니다.

5. 기부입학금으로 대학재정이 나아질 것으로 예상되지만 기부금에 대한 투명한 회계 관리 등이 우려됩니다. 과연 기부입학금이 모두 학생들의 장학금이나 교육의 질을 높이는 데 쓰일지 의심입니다. 최근 대학들은 지원금이나 기부금으로 불필요한 건물들을 세우고 있습니다. 기부입학제를 한다고 해서 저소득층 학생들을 지원한다는 보장이 없습니다. 지금도 일부 유명 사립대에서는 적립금이 상당하다고 합니다. 그럼에도 불구하고 저소득층에 대한 장학금 수혜는 매우 한정적입니다.

여러분 나라에서는 기부입학이 있습니까? 어느정도의 돈을 주면 되는지 서로 이야기를 나누어 보세요.

- 교육열 educational fervor 教育热
- 계층이동 hierarchical mobility 阶层变动
- 상업적인 commercial 商业的
- 투명한 clear 透明的
- 회계 관리 financial management 会计管理
- 우려되다 be concerned 忧虑
- 건물 building 建筑
- 저소득층 lower-income group 低收入人群
- 지원하다 apply 支援
- 유명사립대 prestigious private college 著名私立大学
- 적립금 saved money 积蓄, 储备金
- 수혜 benefit 受惠
- 한정적 limited 限制的

26

연예인 특례입학 허용해야 한다.

한국은 대학에 입학하는 전형방법이 다양합니다. 농어촌 특별 전형, 고령자 특별 전형 등 대학마다 특별한 전형방법을 만들고 있습니다. 그 중 연예인들이 치열한 입시 경쟁에 뛰어들지 않고도 대학에 입학할 수 있는 연예인 특례 전형이라는 것이 있습니다.

찬성

- 연예인 entertainer 艺人
- 특례입학 special admission 特例入学
- 전형방법 screening system 遴选方法
- 농어촌 특별전형 a special screening process for residents of farming and fishing towns 农渔村 特別遴选
- 고령자 특별전형 special screening for the elderly 高龄者 特別遴选
- 치열한 intense 激烈的
- 입시경쟁 competition for entrance exams 入学考试竞争
- 수학능력평가 the college scholastic ability test 大学入学考试
- 인재 talented person 人才
- 다양화 diversification 多样化
- 대중 the public 大众

1. 대학입학 기준이 수학능력평가에만 있는 것은 아닙니다. 이제 대학은 학문만 하는 곳은 아니기 때문입니다. 다양한 인재를 뽑기 위해 대학의 입시 전형이 다양화된 것입니다. 연예인들은 연기나 노래 춤 등을 오랫동안 연습해 그 재능을 대중들로부터 인정받은 사람들입니다. 연예인의 특례입학은 일종의 예체능계열의 실기 능력에 대한 인정이라고 볼 수 있으며 특기자 전형에 부합하는 것입니다. 따라서 연예인의 대학 특례입학은 정당한 절차를 거쳤다면 허용해야 합니다.

2. 연예인들은 문화적으로 사회에 기여하고 있는 사람들입니다. 연예인의 대학 특례입학은 장기적으로 국가의 문화산업 발전에 도움이 됩니다. 연예인이 가지고 있는 재능에 대학에서의 학문과 전문성이

뒷받침한다면 한국대중문화 발전의 질적 향상에 큰 도움이 되는 것입니다. 한국의 대중문화 발전을 위해 대학의 특례입학은 허용되어야 합니다.

3. 특정분야에서 뛰어난 연예인들을 입학하게 하는 것은 대학교의 입장에서 볼 때 좋은 일입니다. 학교를 홍보하고 학교 이미지 개선에도 도움이 될 수 있기 때문입니다. 연예인의 특례입학은 학교에 기여하는 학생들을 뽑는 것이기 때문에 전혀 문제될 것이 없습니다.

4. 대학에 유명한 연예인이 있으면 학생들은 학교에 다니기가 즐겁습니다. 학생들의 관심이 학업에도 활력을 주어 대학생활을 적극적으로 하게 됩니다. 연예인의 입학이 학생들에게도 도움이 될 것입니다.

- 실기 practical work 实际技能
- 특기자 전형 special talents screening 特长生遴选
- 부합하다 correspond 符合
- 정당한 justified 正当的
- 절차 procedure 程序
- 기여하다 contribute 贡献
- 재능 talent 才能
- 전문성 professionalism 专业性
- 질적 향상 improve the quality 提高质量
- 대중문화 popular culture 大众文化
- 홍보하다 promote 宣传
- 개선 improvement 改善

반대

1. 대학은 오랫동안 입시를 준비한 학생들이 치열하게 경쟁해서 들어오는 곳입니다. 연예인들의 입학특례는 그러한 수험생들의 대학입학 기회를 빼앗는 불공평한 일입니다. 일반학생들과 형평성에 어긋나는 연예인 특례입학은 허용할 수 없습니다.

2. 일반적으로 대학들이 다양한 전형을 마련하는 이유는 약자를 배려해서 마련하는 경우가 많습니다. 그런데 연예인의 경우는 약자를 배려하는 경우라고 할 수 없습니다. 연예인은 그 자체만으로 많은 것을 가진 부러운 존재입니다. 그런 연예인에게 특혜를 베푸는 일은 옳지 않습니다.

3. 연예인이 모두 재능을 검증받은 존재라고 보기 어렵습니다. 연예인이 되는 것은 재능이나 실력의 정도보다 대중의 인기에 관련되는 경우가 많습니다. 인기의 속성이 무엇인지 모호한 상태에서 대학의 선발 기준으로 삼는 것은 부당합니다.

4. 대학은 학문을 하는 곳이지 연예인들이 연기나 노래, 춤을 전문적으로 개발하는 곳이 아닙니다. 연예인들이 대학에서 전문성을 발전시킨다고 하지만 실질적으로 연예인들이 대학 수업을 이수하고 제대로 학문을 수행하는 경우가 드뭅니다. 연예활동과 대학수업을 병행하기 어렵기 때문입니다. 연예인들에게 대학생이라는 신분은 대학을 다닌다는 명분만 줄 뿐 그들에게도 불필요한 것입니다.

5. 연예인으로 성공한 사람이 대학입학까지 보장된다면 많은 학생들이 심리적 박탈감을 느끼게 될 것입니다. 또한 학생들의 면학 분위기를 해칠 수 있습니다. 연예인들과 수업을 듣는 다른 학생들이 제대로 학업에 열중하기 어려우며 연예인을 찾는 팬들이 있어 다른 학생들이 공부하는 데 방해가 될 수 있습니다. 그뿐만 아니라 대학에서 일반 학생들과 다른 평가기준으로 평가받을 수 있기 때문에 학생들에게 위화감을 조성하게 될 것입니다.

6. 대학이 아니고도 연예인들은 얼마든지 연예인의 능력을 개발하고 전문성을 키울 수 있는 길은 많습니다. 굳이 연예인 대학생이 되는 길을 열어 불공평한 특혜 논란을 할 필요가 없습니다. 이들을 굳이 대학에 입학하게 하는 것은 대학을 무조건 들어가야 한다는 대학만능주의 사회를 조장하는 것이며 대학교육의 위상을 떨어뜨리는 일입니다.

- 전문적으로 professionally 专门的
- 개발하다 develop 开发
- 전문성 expertise 专门性
- 수행하다 fulfil, execute 修行
- 드물다 rare 少有的
- 병행하다 combine 并行
- 명분 pretext, justification 名分
- 심리적 박탈감
  a sense of psychological deprivation 心理剥夺感
- 면학 분위기
  atmosphere conducive to academic pursuit 学习氛围
- 열중하다 be absorbed in 热衷
- 방해 disturbance 妨害
- 위화감 sense of incompatibility 不协调感
- 특혜 favor 特惠
- 대학만능주의
  university all-aroundism 大学万能主义
- 조장하다 encourage 提高, 助长
- 위상 status 位置

여러분은 대학에서 유명한 연예인을 본 적이 있습니까? 어떤 연예인을 보았는지, 어떤 생각이 들었는지 이야기를 나누어 보세요.

27

조기 영어교육 금지해야 한다.

한국의 공교육에서 영어교육은 초등학교 3학년부터 시작됩니다. 그러나 많은 어린이들이 그것보다 일찍 사교육을 통해 영어교육을 받습니다. 한국에는 유아대상 영어학원이나 유치원이 많습니다. 초등학교 3학년 이전까지 어린이 혹은 유아가 영어교육을 받는 것을 '조기영어교육'이라고 합니다. 조기영어교육이 한국에서 문제가 되는 것은 유아기에 행해지는 영어교육에 관한 것이라기보다, 초등 및 중등으로 이어지는 연장선상에서 영어교육이 문제가 되고 있기 때문입니다. 조기영어교육으로 얻어진 영어능력이 한 개인의 삶의 질을 결정하는 데 큰 역할을 한다고 생각하기 때문에 사회적 문제가 되고 있는 것입니다.

찬성

- 조기 early 早期
- 공교육 public education 公共教育
- 사교육 private education 私人教育
- 유아대상 infant subject 幼儿对象
- 유치원 kindergarten 幼儿园
- 초등 elementary schoolchild 小学生
- 중등 middle school student 中学生
- 연장선 extension 延长线
- 삶의 질 quality of life 生活质量
- 언어학자 linguist 语言学者
- 제2언어 second language 第二语言
- 장애 disability 障碍

1. 언어학자 짐 커민스Jim Cummins 박사의 이론에 따르면 모국어가 잘 발달되지 않은 단계에서 제2언어를 배우는 것은 언어발달에 장애가 될 뿐 아니라 지능개발에도 문제가 될 수 있다고 했습니다. 영어능력을 기르기 위해 일찍부터 교육을 시키지만 큰 효과가 없고 오히려 부정적인 영향이 더 많다는 것입니다.

2. 조기 영어교육은 모국어 습득이나 정체성 확립에 혼란을 주게 됩니다. 외국어 습득에 있어 가장 중요한 것은 모국어를 읽고 쓸 줄 아

는 언어능력입니다. 우리말도 제대로 못하는 아이들에게 영어를 가르치게 되면 결국 두 언어를 모두 습득하는 결과를 가져옵니다. 외국어교육을 빨리 시작하면 모국어 발음을 잃어버릴 수 있기 때문에 영어 조기교육은 바람직하지 않습니다.

3. 조기 영어교육은 사교육 과열을 조장합니다. 학생 1인당 사교육비 지출 내역 중에 영어에 가장 큰 비용이 들고 있습니다. 그런데 영어 유치원도 모자라 유학이나 이민까지 고려하게 되는 일이 많습니다. 이는 엄청난 사교육비를 감당해야 하는 부담이 있습니다. 한국인 평균 영어 학습시간이 세계 1위인데도 영어실력은 전세계 19위로 낮습니다. 조기교육은 효과도 없는 영어교육에 비용을 낭비하는 일입니다.

- 부정적인 negative 否定的
- 모국어 mother tongue 母语
- 습득 learn 习得
- 정체성 identity 本性
- 확립 establishment 确立
- 혼란 confusion 混乱
- 습득 acquisition 习得
- 발음 pronunciation 发音
- 사교육 private education 私人教育
- 과열 overheat 过热
- 조장하다 encourage 助长
- 사교육비 private education expenses 课外辅导费用
- 지출 expense 支出
- 내역 breakdown 明细
- 비용 cost 费用
- 모자라다 fall short 不足
- 유학 studying abroad 留学
- 이민 immigration 移民
- 고려하다 consider 考虑
- 엄청난 huge 超大的
- 감당하다 manage 承担
- 부담 burden 负担
- 평균 average 平均
- 1위 the first place 第一名

- 낭비하다 waste 浪費
- 학습 스트레스 The stress from studying 学习压力
- 가중시키다 intensify 使…加重
- 부담 burden 负担
- 모국어 환경 native language environment 母语环境
- 뛰어놀다 play about 跑着玩
- 인성 personality 人性
- 형성하다 form 形成

4. 조기 영어교육은 무엇보다 아이들의 학습 스트레스를 가중시킵니다. 어린이 5명 중 4명이 조기 영어교육에 반대하는 것으로 나타났습니다. 아이들은 영어학습을 즐겁게 받아들이기보다는 부담으로 생각하고 있습니다. 아이들은 어렸을 때 모국어 환경에서 더 편안히 뛰어놀면서 인성을 형성하는 것이 바람직합니다. 영어교육은 초등학교 3학년 때부터 해도 늦지 않습니다.

반대

- 조기 영어교육 childhood English education 早期英语教育
- 필수 necessariness 必须
- 정보화사회 information-oriented society 信息化社会
- 국가경쟁력 national competitiveness 国家竞争力
- 금지하다 prohibit 禁止
- 외국어 습득 foreign language learning 外语习得
- 민감하게 sensitive 敏感
- 반응하다 react 反应
- 촘스키 Chomsky 乔姆斯基
- 언어학자 linguist 语言学者
- 언어환경 environment of language 语言环境
- 노출되다 be exposed 露出
- 활성화하다 revitalize 促进, 搞活
- 타문화 other cultures 其他文化
- 식견 knowledge, discernment 见识
- 지식 knowledge 知识
- 익히다 learning, acquire 使…熟悉
- 의사소통방식 communicative method 沟通方式

1. 글로벌 시대에 영어능력은 필수입니다. 현대 정보화사회에서 영어능력은 곧 국가경쟁력을 높이는 일입니다. 하루라도 일찍 하는 것이 바람직합니다. 나이가 어릴수록 외국어 습득이 쉽습니다. 아이들이 언어에 더 민감하게 반응하기 때문입니다. 촘스키Noam Chomsky와 같은 언어학자들은 1-6세 때 언어환경에 자연스럽게 노출되기 때문에 외국어 교육이 효율적이라고 주장하고 있습니다. 어릴 때 영어를 접한 아이와 그렇지 않은 아이는 영어습득에 분명하게 차이가 있습니다. 조기 영어교육을 오히려 활성화하는 것이 바람직합니다.

2. 영어 조기교육은 타문화에 대한 이해를 넓히고 식견을 넓히는 데 도움이 됩니다. 조기 영어교육을 하면 어릴 때부터 자연스럽게 타문화에 대한 올바른 인식을 가질 수 있습니다. 문화에 대한 이해가 없으면 진정한 커뮤니케이션을 할 수 없기 때문입니다. 따라서 조기 교육은 영어뿐 아니라 문화에 대한 이해도 증진시킵니다.

3. 조기 영어교육이 효과가 없다고 하는 것은 의사소통방식의 교육이 아니라 지식을 익히는 방식으로 언어교육을 하기 때문입니다. 조기

교육은 대부분 자연스럽게 소통하는 방식으로 이루어지기 때문에 부담없이 놀이활동으로 영어교육을 할 수 있습니다.

4. 공교육에서도 영어교육을 활성화함으로써 공평한 교육의 기회를 제공하고 있습니다. 민주주의사회에서 교육의 선택은 부모에게 맡겨야 합니다. 사교육도 미래에 대한 투자입니다. 조기 영어교육을 금지할 이유가 없습니다. 조기 영어교육이 필요없는 아이는 시키지 않으면 됩니다. 필요한 아이까지 규제하는 것은 바람직하지 않습니다.

5. 영어 조기 교육은 영어사용에 있어서 친밀감과 자신감을 심어줍니다. 영어학습의 효과를 극대화할 수 있는 방안을 모색하는 것이 필요합니다. 금지하는 것은 옳지 않습니다.

기러기 아빠

자녀교육을 위하여 배우자와 자녀를 외국으로 보내고 홀로 국내에 남아있는 아버지를 말합니다. 1990년대 조기유학 열풍에서 생겨난 단어입니다. '기러기'라는 새는 암컷과 수컷의 사이가 좋다고 해서 옛날부터 한국에서는 혼례식 때 나무로 만든 것을 전해주기도 했습니다. 그런데 기러기 아빠가 생기면서 극단적으로는 가족의 붕괴로 이어지는 경우도 있습니다.

여러분은 언제부터 영어를 배웠습니까? 자신의 영어공부 경험을 서로 이야기해 보세요.

28

봉사활동 의무제 폐지해야 한다.

한국에서 봉사활동이 교육과정에 등장한 것은 1995년부터입니다. 1996년에 서울시교육청이 고등학교 입시에 봉사활동을 반영하기로 하였고, 그때부터 한 학년에 봉사활동 20시간을 반드시 채워야 한다는 규정이 생겼습니다. 학생들에게 봉사활동을 독려하는 것은 좋은 일이지만 의무적으로 강제하기 때문에 여러 부작용이 발생하고 있습니다.

찬성

- 봉사활동 volunteer activity 志愿活动
- 교육청 Offices of Education 教育厅
- 의무제 duty system 义务制
- 채우다 meet/fill 填满
- 규정 regulation 规定
- 자발적 voluntary 自发的
- 의무적 mandatory 义务的
- 억지로 constrainedly 勉强
- 왜곡시키다 distort 歪曲
- 인성교육 personality education 人性教育
- 어불성설 illogical 天方夜谭, 言不成理
- 자연스럽게 naturally 自然地
- 부작용 side effect 副作用
- 강제하다 compel 强制
- 확인증 confirmation 确认单

1. 봉사활동은 자발적으로 하는 것이 기본이 되어야 합니다. 의무적으로 하는 것은 진정한 의미의 봉사라고 할 수 없습니다. 하기 싫은데도 억지로 봉사활동을 하는 것은 하지 않는 것보다 못한 활동입니다. 교육적으로 전혀 의미가 없습니다. 봉사활동의 진정한 의미를 왜곡시킵니다.

2. 학생들은 어쩔 수 없이 하는 경우가 많습니다. 의무적으로 하는 봉사활동이 인성교육이 된다는 것은 어불성설입니다. 의무적으로하지 않아도 봉사활동을 하고자 하는 사람은 얼마든지 자연스럽게 합니다. 강제로 인성교육을 하는 것이 진정한 인성교육이 될 수 있을지 의문입니다.

3. 봉사활동을 의무적으로 강제하고 있기 때문에 학생들은 봉사활동을 하지 않고 확인증을 받거나 대리인이 봉사활동을 하고 확인증을 받는 등 부정행위가 생기고 있습니다. 봉사활동과 상관없는 일을 하고도 봉사활동이라고 인정하는 경우가 많습니다. 부작용이 심각합니다.

4. 입시 공부에 몰두해야 하는 학생들이 봉사활동으로 일 년에 20시간을 채운다는 것은 현실적으로 불가능합니다. 학생들을 더욱 힘들게 함으로써 반발만 사게 됩니다. 봉사활동을 의무적으로 하는 것은 시간과 인력의 낭비입니다.

5. 봉사활동을 강제로 하다 보니 학생들은 시간 때우기식으로 하는 경우가 많습니다. 이러한 학생들의 봉사활동은 그 기관의 담당자들에게 오히려 방해가 됩니다. 도움이 되는 봉사활동이 아니라 피해를 초래하는 봉사활동은 폐지해야 옳습니다.

- 대리인 substitute 代理人
- 부정행위 knavery 不正当行为, 作弊
- 상관없다 have nothing to do with 无关
- 인정하다 concede 认定
- 심각하다 serious 严重
- 입시 공부
  Studying for college entrance exams 入学考试学习
- 현실적으로 practically 现实的
- 인력 manpower 人力
- 낭비 waste 浪费
- 시간때우기식 style of killing time 消磨时间 方式
- 초래하다 bring about 招致

반대

1. 한국의 교육과정에서 봉사활동은 자발적으로 실천하기 힘듭니다. 학생들이 입시공부에 집중하기 때문에 시간을 내기가 어렵습니다. 의무적으로나마 봉사활동을 한다면 습관이 되고 자연스럽게 봉사 활동에 익숙해집니다. 봉사활동에 나섰다가 봉사활동에 큰 의미를 두고 깨달음을 얻는 학생들이 많습니다. 의무적이라도 봉사활동의 즐거움과 보람을 느낄 수 있는 기회를 제공해야 합니다.

2. 봉사활동은 사회성과 인성 등을 기를 수 있는 좋은 교육방법입니다. 의무적으로 하지 않는다면 많은 사람들이 사회에 소외된 사람 들이 많다는 것을 모를 수 있습니다. 봉사활동은 이타심을 기르고 다른 사람들을 생각하게 되는 좋은 것이기 때문에 청소년 시기에 의무적이더라도 경험해 보는 것이 좋습니다. 청소년들도 사회구성 원으로서 사회에 대한 책임의식을 지니게 될 것입니다.

3. 학생들은 봉사활동을 통해 조금이라도 공부에서 벗어나는 시간을 가지게 됩니다. 일 년에 20시간은 오히려 부족한 시간입니다. 매일 공부만 하는 학생들이 학교 밖에서 봉사활동을 하면서 스스로 되돌 아보고 반성할 수 있는 시간을 가지는 것은 매우 중요한 것입니다.

4. 대학입시에 봉사활동을 반영하는 것은 좋은 방법입니다. 대학이 학 생의 인성을 평가할 수 있는 좋은 방법 가운데 봉사활동은 중요한 것이라고 할 수 있습니다. 의무로 봉사활동을 하지 않는다면 오로 지 학과 공부만 하는 학생들만 대학에 입학하게 될 것입니다.

> 여러분은 봉사활동을 한 적이 있습니까? 가장 인상 깊었던 경험을 이 야기해 보세요.

증거자료 메모

구체적인 증거자료를 정리해 보세요. 법조항, 설문조사, 통계자료, 개인의 경험이나 관찰, 연구 보고, 권위있는 전문가의 말, 사건이나 사고, 또는 속담이나 비유 등 구체적인 사례를 찾아서 메모합니다.

29

대학 상대평가 폐지해야 한다.

상대평가란 '개인의 학업성과를 다른 학생의 성적과 비교하여 집단 내에서의 상대적 위치로 평가하는 방법'입니다. 절대평가란 '학생의 학업성취도를 어떤 절대적인 기준에 비추어서 평가하는 방법'입니다. 쉽게 말하면 상대평가는 등수에 따라 학점을 받고, 절대평가는 등수와 상관없이 학점을 받습니다. 대학에 상대평가제도가 도입된 것은 90년대 후반이고, 현재 한국의 대학은 거의 대부분 상대평가방법으로 학점을 부여하고 있습니다. 상대평가와 절대평가는 각각의 장단점이 있습니다.

찬성

- 상대평가 relative evaluation 相对评价
- 학업성과 academic performance 学业成果
- 성적 grade 成绩
- 집단 group 集团
- 상대적 위치 relational position 相对的位置
- 절대평가 absolute evaluation 绝对评估
- 학업성취도 academic achievement 学业成就度
- 절대적인 기준 absolute standard 绝对的基准
- 등수 ranking 名次

1. 상대평가는 학생 간의 과잉경쟁을 초래합니다. 배타적인 경쟁은 학력을 증진시키기 어렵습니다. 외국의 대학에서는 상대평가를 하는 경우가 드뭅니다. 경쟁을 통한 학력증진이 오히려 학력을 저해할 우려가 있기 때문입니다. 학점의 노예가 되지 않기 위해서는 상대평가를 폐지해야 합니다.

2. 교수자가 상대평가를 하게 되면 교수 자신의 교수방법에 소홀할 가능성이 높습니다. 학생간의 상대적 비교로 성립되기 때문에 학점을 부여하는 의미에 크게 중요하게 생각하지 않는다는 말입니다. 그러

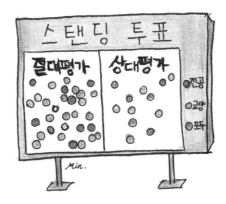

나 절대평가는 교수자가 자신의 수업을 반성하고 개선하는 자료로 활용하기에 알맞습니다. 왜냐하면 절대평가는 학습자가 성취하고 있는 것과 그렇지 못한 것을 찾아내고 그것을 바로 알 수 있기 때문입니다.

3. 절대평가는 목표지향적 평가입니다. 즉 학생들이 수업을 통해서 학습목표를 달성한다면 누구나 좋은 평가를 받는 것입니다. 그러나 상대평가는 교육의 목표를 달성했느냐보다 다른 학생들에 비해 얼마나 잘했느냐가 관건입니다. 따라서 이러한 교육의 목적이 학점을 잘 받기 위한 것으로 변질되고 있습니다. 학생들이 수강신청을 하는 것도 학점받은 것으로 결정됩니다. 학문의 본질보다 경쟁력만 있는 사회를 조장하게 됩니다.

4. 절대평가는 학생이 가진 개성이 존중되며 다양한 분야의 학습의욕을 고취시킬 수 있습니다. 학습자에게 성취감을 줄 가능성이 큽니다. 자신이 가진 능력을 배양하고 다양한 경험과 사고를 키우기 위해서는 절대평가방법이 더 바람직합니다. 연세대학교 의과대학이

- 학점 grade 学分
- 도입되다 引进
- 후반 the last half 后半期
- 장단점 strengths and weaknesses 优缺点
- 과잉경쟁 excess competition 过度竞争
- 초래하다 bring about 招致
- 배타적인 exclusive 排他的
- 학력 academic ability 学力
- 증진시키다 enhance 增进
- 드물다 rare 稀少
- 저해하다 hinder 阻碍
- 우려 worry 忧虑
- 노예 slave 奴隶
- 소홀하다 negligent 疏忽
- 반성하다 reflect on 反省
- 개선하다 improve 改善
- 목표지향적 goal-directed 目标指向性
- 변질되다 be changed 变质
- 수강신청 register for a course 听课申请
- 학문 study 学问
- 본질 essence 本质
- 경쟁력 competitiveness 竞争力
- 조장하다 encourage 助长
- 개성 individuality 个性

149

국내 의대 처음으로 2014년에 절대평가를 도입하고 나서 학업 성취도가 올라갔다고 보고되고 있습니다. 상대평가로 학업성취도가 올라가지 않는다는 것을 말해줍니다.

5. 상대평가는 매우 불합리적인 평가방식입니다. 상대평가에서 아무리 열심히 해도 몇 문제만 틀리면 등수가 떨어지지만 절대평가에서는 열심히 하면 자신이 공부한 만큼 좋은 성적을 받을 수 있습니다. 학생들의 좌절이 상대평가에 있다는 점을 주목해야 합니다. 대학에서조차 등수로 줄세우기를 한다는 것은 대학교육의 본질을 망각하는 것입니다.

6. 상대평가는 교수의 평가에 대한 권위를 추락시킵니다. 반면 절대평가는 교수의 권리가 커지면서 교육자에 대한 신뢰도가 높아집니다. 절대평가는 교수자에 대한 신뢰를 전제로 하기 때문입니다.

반대

1. 절대평가는 절대기준을 설정하기 어려우며 학생들의 개개인의 성취도를 판단하는 것도 어렵다는 단점이 있습니다. 이에 비해 상대평가는 개인이 가진 개인차의 변별이 가능하다는 장점을 가지고 있는 평가방식입니다. 평점이 의미하는 학력의 정도와 학생들의 집단 내 상대적 위치를 정확히 평가할 수 있기 때문에 상대평가는 객관성이 보장됩니다.

2. 상대평가는 평가자인 교수의 주관적인 개입을 막을 수 있다는 장점이 있습니다. 상대평가가 대학에 도입된 것도 그동안 교수의 주관적인 평가가 문제가 되었기 때문입니다. 학생들에게 호의를 베푸는 교수들 때문에 학점 인플레 현상이 일어나고 이로 인해 학점에 대

한 신뢰도도 하락하게 됩니다.

3. 학점 인플레 문제는 대학교에서 끝나는 것이 아니라 사회에서 대학의 학점을 신뢰하지 못하게 됨으로써 인재를 채용하는 데에도 문제가 생깁니다. 대학의 학점으로 대학 졸업생의 능력을 평가하는 변별력이 떨어지기 때문입니다. 인재를 채용하고자 하는 회사에 좋은 정보를 제공하는 데에는 상대평가가 필요합니다.

4. 절대평가는 교수자의 합리적이고 객관적인 평가가 전제되어야 가능합니다. 그러나 한국에 있는 대학에서 과연 그럴 수 있을지 의문입니다. 교수자의 자의적 평가가 난무할 것이고, 학생들이 교수자의 비위를 맞추는 일들이 발생할 것입니다.

5. 상대평가가 학습자 상호간의 경쟁이 생긴다고 걱정하지만 적절한 경쟁은 학습의욕을 높이는 중요한 동기가 될 수 있습니다. 오랫동안 상대평가에 익숙해 있던 학생들이 대학에서 절대평가를 한다면 공부하지 않을 것입니다. 상대평가는 학생들을 공부할 수 있게 만드는 중요한 동기입니다.

6. 현재 상대평가와 절대평가를 혼합된 형태로 평가를 내리는 대학이 많습니다. 예컨대 인원이 미달되는 과목에 절대평가를 적용하고, 인원수를 초과하거나 교양과목에서는 상대평가를 적용하고 있습니다. 따라서 무조건 상대평가를 폐지하는 것은 옳지 않습니다. 상대평가를 유지하면서 융통성 있는 방법을 모색하는 것도 좋은 방법이 될 것입니다.

- 베풀다 do sb a favor 给予
- 학점 인플레 현상 credit inflation 学分通货膨胀现象
- 신뢰도 reliability 信赖度
- 하락하다 approve 下降
- 인재 talented 人才
- 채용하다 recruit 录用
- 대학 졸업생 university graduate 大学毕业生
- 변별력 discrimination 辨别力
- 합리적 rational 合理的
- 객관적 objective 客观的
- 전제되다 prerequisite 前提
- 의문 doubt 疑问
- 자의적 arbitrary 任意的
- 난무하다 be rampant 横行, 乱舞
- 비위를 맞추다 curry favor with sb 投其所好
- 학습의욕 motivate to stu dy 学习欲望
- 동기 motive 动机
- 혼합된 be mixed 混合
- 인원 number of people 人员
- 미달 shortfall 未达到
- 과목 subject 科目
- 적용하다 apply 适用
- 초과하다 exceed 超过
- 교양과목 liberal arts 基础科目
- 무조건 unconditional 无条件
- 유지하다 maintain 维持
- 융통성 flexibility 融通性
- 모색하다 seek, find 摸索

여러분의 나라에서는 어떤 평가방법을 많이 사용합니까? 각자의 나라에서 하고 있는 평가방법에 대해 소개해 보세요.

30

학원 일요 휴무제 실시해야 한다.

한국의 학생들은 대부분 초등학교부터 학교가 끝나고 다양한 학원에 다니며 부족한 재능을 키우거나 공부를 합니다. 서울시가 발표한 자료에 의하면 서울시 중학생 33%, 일반고 학생 36%, 특목고 및 자사고 학생 51%가 일요일에도 학원에 가는 것으로 나타났습니다. 서울시교육청은 '학원 일요 강제 휴무제' 를 결정하기로 했습니다. 강제로 학원 문을 닫게 해서 학생들을 쉬게 하자는 것입니다.

찬성

- 학원 일요 휴무제
  Academy holiday system 学院周末休息制
- 초등학교 elementary school 小学
- 재능 talent 才能
- 일반고 general high school 普高
- 특목고 special-purpose high school 韩国特殊目的高中
- 자사고 independent private high school 独立型私立高校
- 서울시 교육청
  Seoul Metropolitan Office of Education 首尔市教育厅
- 강제 compulsory 强制
- 휴무제 holiday system 休息制
- 신기하다 amazing 新奇
- 과로사하다

1. 외국인이 보기에도 한국 학생들은 하루 종일 학교와 학원을 다니며 공부를 하는 것이 신기할 정도입니다. 한국의 학생들은 이러다가 과로사할 것입니다. 매일 쳇바퀴 돌듯이 학원을 다녀야 하는 학생들에게 일요일만큼은 강제로라도 쉬게 해야 합니다. 학생들에게 건강권을 보장하고 쉴 권리를 주어야 합니다.

2. 냉장고의 용량을 늘리면 그만큼 다른 물건을 채우게 됩니다. 이른바 냉장고의 효과입니다. 학원의 영업시간을 늘리면 그만큼 사교육의 수요도 증가하게 됩니다. 따라서 학원의 영업시간을 제한하면 사교육의 수요도 줄어들 것입니다. 과열된 사교육을 조금이라도 제

지할 필요가 있습니다. 사교육비의 감소를 위해서도 일요 휴무제가
도입되어야 합니다.

3. 학원은 주말에도 수업을 하여 학생들에게 무한경쟁을 유도합니다.
과도한 경쟁심으로 학생들도 피곤하지만 가족들과의 관계도 멀어
지게 됩니다. 일요일 휴무는 이러한 무한경쟁을 다소 해소하고 가
족과 함께 휴식을 보낼 수 있는 시간이 생기게 됩니다. 일요일도 아
이가 학원을 가게 된다면 가족은 함께할 시간이 없습니다.

4. 서울시 교육청은 일요일에 학원을 중단하고 학생의 휴식을 보장하
자는 취지로 이 제도를 공론화한 결과 최종적으로 찬성 62.6%, 반
대 32.7%로 나타났습니다. 이러한 시민들의 의견을 충분히 받아들
여야 하고 전국적으로 확대되어야 합니다.

death from overwork 过劳而死
- 쳇바퀴 treadwheel 罗圈
- 건강권 right of health 健康权
- 보장하다 guarantee 保障
- 용량 capacity 容量
- 냉장고의 효과
  effect of refrigerator 冰箱的效果
- 사교육 private education 课外教育
- 수요 demand 需求
- 과열된 overheat 过热
- 사교육비 private education
  expenses 课外教育费
- 감소 decrease 减少
- 제지하다 stop 制止
- 도입되다 be introduced 引进
- 무한경쟁 unlimited competition
  无限竞争
- 과도한 excessive 过度的
- 경쟁심 competitive spirit 争胜心
- 유도하다 induce 引导
- 해소하다 resolve 解决
- 휴식 rest 休息
- 공론화하다 making publicized 付
  诸公论
- 전국적으로 countrywide 全国的

반대

1. 주말에도 공부하고자 하는 학생이 있으니 학원에 주말반이 생기는 것입니다. 공부하고자 하는 학생을 강제로 막을 권리는 없습니다. 쉬고 싶은 학생은 주말에 쉬면 됩니다. 공부하려는 학생들의 학습권을 침해하지 말아야 합니다.

2. 학원 주말반은 학교 교육이 학생이나 학부모의 기대치에 모자라기 때문에 생긴 것입니다. 일요 휴무제를 실시할 경우 경제력과 정보력이 부족한 학부모의 선택권이 줄어들 수 있습니다. 학원은 그나마 대중적이며 상대적으로 저렴하다고 할 수 있습니다. 그런데 학원을 못다니게 한다면 재력이 있는 사람만 고액과외를 하게 될 것이고 이는 교육의 불평등을 심화시키는 일이 될 것입니다.

3. 학원 주말반이 사라진다고 해도 사교육비는 줄지 않을 것입니다.

어떤 방법을 써서라도 또 다른 사교육의 형태가 만들어질 것이기 때문입니다. 입시경쟁의 근본적인 문제가 해결되지 않고 학원 주말 휴무제를 만드는 것은 풍선효과만 가져오게 될 것입니다.

4. 학원의 운영도 시장의 수요에 맞추어 자율적으로 운영하는 것이 옳습니다. 학원교육은 사교육이고 사교육은 의무가 아닌 선택입니다. 강제로 규제하는 것은 민주주의 국가가 아닙니다. 입시경쟁이 있는 한 규제를 한다고 해서 공부를 하던 학생이 공부를 중단하지 않습니다. 학원을 규제하기보다 공교육을 정상화하는 노력이 필요합니다.

> 여러분은 학원에 다녀본 적이 있습니까? 어떤 학원에 다녔습니까? 학교와 학원의 교육이 어떻게 다른지 이야기를 나누어 보세요.

expenses 课外教育费用
- 입시경쟁 competition for entrance exams 入学考试竞争
- 풍선효과 balloon effect 气球效应
- 운영 manage 运营
- 시장의 수요 market demand 市场需求
- 자율적으로 autonomically 自律的
- 공교육 public education 公共教育
- 정상화하다 normalize 正常化

한국의 교육제도와 교육열

한국의 교육제도는 해방 이후 미국의 문화와 교육제도가 유입되면서 초등학교 6년, 중학교 3년, 고등학교 3년, 대학교 4학년으로 정착되었습니다. 학교에 가기 전에 받는 유아교육은 약 30% 정도로 아직 높지 않습니다. 한국은 중학교까지 의무교육으로 이루어지고 있어 학비는 무료입니다. 물론 사립학교에 가는 경우 수업료를 따로 내야 합니다. 초등학교 3학년부터 영어를 배웁니다. 중학교는 10개의 교과를 배우며 교복을 입습니다. 고등학교는 일반고등학교가 평준화되어 있고 그 이외에 외국어고등학교, 과학고등학교 등의 특수목적 고등학교, 공업고등학교, 농업고등학교 등의 특성화고등학교, 그리고 자율형사립고등학교 등은 따로 시험을 보아야 합니다. 대학은 1994년부터 대학수학능력시험(수능)이 실시되면서 대학마다 논술과 면접 등 다양한 대학입학 전형을 통해 학생을 선발합니다. 대학에는 일반대학, 전문대학, 산업대학, 방송통신대학, 사이버대학 등이 있습니다. 한국의 교육은 어떤 면에서 볼 때 대학입학을 가장 큰 목적으로 삼고 있다고 해도 과언이 아닙니다. 일반적으로 서울에 있는 4년제 대학에 들어가는 것을 선호합니다.

한국은 교율열이 높은 나라로 유명합니다. 문맹률이 1%밖에 되지 않습니다. 학력평가에서 핀란드와 함께 세계 1,2위를 다툴 정도입니다. 그러나 학생들은 학업으로 받는 스트레스가 높습니다. 한국 학생의 평균 공부시간이 7시간 50분으로 보고되고 있습니다. 여기에 학원수업과 과외수업 등을 합치면 더 많습니다. 과도한 학습으로 스스로 공부하는 능력이 떨어져서 오히려 학교의 정상적인 수업 운영이 힘든 경우가 많습니다.

교육열이 높은 만큼 사교육의 비중도 세계에서 가장 높은 나라가 한국입니다. 사교육 문제는 단순히 교육만의 문제가 아니라 한국사회와 문화가 만들어 낸 결과이기도 합니다. 자녀에 대한 교육열에는 학벌을 중요하게 생각하는 학벌우선주의 혹은 학력우선주의가 있기 때문입니다. 대한민국 학부모의 97.7% 이상이 자녀의 대학 교육을 희망하고 있고, 자녀를 위해서라면 교육비용을 아끼지 않는다고 대답하고 있습니다.

사교육 지출이 가장 많은 곳은 단연 서울입니다. 서울에서 약 80% 이상이 사교육에 참여하고 있습니다. 과목별로 지출되는 사교육비를 살펴보면 영어가 제일 많고, 수학, 국어 등의 순서입니다. 학생들의 성적이 높을수록 사교육비 지출이 많다고 합니다. 문제는 소득이 낮아도 교육비 지출의 비중이 크다는 것입니다.

한국인들의 교육 방법에 어떤 문제가 있는지 비판해 보십시오. 그리고 자신의 나라에서 하는 교육 방법을 소개하고 바람직한 교육 방법이 무엇인지 이야기를 나누어 보십시오.

5부
법과 범죄

31

사형제도 폐지해야 한다.

죄인의 목숨을 끊는 형벌을 '사형'이라고 합니다. 형벌 중에서 최고형을 말합니다. 한국은 1997년 12월 30일 사형집행 이후 사형을 집행한 적이 없습니다. 그래서 실질적인 사형폐지국가에 속합니다. 그러나 아직 폐지국가는 아니므로 사형선고를 받은 사형수는 언제라도 사형이 집행될 수 있습니다. 토론의 주요 쟁점은 '범죄자의 인권', '범죄 예방 효과', '경제적 효용성', '오판 가능성', '정치적 악용 가능성' 등입니다.

찬성

- 사형제도 death penalty system, 死刑制度
- 폐지 abolition, 廢止
- 범죄자 criminal, 罪犯
- 인권 존중 respect for human right, 尊重人权
- 범죄 예방 the prevention of crime, 预防犯罪
- 경제적 효용 economic benefits, 经济效益, 经济效果
- 정치적 악용 political abuse, 政滥用职权
- 헌법 constitution, 宪法
- 인간의 존엄성 dignity of man, 人的尊严
- 침해 violation 侵害
- 생명권 right to life 生命權

1. 범죄자에게도 인권이 있습니다. 대한민국 헌법 제 10조에 '모든 국민은 인간으로서의 존엄과 가치를 지닌다'고 되어 있습니다. 사형제도는 헌법에 명시된 인간의 존엄성을 침해하는 제도입니다. 사형은 인간의 기본권인 생명권을 침해합니다. 범죄자의 생명도 존중해야 합니다. 형벌의 본질은 죄인을 교화시키는 것입니다. 사형은 또 다른 살인과 다름없습니다. 국가가 인권을 침해할 권리는 없습니다. 인권을 존중해야 합니다.

2. 사형은 보복성 처벌입니다. '눈에는 눈, 이에는 이'라는 인간의 보복 심리에 근거를 두고 있습니다. 다시 한번 이야기하지만 형벌의 목

적은 교화에 있습니다. 사형은 형벌의
교육적 기능을 갖지 못합니다. 범죄자
에게 참회하고 반성할 기회를 주어야
합니다. 사형보다 무기징역으로 생명
을 죽이지 않고 벌하는 것이 낫습니다.

3. 사형제도가 있다고 해도 범죄는 사라
   지지 않습니다. 사형을 시킨다고 정말
   흉악한 범죄가 없어질까요? 사형이 집
   행되었던 1997년 이후에 오히려 흉악
   한 범죄는 더 많이 발생했습니다. 사형
   제도는 범죄를 예방하는 효과가 없습
   니다. 사형이 두려워 죄를 짓지 않는 사람은 없습니다.

4. 무죄한 사람이 범인으로 몰려 오판으로 사형된다면 생명을 되살릴
   수 없습니다. 억울하게 형벌을 받는 경우 후에 보상받을 길이 전혀
   없습니다. 과거 한국 박정희 정권에서 정치적 목적으로 사형이 악용
   된 사례가 있습니다. 권력을 보호하기 위한 수단으로 악용될 수 있습
   니다.

5. 한국은 사실상 사형 폐지 국가입니다. 한국은 1997년 이후 단 한 번
   도 사형이 실제로 집행되지 않은 '실질적인 사형 폐지국'입니다. 형
   이 집행되지 않았는데 제도가 있는 것은 무의미합니다. 폐지해야
   합니다.

6. 사형이 정말 피해자 가족의 마음에 위로가 되는 것은 아닙니다. 또

- 형벌 punishment 刑罰
- 교화 reform (a criminal) 教化
- 보복성 vindictive 报复性
- 처벌 penalty 处罚
- 유가족 bereaved family 遺屬
- 오판 misjudgment 误判
- 무죄 innocence 无罪
- 범인 culprit 犯人
- 무기징역 life imprisonment 无期
  徒刑
- 벌하다 punish 处罚
- 피해자 victim 受害者
- 가해자 assailant 加害者
- 연쇄살인범 a serial killer 连环杀
  人犯
- 억울하다 feel victimized 委屈
- 권력 authority 权力
- 악용 abuse 恶意利用
- 박정희 정권 the Park Chung hee
  regime 朴正熙 政权
- 정치적 음모 political intrigue 政
  治阴谋
- 억울하게
  falsely accused (have got the
  wrong person) 委屈地
- 참회하다 repent 忏悔
- 반성하다 reflect on 反省
- 무기징역 life imprisonment 无期
  徒刑
- 위로 consolation 安慰
- 유가족 the bereaved 遺屬
- 흉악범 brutal criminal 凶犯

161

사형 집행의 종류

한국에서 사형이 내려지는 경우는 내란죄, 살인죄, 강도살인 치사죄 등 16종이 있습니다. 사형 방법으로 총을 쏴서 죽이는 것을 총살형, 전기의자에 앉아서 죽이는 전기살형, 목을 졸려 죽이는 교수형, 머리를 잘라 죽이는 참수형 등이 있습니다. 한국에서 사형은 교도소 내에서 목을 조이는 교수(絞首)형으로 집행합니다. 그러나 1997년 이후 한번도 사형을 집행하지 않았습니다.

감옥의 종류

유치장: 경찰서 내에 설치된 장소 구속영장이 발부되지 않은 피의자를 임시로 가두어 두는 곳.

구치소: 수사나 재판이 진행 중으로 아직 형이 확정되지 않은 사람을 가두어 두는 곳.

교도소: 재판이 끝나서 징역이 확정된 만19세 이상의 사람을 가두어 두는 곳.

- 범죄예방 the prevention of crime, 豫防犯罪
- 재범 second conviction, 再犯
- 무고한 희생 innocent sacrifice, 无辜的牺牲
- 유지되다 kept, be maintained, 維持
- 잠재적 potential, 潜在的

한 사형으로 유가족들의 고통과 상처가 사라지지 않습니다. 우리나라에서 사형을 선고받은 유영철 범죄자의 경우 피해자 유가족 등이 사형제도를 폐지해야 한다고 주장하고 있습니다. 사회가 따뜻해져야 범죄도 줄어드는 것입니다.

반대

1. 사형제도는 범죄를 예방하는 효과가 있습니다. 범죄자가 또 다시 범죄를 저지를 수 있습니다. 사형제도를 폐지한다면 범죄자들의 재범 가능성이 높아집니다. 사형제도는 범죄로 인한 무고한 희생을 막을 수 있기에 그대로 유지되어야 합니다. 또한 잠재적 범죄자에게 심리

적인 강제를 주어 예방하는 효과가 있습니다. 강력 범죄가 늘어나는 현 시점에 사형제도마저 없어진다면 범죄자가 더 늘어날 것입니다.

2. 범죄자는 범죄에 합당한 죄값을 받아야 합니다. 극악무도한 범죄자에 한하여 집행되는 사형은 사회정의의 실현 차원에서 반드시 이루어져야 합니다. 흉악범에 대한 인권 존중은 맞지 않습니다. 여러분이 연쇄 살인 사건이나 어린이 성폭행 살인 사건의 피해자라고 생각해 보십시오. 피해자는 죽고 없는데, 죽인 사람은 그대로 살아있습니다. 이것은 모순입니다. 사형제도는 착한 사람들의 심리적 안정을 주고 범죄 피해자 유가족들에게는 심리적 보상을 제공할 수 있습니다.

3. 설령 사형이 집행되지 않고 있어도 사형제도 자체를 폐지하면 안됩니다. 사람들은 사형제도가 유지되기를 원하고 있습니다. 2015년 '국민 법의식 조사'에 따르면 사형제 폐지 반대가 65%, 사형제 폐지 찬성은 34%였습니다. 사람을 살해한 자는 사형에 처해야 한다는 것이 일반국민이 갖고 있는 생각입니다.

4. 범죄자를 먹이고 재우는 비용은 모두 한국인들 세금으로 나갑니다. 사형제도가 폐지되고 무기징역으로 범죄자를 감옥에 감금하게 되면 국민세금으로 범죄자가 평생 살 수 있도록 먹여 살리는 것입니다. 종신형은 세금의 낭비를 가져옵니다. 살려둘 가치가 없는 범죄자들로 국가재산의 손실을 초래하는 것은 비합리적입니다.

여러분 나라에는 지금 현재 사형제도가 있습니까? 있다면 어떤 사형방법을 쓰는지, 없다면 예전에 있었던 처형 방법에 대해 이야기를 나누어 보십시오.

- 죄값 consequence of sin, 惩罚
- 극악무도한 heinous, 罪大恶极的
- 사회정의 social justice, 社会正义
- 흉악범 brutal criminal, 凶犯
- 인권존중 respect for human rights, 尊重人权
- 연쇄 살인 사건 consecutive serial murder incidents, 连环杀人案
- 성폭행 sexual assault, 性暴力
- 모순 contradiction, 矛盾
- 유가족 the bereaved family, 遗属
- 법의식 legal awareness, 法律意识
- 예방 prevention, 预防
- 낭비 waste, 浪费
- 무기징역 life imprisonment 无期徒刑
- 종신형 life imprisonment, 无期徒刑
- 재산 property, 财产
- 손실 loss, 损失
- 감옥 prison, 监狱
- 감금하다 confine, imprison, 关, 监禁
- 불합리적 irrational, 不合理的

163

32

성매매 합법화해야 한다.

성매매는 성을 사고파는 행위를 말합니다. 성매매라는 용어가 나오기 전에는 '매춘' 또는 '매매춘'이라고 불렀습니다. 한국에서는 2004년 성매매를 방지하고 성매매 피해자를 보호하는 목적으로 '성매매 특별법'을 제정했습니다. 이는 '성매매 알선' 등 행위의 처벌에 관한 법률과 '성매매 방지 및 피해자 보호 등에 관한 법률'을 말합니다. 이 법이 위헌이냐 합헌이냐에 대한 논란이 계속되고 있습니다.

찬성

- 성매매 prostitution 性买卖
- 성매매특별법 Special Law on Prostitution 性买卖特別法
- 매춘 prostitution 卖淫
- 성욕 sexual desire 性欲
- 해소 resolve 抒解
- 변종 variant 变种, 变相
- 성매매 sex trafficking 性买卖
- 성행 prevail 盛行
- 매음가 brothel 暗娼街
- 성적 서비스 sexual service 性的服务
- 매춘부 prostitute 娼妓
- 노동의 대가 price of labor 劳动的代价
- 합법화 legalization 合法化

1. 성은 자기가 결정할 수 있는 권리입니다. 매춘은 인간의 역사와 함께 어디서건 항상 존재해 왔습니다. 성욕은 인간의 3대 욕구 중에 하나입니다. 매춘은 본질적으로 인간사회에서 근절될 수 없는 것입니다. 매춘을 인정하지 않는다면 불법적인 매춘과 변종 성매매가 성행할 것입니다. 성을 사고 파는 데 아무런 도덕적 문제가 없다면 매춘은 허용되어야 합니다. 매매춘의 합법화로 불법적인 매음가 형성을 막아야 합니다.

2. 성매매는 성적 서비스로 적절한 대가를 받는 합의된 관계에서 이루어지기 때문에 정당한 노동의 일종입니다. 매춘부가 법적으로 노동

의 대가를 안전하게 보장받으려면 합법화되어야 합니다.

3. 성을 판매하는 여성들은 대부분 빈곤이나 낮은 교육수준을 가진 사회적 취약층입니다. 불법적인 매춘으로 폭력적인 고객에게 당하고, 포주에게 착취당하는 일이 많습니다. 매춘이 합법화되면 매춘부가 인권침해를 당하지 않도록 안전한 성매매 시스템을 개선할 수 있습니다.

4. 매춘은 원하는 사람들이 쉽게 성관계를 할 수 있는 방법입니다. 많은 사람들이 너무 바쁘게 사는 가운데 여러 가지 이유로 성공적인 성관계를 이루지 못하는 경우가 많습니다. 매매춘은 가치있고 삶에 활력을 줄 수 있는 많은 기능을 수행합니다. 불법적인 성매매로 범죄의 온상을 만들기보다 합법화로 만드는 것이 낫습니다.

5. 매매춘이 합법화된다면 국가의 관리 속에 성매매 종사자들의 건강과 성병 관리 시스템으로 에이즈의 확산도 막을 수 있습니다. 보다 위생적인 관리를 위해서도 매매춘은 합법화되어야 합니다.

- 빈곤 poverty 贫穷
- 취약층 vulnerable social group 弱势群体
- 폭력적인 violent 暴力的
- 포주 whoremonger 龟公,老鸨
- 착취당하다 have something exploited 被剥削
- 인권침해 the infringement of human rights 侵犯人权
- 범죄의 온상 a hotbed of crime 犯罪的温床
- 종사자 worker 工作者
- 성병 venereal disease 性病

반대

- 매매춘 prostitution 性买卖, 卖淫
- 남성지배적 man dominant 男性支配的
- 혼외 성관계 extramarital sex 婚外性关系
- 불신 distrust 不信任
- 조장하다 aggravate 助长
- 건전한 sound 健全的
- 경쟁 competition 竞争
- 포주 pimp 龟公, 老鸨
- 이윤 profit, gain 利润, 盈利
- 미성년 minority 未成年
- 매춘 prostitution 卖淫
- 실효성 effectiveness 实效性
- 종사자 worker 工作人员
- 자발적 voluntary 自发的
- 신고하다 declare 申告
- 인권 human rights 人权
- 실추되다 be tarnished 丧失
- 상품화 commercialization 商品化

1. 성관계란 합의된 두 사람이 모두 동등한 신분에서 똑같은 기회를 가지고 행동에 접근하는 것을 말합니다. 그러나 매매춘은 남성지배적이고 많은 젊은 여성들이 피해를 받는 성관계입니다. 이를 합법화시킨다면 이러한 현상은 더욱 심각한 사회문제를 발생시킬 것입니다.

2. 매매춘은 쉽게 혼외 성관계의 기회를 제공함으로써 부부간의 불신을 조장하고 건전한 가정을 깨는 일입니다. 매매춘을 합법화한다면 가정의 질서가 무너질 것입니다. 절대 안 됩니다.

3. 매춘이 합법화되면 경쟁을 통해 불가피하게 성의 가격이 내려갈 것입니다. 따라서 포주들은 더 많은 이윤을 남기기 위해 약물사용이나 미성년 매춘 등과 같은 범죄행위를 만들 가능성이 높습니다. 청

소년들에게도 매매춘이 확대될 것입니다.

• 물질만능주의 mammonism 物质
万能主义

4. 매매춘을 합법화한다고 해도 현실적으로 실효성이 없습니다. 성매매 업체와 성매매 종사자들이 자발적으로 신고하지 않을 가능성이 큽니다. 매매춘을 없애려고 시도했던 전세계 모든 정책은 모두 실패했습니다.

5. 매매춘의 합법화로 여성의 전체 인권이 실추될 수 있습니다. 성매매는 국가가 공식적으로 성의 상품화를 인정하는 것입니다. 여성의 성을 상품으로 사고 팔 수 있다는 것은 여성 전체의 인권을 떨어뜨리는 일입니다. 극단적인 형태의 남녀차별이 행사되는 것을 용인할 수 없습니다

6. 매매춘이 합법화된다면 성을 소중하게 다루어야 한다는 생각보다 성을 사고 파는 행위를 가볍게 여기게 됨으로써 물질만능주의가 조장되고 성폭력도 정당화될 위험이 있습니다.

여러분 나라에서도 매매춘이 있습니까? 어느 정도입니까? 여러분 나라에서 이루어지는 매매춘의 현황에 대해 서로 이야기를 나누어 보세요.

33

성범죄자 화학적 거세 전면 확대해야 한다.

성범죄란, 협의로는 어느 특정한 성행위 등을 금지 또는 처벌하는 법률에 저촉되었을 경우를 말하며, 광의로는 그 사회의 성도덕에 위반되는 일체의 성행동을 말합니다. 강간, 외설행위, 노출, 들여다보기 등이 있습니다. 화학적 거세란 성충동을 약물치료로 막는 방법입니다. 즉 약물을 투입해 성욕을 없애는 방법입니다. 물리적 거세가 남성의 성기를 제거하는 것이라면 화학적 거세는 약물을 이용하여 성적인 흥분을 억제하는 것입니다. 2011년부터 16세 이하 아이들에게 성범죄를 저지른 이들에게 화학적 거세를 허용하는 법안이 논의되고 있습니다.

찬성

- 성범죄자 sex offender 性犯罪者
- 화학적 chemical 化学的
- 거세 castration 阉割
- 전면 overall 全面
- 성행위 sex 性行为
- 처벌 punishment 处罚
- 저촉 contradiction 抵触
- 광의 an extended meaning 广义
- 성도덕 sexual morality 性道德
- 위반 violation 违反
- 일체의 성행동 一切性行为
- 강간 rape 强奸
- 외설 pornography 猥亵
- 노출 exposure 露出

1. 성범죄가 계속 늘고 있습니다. 성범죄의 원인은 대체로 본인의 성적 욕구를 없애지 못해 발생하는 경우가 많습니다. 이를 방지하는 것은 화학적 거세밖에 없습니다. 전자발찌나 캠페인 교육 등은 모두 효력을 발휘하지 못했습니다. 화학적 약물로 호르몬을 억제하고 성적 충동을 느끼지 않게 하는 것밖에 없습니다. 성범죄를 예방하고 성폭력이 다시 일어나지 않도록 해야 합니다. 외국에서는 화학적 거세 이후 재범률이 40%에서 5%로 감소했다고 합니다. 화학적 거세는 피해자의 인권과 성범죄 예방 및 재발 방지에 필요합니다.

2. 화학적 거세와 정신치료를 병행하면 성범죄자의 개과천선을 기대할 수 있고 다시 일반적인 성생활로 복귀할 수 있는 장점이 있습니다. 화학적 거세는 물리적 거세가 아니기 때문에 호르몬 치료가 끝나면 성적 능력이 회복된다는 점에서 큰 문제가 되지 않습니다. 오히려 성범죄자에게 사람답게 살 수 있는 기회를 주는 것입니다.

3. 성범죄의 경우 피해자뿐 아니라 가족에게도 큰 후유증을 남깁니다. 범죄자의 인권을 보호한다는 것은 피해자와 가족들에게 또 다른 고통을 주는 것입니다. 화학적 거세로 피해자들과 가족이 안심할 수 있게 해야 합니다.

4. 화학적 거세는 범죄자에 대한 징벌적 방법이 아닙니다. 치료적 성격이 강하기 때문에 인권침해가 될 수 없습니다. 범죄자들도 스스로 화학적 거세를 원하는 경우도 많기 때문에 인권침해로 보기 어렵습니다. 선진국에서는 오래 전부터 화학적 거세를 시행해 왔습니다. 미국, 덴마크, 스웨덴 등 이 법이 시행되고 있는 나라의 경우를 보면 매우 효과적이라는 사실을 알 수 있습니다. 효과가 입증된 만

- 들여다보기 look in 窺視
- 성충동 sexual impulse 性冲动
- 약물치료 drug treatment 药物治疗
- 투입하다 inject 用药
- 성욕 sexual desire 性欲
- 물리적 거세 physical castration 物理的去势
- 성기 sex organs 性器
- 제거 elimination 除
- 성적인 흥분 aphrodisia 性的兴奋
- 억제하다 suppress 抑制
- 전자발찌 an electronic anklet 电子脚铐
- 발휘하다 demonstrate 发挥
- 성폭력 sexual violence 性暴力
- 재범 recidivism 再犯
- 재범률 second conviction rate 再犯率
- 정신치료 psychotherapy 精神治疗
- 개과천선 Repentance 洗心革面
- 성생활 sex life 性生活
- 복귀하다 return 重返
- 재발방지 recurrence prevention 防止再次发生
- 후유증 aftermath 后遗症
- 징벌적 punitive 惩罚的
- 치료적 therapeutic 治疗的

- 인권침해 human rights abuse 侵犯人权
- 선진국 advanced country 发达国家
- 입증되다 be demonstrated 证明
- 안정감 stability 安定感

큰 비용이 들더라도 시행해야 합니다.

5. 성범죄자에 대한 화학적 거세에 대해 국민의 85%가 찬성한다고 한 바 있습니다. 범죄자에 대한 화학적 거세로 인해 국민들이 안정감을 가질 수 있습니다. 국민의 여론을 반영해야 합니다.

반대

- 성범죄자 sex offender 性犯罪者
- 인권 human right 人权
- 이중처벌 double punishment 双重处罚
- 재범 second conviction 再犯
- 방지 prevention 防止
- 교정 correction 矫正
- 교화 reformation 教化
- 선행되다 be preceded 先行
- 물리적인 방법 physical force 物理方法
- 성충동 sexual impulse 性冲动
- 정신병 mental illness 精神病
- 복합적 complex 复合的
- 약물치료 drug treatment 药物治疗
- 정신질환 mental disease 精神疾病
- 도구 tool 工具
- 취급하다 treat 处理
- 성문화 sex culture 性文化
- 신고 declaration 申告
- 주저하다 hesitate 踌躇
- 진지한 serious 真诚的
- 검토 investigation 探讨
- 지속적 continuous 持续的
- 자발성 spontaneity 自发性
- 영구적인 permanent 永久的
- 투약 administration 下药
- 성생활 sex life 性生活
- 지장(을 주다) disrupt 障碍
- 억눌린 suppressed 被抑制
- 성적 욕구 sexual desire 性欲

1. 아무리 성범죄자들이라고 하더라도 인권을 가지고 있는 국민입니다. 화학적 거세는 성의 자유를 빼앗는 것입니다. 이는 이중처벌이며 또 다른 인권의 침해를 가져옵니다.

2. 화학적 거세는 성범죄자의 재범을 방지하기 어렵습니다. 교정과 교화로 선행되어야 하는 것이지 물리적인 방법으로는 절대 없앨 수 없습니다. 왜냐하면 성범죄가 성충동만으로 이루어지는 것은 아니기 때문입니다. 성범죄자를 살펴보면 다양한 정신병 등이 복합적으로 있는 것을 알 수 있습니다. 약물치료 하나로 성범죄가 해결될 수 있을지 의문입니다. 오히려 정신질환의 치료가 시급한 실정입니다.

3. 성범죄는 여성을 하나의 도구로 취급하는 성문화와 신고를 주저하는 사회적 분위기 등에도 원인이 있습니다. 무조건 범죄자의 성욕이 주된 원인이라고 해석하는 것은 잘못된 판단입니다. 보다 다양한 원인, 다른 방법에 대한 진지한 검토가 있어야 합니다.

4. 화학적 거세는 지속적으로 행해져야 하는데 범죄자의 자발성을 기대할 수 없습니다. 그런 점에서 화학적 거세가 제대로 이루어지기 힘듭니다. 실효성이 없는 법안을 만들 이유가 없습니다.

5. 화학적 거세로 인해 범죄자의 억눌린 성적 욕구가 다른 범죄로 폭

발된 가능성도 배제할 수 없습니다. 화학적 거세는 보조적인 수단일 뿐이지 근본적인 해결책이 되지 못합니다.

6. 약물치료의 효과성이 검증되지 않았습니다. 부작용은 없는지 연구되어야 합니다. 골다공증이나 심폐질환, 근위축증 등 부작용을 유발할 수 있습니다.

7. 비용의 문제를 고려해야 합니다. 화학적 거세를 하기 위해서는 1년에 약 500만 원 정도의 비용이 필요합니다. 이 많은 돈을 들여야 할 만큼의 효과가 있는지 의문이 있습니다. 또한 이 비용을 국가와 국민이 부담해야 하는지에 대해서도 고민해야 할 부분입니다.

- 보조적인
  supplementary, secondary 辅助的
- 검증되다 be verified 被验证
- 부작용 side effect 副作用
- 골다공증 osteoporosis 骨质疏松症
- 심폐질환 cardiopulmonary
  disease 心肺疾病
- 근위축증 muscular atrophy 肌萎
  缩症

📖 **인간의 5가지 욕망**

성욕(색욕) sexual desire 性欲
식욕 appetite 食欲
수면욕 sleep desire 睡眠欲
명예욕 desire for honor 名誉欲
재물욕 desire for money 财欲

👥 여러분 나라에서는 성범죄자에 대해 어떤 벌을 줍니까? 이야기를 나누어 보세요.

34

간통죄, 부활해야 한다.

간통이란 배우자가 있는 사람이 다른 사람과 성관계를 가지는 것을 말합니다. 간통죄란 배우자가 아닌 사람과 성관계를 가진 경우 그 사람과 상간자를 처벌하기 위한 법입니다. 이것은 배우자의 고소가 있어야 하는 친고죄입니다. 대한민국에서 간통죄는 1953년 형법으로 제정되었다가 2016년에 폐지되었습니다. 그러나 폐지 이후에도 끊임없이 논쟁거리가 되고 있습니다. 특히 최근 유명한 감독과 영화배우의 공개 고백과 관련하여 간통죄 폐지 결정에 관한 논의가 과연 올바른 것이었는지 찬반 논란이 계속되고 있습니다.

찬성

- 간통죄 adultery 通奸罪
- 부활하다 revive 恢复
- 성관계 sex 性关系
- 배우자 spouse 配偶
- 상간자 a bit on the side 通奸者
- 처벌하다 punish 处罚
- 고소 accusation 起诉
- 친고죄 an offense subject to complaint 亲告罪
- 형법 criminal law 刑法
- 제정되다 be enacted 制定
- 폐지되다 be abolished 被废止
- 논쟁거리 battlefield 争论点
- 공개 고백 public confession 公开告白
- 성적 윤리 sexual ethics 性道德
- 성실하게 genuinely 忠诚地, 诚实地

1. 부부는 서로 성적 윤리를 성실하게 지켜야 할 의무가 있습니다. 그리고 이를 법으로 지켜주는 것도 필요합니다. 불륜 남녀가 뻔뻔하게 살아가는 것은 옳지 못합니다. 부부간의 성적인 윤리와 가정에 대한 서약을 지킬 수 있도록 간통죄가 필요합니다. 간통죄가 폐지되면서 가정이 해체되는 경우가 많아지고 있습니다.

2. 간통죄는 결혼과 가족제도를 보호하기 위한 효과적인 법입니다. 배우자가 있는데 다른 사람과 간통을 하는 것은 사회가 합의한 일부일처의 혼인제도에 대한 중대한 위협입니다. 국가는 결혼이라는 제도를 보호하는데 적극적으로 나서야 합니다. 간통죄 폐지는 이러한 국가의 보호 의무를 방치하고 있는 것입니다. 따라서 간통죄는 다

시 부활되어야 합니다.

3. 간통죄는 배우자와 가족의 유기, 혼외자녀의 문제, 이혼 등 사회적 문제를 예방할 수 있습니다. 범죄 억제 효과가 있습니다. 사람들은 간통죄로 구속되는 것을 두려워합니다. 자신의 명예가 훼손되기 때문입니다. 한국인의 의식을 살펴보면 혼인한 남녀의 정절 관념은 매우 뿌리깊습니다. 이런 상황에서 간통죄를 폐지하면 사회 질서가 무너지고 타인의 권리까지 침해하는 경우가 생깁니다.

4. 간통죄가 사라지면서 성도덕이 문란해지고 있습니다. 국가는 부부의 혼인관계를 보호하고 문란한 사회가 되지 않도록 간통죄를 부활할 필요가 있습니다. 국민들 대다수가 간통죄 폐지를 원치 않습니다. 2015년 국민일보가 실행한 여론조사에 의하면 69.3%가 간통죄가 있어야 한다고 답했습니다. 국민이 원하는 간통죄는 다시 부활되어야 합니다.

- 불륜 adultery 不伦
- 뻔뻔하게 shamelessly 厚颜无耻地
- 서약 vow 誓约
- 해체되다 解体
- 합의 agreement 协议
- 일부일처 a monogamy 一夫一妻
- 중대한 significant 重大的
- 위협 threat 威胁
- 방치하다 neglect 弃置
- 유기 abandonment 遗弃
- 혼외자녀 extramarital sons and daughters 婚外子女
- 이혼 divorce 离婚
- 억제효과 deterrent effect 抑制效果
- 구속되다 be imprisoned 拘留
- 명예 honor 名誉
- 훼손 damage 玷污
- 정절 chastity 节操
- 뿌리깊다 deep-rooted 根深蒂固
- 타인 others 他人
- 성도덕 sexual morality 性道德
- 문란하다 promiscuous 紊乱的
- 여론조사 poll 舆论调查

반대

1. 부부가 약속한 혼인서약을 위반하는 것은 이혼을 통해 해결됩니다. 그것으로 충분합니다. 간통을 법적으로 제재하는 것은 올바른 방법이 아닙니다. 정절은 법을 만든다고 해서 지켜지는 것이 아닙니다. 2016년 헌법재판소가 간통죄를 폐지할 때 "혼인과 가정의 유지는 형벌을 통해 타율적으로 강제할 수 없다"고 선언했습니다. 간통죄는 국민의 기본권을 침해하는 것입니다.

2. 민주사회에서 개인은 누구나 기본적으로 성적 자기결정권이 있습니다. 행복을 추구하는 기본 권리입니다. 간통죄는 이러한 성적 자기결정권을 침해하는 일입니다. 부부관계는 애정과 신뢰가 있어야 유지되는 것입니다. 형벌로 강요해도 해결되지 않습니다. 간통죄가 있어도 간통 사건은 끊이지 않았고 가정이나 여성을 지키지 못했습니다.

3. 노르웨이, 덴마크, 네덜란드, 스웨덴, 독일, 프랑스 등 유럽의 많은 국가들, 그리고 가까운 일본도 일찌감치 간통죄를 폐지하였고 비교적 오래 간통죄가 있었던 스위스와 오스트리아도 1996년에 폐지했습니다. 중국과 미국은 규정이 있으나 처벌하지 않고 있습니다. 간통죄는 시대착오적인 발상입니다. 전세계적 추세에 편승하여 간통죄는 폐지되는 것이 마땅합니다.

4. 현실적으로 사회적 경제적 지위가 열악한 여성이 남성을 고소하기는 사실상 어렵습니다. 역사적으로 볼 때 간통죄는 간통한 아내에 대한 남편의 응징이었습니다. 유부녀의 일탈을 막고자 하는 남성중심의 역사적 유물에 불과합니다. 여성에게 절대적으로 불리한 것이 간통죄입니다. 간통죄는 남녀 구분없이 처벌하지만 실제로는 이혼소송을 전제로 하기 때문에 경제적 기반이 상대적으로 약한 여성의

자유를 침해하는 성격이 강하다고 할 수 있습니다. 간통죄는 평등 원칙에 위반됩니다.

5. 간통죄는 그 죄의 성립을 확인하기 위해 성행위에 대한 구체적인 상황까지 들추게 됩니다. 이는 사생활의 자유와 비밀에 관한 권리를 제한하는 것입니다.

6. 간통죄를 폐지한다고 해서 간통을 찬양하거나 허용하자는 것이 아닙니다. 간통죄에 대해 징역이라는 형사처벌을 규정하고 있는 법이 위헌이고 잘못되었다는 것입니다. 사적인 부부관계의 문제는 이혼으로 하면 해결되지 형벌로 다스릴 필요가 없습니다.

7. 간통죄가 있었어도 이미 사문화되어버린 법이었습니다. 간통죄의 재판을 분석해보면 실형 판결은 1.1%로 이미 없는 것이나 마찬가지인 법이었습니다. 간통은 이혼시 위자료나 양육 등 유리한 위치를 얻기 위한 압박용 수단으로 이용됩니다. 상당수가 고소 취하로 끝나고 의미없는 처벌로 끝이 납니다. 간통죄는 현실상 악용되는 법이었습니다. 폐지하는 것이 옳습니다.

여러분 나라에서는 간통죄가 있습니까? 있다면 어떤 벌을 주는지 서로 이야기해 보세요.

- 찬양 praise 赞扬
- 허용 permission 容许
- 징역 imprisonment 徒刑
- 형사처벌 criminal punishment 刑事处罚
- 위헌 unconstitutional 违反宪法的
- 사적인 private 私人的
- 사문화되다 being dead letter 废止, 无效化
- 재판 trial 裁判
- 실형 판결 actual prison sentence 判决徒刑
- 위자료 alimony 慰藉金, 精神赔偿金
- 양육 nurture 养育
- 압박용 pressure 压迫用
- 수단 means 手段
- 고소취하 drop charges 撤回起诉
- 처벌 punishment 处罚
- 악용되다 be abused 被恶意利用

175

일반적으로 성(性)은 개인의 사생활이라는 생각 때문에 말하기 어려운 주제입니다. 그러나 성은 그 사회와 문화를 인식하는 데 중요한 요인 중의 하나입니다. 혼전 성관계, 매매춘, 성폭력, 남녀불평등 등 사회문제에 대한 토론을 할 때도 성문화에 대한 기본적인 지식이 필요합니다.

한 여성학자는 한국의 성문화는 여성과 남성이 성을 인식하는 차이가 크다는 점을 강조합니다. 한마디로 말하면 한국의 성문화는 남성중심 성문화라고 할 수 있습니다. 남성에게 성은 곧 성관계를 의미하고 상대 여성에 대한 소유의식의 확인이라는 의미가 강하다고 합니다. 남성들은 여성을 남성보다 소극적이어야 하는 열등한 존재로서 인식되고 있다고 합니다.

한 보고에 의하면 한국사회 남성들이 일탈적인 성경험을 매우 일상적인 행위로 경험하고 있다고 합니다. 한국남자의 63.7%가 매매춘을 경험한 적이 있고, 포르노를 본 적이 있다고 응답한 경우가 98%라고 합니다. 그런데 여성의 성에 대해서는 여전히 보수적인 인식을 가지고 있어서 특히 혼전 순결이나 혼외의 성에 대한 남성의 태도는 이중적인 인식을 가지고 있습니다.

이러한 남성중심의 성문화는 한국의 근본적인 사회적, 경제적 구조와 연관을 가지고 있습니다. 한국에서 태어난 남성들은 어려서부터 남성중심의 사회화 과정을 거치게 됩니다. 전통적으로 한국사회는 남성중심의 가부장적 사회입니다. 조선시대부터 뿌리 내린 여성의 정절문화도 남성의 성문화를 만드는 중요한 배경 중의 하나입니다.

또한 한국의 남성들은 청소년기와 군대 경험을 거치면서 성이 남성다움의 연장이라는 생각을 하게 됩니다. 여기에 적절한 여가문화를 찾지 못하고 성적 호기심이 강한 젊은 남성들은 일탈적인 성경험을 쉽게 하게 되는 것입니다. 이 뿐 아니라 한국의 직장문화와 대중매체의 영향 등이 성을 상품화하고 왜곡된 남성상과 여성상을 만들어내는 데 영향을 미치고 있습니다.

물론 한국사회에서 성은 이제 점점 개방화되고 성에 대한 인식도 크게 변하고 있습니다. 그럼에도 불구하고 최근 한국사회에서 성폭력의 문제가 큰 사회적 쟁점으로 떠오르고 있습니다. 성폭력이 발생하는 사회의 근본적 이유를 살펴보려면 한국의 성문화에 대한 역사적인 이해가 필요합니다. 보다 전문적인 연구자료를 바탕으로 관심을 가지고 살펴보시기 바랍니다.

성에 대한 인식이 국가마다 어떻게 다른지 비교하며 이야기를 나누어 보세요. 또 건강한 성문화를 만들기 위해 어떻게 해야 하는지도 이야기해 보세요.

35

청소년의 형사처벌 연령 낮추어야 한다.

한국에서 14세가 되지 않은 청소년들은 범죄를 저질러도 범죄행위에 대해 처벌받지 않습니다. 소년법이 있기 때문입니다. 최근에 청소년들의 흉악범죄가 계속 발생하면서 소년법을 개정해서 처벌을 강화해야 한다는 목소리가 높습니다.

찬성

- 형사처벌 criminal penalty 刑事处罚
- 연령 age 年龄
- 소년법 the juvenile law 少年法
- 미만 under/less than 未满
- 보호처분 protective disposition 保护处分
- 촉법소년 juvenile delinquent 触法少年
- 유기징역 imprisonment for a limited term 有期徒刑
- 흉악범죄 a heinous[dreadful] crime 恶性犯罪
- 생물학적 biological 生物学的
- 미성년자 minor 未成年人
- 부당하다 unjust 不当
- 도를 넘다 go too far 过分, 过度
- 잔혹한 brutal 残忍
- 저지르다 惹事
- 죄질 nature of crime 犯罪性质

1. 미성년자의 흉악한 범죄가 늘고 있습니다. 생물학적 나이로 미성년이라고 해서 흉악범의 처벌을 하지 않는 것은 부당합니다. 도를 넘는 잔혹한 범죄를 저지른 아이들을 어리다고 볼 수 없습니다. 범죄의 죄질이 성인과 차이가 없는데도 불구하고 처벌을 하고 있지 않아 점점 더 흉악한 범죄가 늘고 있습니다. 청소년들이 예전보다 일찍 육체적, 정신적으로 성숙해지고 있습니다. 범죄를 줄이고 재범을 예방하기 위해서 형사처벌 연령을 낮추어야 합니다. 교화만으로 청소년의 범죄를 예방하기 어렵습니다. 10대 강력범죄 중 약15%가 촉법소년에 의한 범죄입니다. 그 중에서도 만12세-13세 아동의 범죄가 70%에 이릅니다. 형사처벌 연령을 1-2년만 낮춰도 큰 효과를 발휘할 수 있습니다.

2. 처벌받지 않는 것을 알고 이를 악용하는 청소년들이 있습니다. 가벼운 처벌이 범죄의 재생산을 부릅니다. 성인보다 더 잔인하고 계획적인 청소년들의 범죄행위는 처벌이 없다는 것을 알고 저지르기 때문에 생기는 것입니다. 강력한 처벌은 일벌백계의 교육적 효과가 있습니다. 나이가 어리다는 이유로 청소년들의 범죄를 더 이상 관대하게 포용할 수만은 없는 일입니다.

3. 외국의 경우 형사처벌 연령이 한국보다 낮습니다. 영국, 호주, 홍콩 등은 만 10세 미만, 미국은 12세 미만입니다. 이 말은 세계적으로 10세나 12세 정도의 나이가 되면 스스로 판단하고 행동을 통제하는 분별력이 있다는 것입니다. 한국이 14세로 규정하고 있는 것은 범죄자를 그대로 용인하고 있는 것과 같습니다. 나이로 범죄자의 죄를 구분하는 것은 명백한 오류입니다. 범죄에 대한 합당한 처벌이 필요합니다.

4. 현재 소년원이나 보호관찰관 인력이 부족합니다. 형사처벌 연령을

- 성숙하다 mature 成熟
- 재범 second conviction 再犯
- 예방하다 prevent 预防
- 교화 reformation 教化
- 악용하다 abuse 恶意利用
- 재생산 reproduction 再生产
- 잔인하다 cruel 残忍的
- 계획적인 premeditated 有计划的
- 일벌백계 punish sb as a warning to others 罚一儆百
- 관대하게 generously 宽大地
- 포용하다 embrace 包容
- 통제하다 control 控制, 管制
- 분별력 discernment 分辨力
- 용인하다 accept 容忍
- 명백한 obvious 明白的
- 오류 mistake 错误
- 합당한 proper 适当的
- 소년원 Youth detention center 少年犯管教所
- 보호관찰관 a probation officer 缓刑监督官
- 인력 manpower 人力
- 고통 pain 苦痛
- 피해자 victim 受害人

- 외면하다 ostracize 回避
- 촉법소년 juvenile delinquent 触法少年
- 관대한 generous 宽大的
- 처벌 punishment 处罚
- 보호 protection 保护
- 배려 consideration 关怀

낮춘다면 처벌되는 소년범의 수가 더 늘어날 것이고 이를 관리할 인력이 더 부족할 것입니다. 결국 국민의 세금이 더 지출되어야 하는 문제가 생깁니다.

5. 지금 한국의 소년법은 피해자에 대한 고통을 외면하고 있습니다. 점점 늘어가고 있는 미성년자의 범죄로 인해 피해자의 고통이 느는데, 촉법소년에 대한 관대한 처벌은 피해자와 그의 가족을 전혀 고려하고 있지 않다는 점입니다. 피해자에 대한 보호와 배려가 필요합니다.

반대

- 청소년 형사처벌
  juvenile criminal punishment 青少年刑事处罚
- 미성년자 minor 未成年人
- 미성숙한 immature 不成熟的
- 사물 thing 事物
- 변별하다 discriminate 辨别
- 행동통제능력
  behavioral control capacity 行动控制能力
- 반성하다 reflect 反省
- 재범 second conviction 再犯
- 교화 reformation 教化
- 보호 protection 保护
- 소년범 youth offender 少年犯
- 예방 prevention 预防
- 정책 policy 政策
- 신체적 physical 身体的
- 정신적 psychological 精神的
- 호기심 curiosity 好奇心
- 즉흥적인 spontaneous 即兴的
- 선도 lead 教导
- 교화 reformation 教化
- 기회 opportunity 机会
- 범죄율 crime rate 犯罪率

1. 미성년자는 사회적으로 보호가 필요합니다. 미성년이라는 것은 모든 것에서 미성숙한 사람을 말합니다. 사물을 변별할 능력이 부족하고 행동 통제 능력이 부족한 나이를 말합니다. 미성년자의 범죄는 미성숙한 상태에서 저지른 것이라 처벌보다는 사회적 관심과 교육을 통해 잘못을 반성하게 함으로써 막아야 합니다. 소년법은 교화와 보호가 목적입니다. 처벌을 강화하는 것보다는 소년범이 늘지 않도록 예방하는 정책이 필요합니다.

2. 청소년들이 예전보다 신체적으로 성숙해진 것은 인정합니다. 그러나 정신적으로 성숙해졌다고 할 수 없습니다. 요즘 청소년들은 그 어느 때보다 쉽게 법죄에 대한 정보를 얻고 호기심과 즉흥적인 감정에 의해 범죄를 저지릅니다. 처벌하기보다 선도와 교화의 기회를 더 많이 주어야 합니다.

3. 나이를 낮추어 처벌을 강화한다고 해서 청소년들의 범죄율이 줄지 않습니다. 미성숙한 상태에서 저지른 범죄이기 때문입니다. 옳고

그름을 구별할 줄 몰라 저지른 범죄입니다. 따라서 처벌 연령을 낮추 춘다고 해도 범죄 예방에 효과가 없습니다. 극악한 범죄는 나이와 상관없이 발생합니다.

4. 소년법은 소년이 건전하게 성장할 수 있도록 교화시켜 재사회화하는 것이 목표입니다. 청소년들은 나이가 14살이라고 해도 인터넷과 새로운 미디어에 노출되어 있고 이에 따른 교육이 제대로 이루어지고 있지 않습니다. 청소년들을 교육하려는 노력은 하지 않고 무조건 처벌만 강화한다면 문제는 해결되지 않습니다.

> 👥 여러분 나라에서는 미성년자가 범죄를 저지르면 어떻게 합니까? 구체적인 사례를 통해 이야기를 나누어 보세요.

- 옳고 그름 right and wrong 对错, 正误
- 구별하다 distinguish 区分
- 극악한 infernal, flagrant 极其恶劣的
- 교화시키다 reform 教化
- 재사회화 resocialization 再社会化
- 목표 goal, aim 目标

📖 **소년법**

한국에서 미성년자가 범죄를 저지르면 소년법의 보호를 받습니다. 만 10세 미만은 어떠한 처벌도 받지 않으며 만14세 미만은 보호처분에 그치고 있습니다. 즉, 만 10세 이상 14세 미만의 아동은 '촉법소년'으로 분류되어 보호처분을 받습니다. 그리고 만 19세 미만 청소년은 사형 및 무기형에 해당하는 죄를 저질러도 최대 15년의 유기징역까지만 받도록 규정하고 있습니다.

36

살인죄, 공소시효 폐지해야 한다.

공소시효란 어떤 범죄사건이 일정한 기간이 지나면 공소의 제기를 허용하지 않는 제도로서 국가의 형벌권이 완전히 소멸하는 제도를 말합니다. 한국에서는 일명 '태완이법'이라고 하여 2007년부터 살인죄에 대한 공소시효를 15년에서 25년으로 연장되었습니다. 무기징역에 해당하는 범죄도 공소시효기간이 15년입니다.

찬성

- 살인죄 murder 杀人罪
- 공소시효 statute of limitations 公诉时效
- 공소 prosecution 公诉
- 제기 sue 提出
- 형벌권 state punishment power 刑罚权
- 소멸하다 extinct 消灭
- 연장되다 be extended 延续
- 무기징역 life imprisonment 无期徒刑
- 죄질 nature of crime 犯罪性质
- 형평성 fairness 公平性
- 살인 murder 杀人
- 처벌 punishment 处罚
- 중범죄자 felon 重罪犯
- 면죄부 indulgence 免罪符
- 연방법 the Federal Law 联邦法律

1. 살인과 같은 중대한 범죄에 대해 공소시효가 있는 것은 범죄간의 죄질에 대한 비교 형량 그리고 범죄자 간의 형평성 측면에서 문제가 있습니다. 살인을 하고도 단지 시간이 지났다는 이유만으로 처벌을 받지 않는 것은 부당합니다. 살인자에게 면죄부를 주는 것과 같습니다.

2. 미국 같은 경우에 연방법은 무조건 공소시효가 폐지되어 있습니다. 사형으로 처벌되는 범죄의 공소시효는 기본적으로 없습니다. 일본도 2010년에 폐지되었고 영국도 살인죄에 대한 공소시효가 없습니다. 한국도 살인에 대한 공소시효를 폐지해야 합니다.

3. 공소시효는 사회적 불안감을 조성합니다. 미제 사건이 급증하면서

각종 강력범죄에 대한 시민들의 불안감이 늘어나고 있습니다. 공소시효가 끝나 가해자가 범인임이 밝혀져도 처벌받지 않고 자유롭게 활동하고 있다는 것은 끔찍한 일입니다.

4. 법적 안정성이란 사회의 여러 구성원들이 법에 의하여 안심하고 생활할 수 있는 것을 말합니다. 공소시효는 이러한 법적 안정성을 위협하며 피해자의 인권보호를 소홀히 하는 것입니다.

5. 공소시효를 폐지하고 끝까지 중범죄자들을 잡아야 합니다. 그래야만 끔찍한 범죄를 예방할 수 있습니다. 공소시효가 있어서 범죄자들이 일정기간 숨어있다가 다시 범죄를 저지르게 됩니다.

6. 기술의 발달로 시간이 많이 지나도 충분히 범죄사실을 증명할 수 있습니다. 최근 DNA 검출과 같이 현대화된 과학수사로 공소시효를 앞두고 범인을 검거하는 사례가 늘고 있습니다. 조금만 늦었더라면 공소시효 때문에 범인을 잡고도 처벌할 수 없을 뻔 했습니다.

- 사회적 불안감 social anxiety 社会不安
- 조성하다 create 造成
- 미제 사건 unsolved case 未结案件
- 급증하다 increase rapidly 剧增
- 강력범죄 violent crimes 暴力犯罪
- 불안감 anxiety 不安感
- 가해자 perpetrator 加害者
- 범인 culprit 犯人
- 끔찍하다 terrible 惨不忍睹
- 안정성 stability 安定性
- 구성원 member 成员
- 인권보호 protection of human rights 人权保护
- 소홀하다 negligent 疏忽
- 중범죄자 felon 重罪犯
- 예방하다 prevent 预防

반대

1. 재판은 시간이 지나면 정확성이 급격하게 감소합니다. 훼손된 증거에 대해 공정한 수사가 불가능하기 때문입니다. 공소시효가 있는 이유는 사건이 발생한 후 일정한 시간이 지나면 물증을 찾기 힘들며 증인의 증언 또한 정확성이 떨어지기 때문입니다. 수십년이 지난 사건을 온전히 기억하고 증명해 줄 증인이 있을까요? 공소시효가 폐지되어 수사가 계속 된다 하더라도 그 의미는 퇴색될 수밖에 없습니다.

2. 공소시효를 폐지하면 공무집행에 막대한 낭비를 초래합니다. 해마다 약 22% 정도의 사건이 미제 사건으로 남습니다. 현재 한국에서 전국 17개의 미제 사건 전담 직원이 50명에 불과합니다. 또한 이 사건들이 해마다 쌓일 경우 수사와 증거물 보존에 드는 비용을 무시할 수 없습니다.

3. 공소시효를 폐지하면 검거율이 저하됩니다. 시간과 인력 부족으로 근무가 비능률적이 됩니다. 매일 새롭게 발생하는 범죄를 신속하게

검거하는 데 집중해야 합니다. 장기 미제 사건의 검거율은 1%도 되지 않습니다. 새로 발생하는 범죄 검거율이 높기 때문에 확률이 높은 사건을 수사해서 피해자를 더 줄여야 합니다. 따라서 공소시효는 있어야 합니다.

4. 한국에서 형벌권이 유지되는 기간은 25년입니다. 25년 동안 숨어 사는 가해자의 경우 공소시효가 사라진다고 해도 죄가 없어지는 것은 아닙니다. 살인을 한 피의자는 경찰의 눈을 피해 노심초사 숨어 살아야 합니다. 결코 짧은 기간이 아닙니다. 25년 동안 충분히 반성할 수 있으며 교화될 수 있습니다.

5. 시간이 오래 지나면 사람의 기억을 통한 증언은 변질될 가능성이 매우 높습니다. 그렇다면 오판의 가능성도 생기게 됩니다. 공소시효는 유지되어야 합니다.

- 인력 manpower 人力
- 근무 work 工作
- 비능률적 inefficient 低效率的
- 신속하게 rapidly 迅速地
- 검거하다 arrest 抓捕
- 형벌권 punishment power 处罚权
- 가해자 attacker 加害者
- 노심초사 constant worry 劳心焦思
- 반성하다 reflect on 反省
- 교화되다 be educated 教化

출소 후 두부 먹기

한국 TV나 영화를 보면 감옥에서 나오는 사람에게 두부를 먹이는 장면이 나옵니다. 감옥에서 징역을 살고 나오면 영양을 보충하라고 고단백질인 두부를 먹이던 풍습이 있었습니다. 현재는 감옥에서 나오는 사람에게 두부를 주는 이유는 하얀 두부처럼 깨끗이 살고 또다시 죄를 짓지 말라는 의미가 있습니다.

여러분 나라에서는 공소시효가 있습니까? 각자 자기 나라의 상황을 알아보고 정보를 나누어 보세요.

37

수술실 CCTV 설치 확대해야 한다.

병원 수술실에 CCTV를 설치하자는 국민 청원이 제기된 적이 있습니다. 전문의사가 아닌 사람이 수술을 했다가 환자가 사망하는 사건이 일어났기 때문입니다. 이 청원은 다수의 지지를 얻었고, 이에 경기도가 전국 최초로 안성 의료원 수술실에 CCTV를 설치해 시범 운영하고 있습니다. 2020년부터는 공공의료원에 확대할 계획이라고 합니다. 이에 대해 의료계의 반발이 커지면서 논란이 되고 있습니다.

찬성

- 수술실 operating room 手术室
- CCTV closed circuit television 监控器
- 설치하다 install 设置
- 국민청원 petition 国民请愿
- 제기되다 raise 提出
- 전문의사 diplomate 专门医生
- 수술 operation 手术
- 사망하다 die 死亡
- 다수 majority 多数
- 지지 support 支持
- 전국 the whole country 全国
- 최초 the first 最初
- 안성의료원 Anseong medical center 安城医疗院
- 시범운영 test operation 试运营
- 공공의료원 public medical

1. 최근 몇 년간 수술실에서 대리수술, 무면허수술, 성범죄, 성희롱 등 각종 범죄 행위가 발생하고 있습니다. 환자를 보호하고 범죄를 막기 위해서는 CCTV를 설치해 엄중하게 감시하고 처벌해야 합니다. 또한 영상에 자료가 명확하게 남기 때문에 처벌하기 쉽습니다.

2. 수술실의 CCTV설치는 촬영한 영상을 누구나 볼 수 있게 하는 것이 아닙니다. 절대 보지 못하도록 하는 것이 원칙이며 수사나 재판 등 특별한 경우에만 볼 수 있도록 하는 것입니다. 따라서 불필요한 오해와 소송을 막을 수 있습니다. 수술실 CCTV는 의료분쟁이 생길 때 객관적인 근거가 되기 때문에 의사에게도 이로운 일입니다.

center 公共医疗机构

- 확대하다 expand 扩大
- 의료계 the medical profession 医务界
- 반발 resist 反抗
- 대리수술 ghost surgery 代理手术
- 무면허수술 unlicensed surgery 无照手术
- 성범죄 sexual assault 性犯罪
- 성희롱 sexual harassment 性骚扰
- 엄중하게 stringently 严格地, 严厉地
- 감시하다 surveil 监视
- 처벌하다 punish 处罚
- 촬영하다 shoot 拍摄
- 영상 video 影像
- 원칙 principle 原则
- 수사 investigation 搜查
- 재판 trial 审判
- 오해 misunderstanding 误解
- 소송 lawsuit 诉讼
- 의료분쟁 medical disputes 医疗纠纷
- 객관적인 objective 客观的
- 근거 basis 基础
- 불안 anxiety 不安
- 진료 clinic 诊疗
- 신뢰 trust 信赖
- 회복하다 recover 恢复
- 여론 public opinion 舆论
- 경기도민 People in Gyeonggi-do 京畿道居民
- 환자 patient 患者
- 보호자 protector 保护人
- 긍정적인 positive 肯定的
- 반응 response 反应

3. 국민들의 불안을 막고 의사진료에 대한 신뢰를 회복하기 위해서 CCTV확대해야 합니다. 국민들의 여론이 수술실 설치를 찬성하고 있습니다. 경기도민 1000명을 대상으로 설문조사한 결과 93%가 찬성했습니다.

4. 6개월 동안 시범 운영을 해보았을 때 그 결과가 환자와 보호자들에게 긍정적인 반응이었습니다. 의사들 또한 부정하지 않고 있습니다. 환자와 의사 모두를 위해 수술실 CCTV설치는 의무적으로 설치해야 할 필요가 있습니다.

반대

1. 수술실 CCTV설치는 환자들에게 도움이 되지 않습니다. 왜냐하면 수술실에 CCTV를 설치할 경우 의사는 매우 소극적인 수술을 할 수밖에 없기 때문입니다. 환자와의 의료분쟁을 의식하게 되면 수술에만 최선을 다하기 어렵게 될 가능성이 있습니다. 수술에 대한 스트레스도 큰데 이러한 스트레스까지 받는다면 결국 수술의 질이 떨

- 수술실 CCTV operating room 手术室
- 설치하다 install 设置
- 소극적인 defensive 消极的
- 수술 operation 手术
- 의료분쟁 medical disputes 医疗纠纷
- 최선을 다하다 do one's best 尽

어지고 이는 환자에게 도움이 되지 않는 것입니다.

2. 지금까지 수술실의 문제가 밝혀진 이유를 보면 대부분 내부고발에 의한 것이었습니다. CCTV가 설치된다 하더라도 숨길 수 있는 것은 분명 숨길 것입니다. CCTV가 있다고 해서 문제가 사라지지 않습니다. 그리고 일부 몰지각한 사람들에 의해 생긴 의료사건을 두고 마치 의료계 전체에 대한 문제로 생각하는 것은 옳지 않습니다. 일반화의 오류입니다.

3. 수술실 CCTV설치는 의사의 자율권을 침해하는 일입니다. 의사는 독자적으로 자유롭게 진료하고 수술할 권리가 있습니다. 이를 감시하는 것은 의사의 권리를 빼앗는 것입니다. 의사들에 대한 신뢰를 없애는 일입니다. 환자가 CCTV를 요구한다면 의사의 대부분이 환자와의 신뢰에 문제가 있다고 느낄 것입니다.

4. 수술실의 CCTV 영상이 유출될 가능성도 큰 문제입니다. 환자의 동의 없이 24시간 동안 계속 녹화된다고 했을 때 의사뿐 아니라 환자의 치명적인 개인정보가 유출될 수 있습니다.

力而为

- 질 quality 质量, 质
- 내부고발 whistle blowing 内部告发
- 몰지각한 thoughtless 不懂道理
- 의료사건 medicolegal problem 医疗事件
- 의료계 the medical profession 医务界
- 자율권 private autonomy 自律权
- 침해하다 invade 侵害
- 독자적으로 independent 独立的
- 진료하다 treat 诊疗
- 수술하다 operate 手术
- 감시하다 watch 监视
- 신뢰 trust 信赖
- 영상 picture, image 映像
- 유출되다 be spilled 流出
- 가능성 possibility 可能性
- 동의 agreement 同意
- 녹화 recording 录像
- 치명적인 fatal 致命的
- 개인정보 personal information 个人信息
- 안전하다 safe 安全

여러분 나라에서는 CCTV가 많이 설치되어 있습니까? 어디에 가장 많이 CCTV가 있습니까? 효과가 있는지 서로 이야기를 나누어 보세요.

증거자료 메모

구체적인 증거자료를 정리해 보세요. 법조항, 설문조사, 통계자료, 개인의 경험이나 관찰, 연구보고, 권위있는 전문가의 말, 사건이나 사고, 또는 속담이나 비유 등 구체적인 사례를 찾아서 메모합니다.

6부

병역

38

모병제 도입해야 한다.

모병제란 본인의 지원에 의한 직업 군인으로 군대를 유지하는 병역제도입니다. 한국은 오랫동안 병역의 의무를 강제로 부여하는 징병제를 채택해 왔습니다. 대한민국에서 태어난 남자는 누구나 18세가 되면 군대에 가야합니다. 그러나 사회가 바뀌고 시민의식이 변화하면서 모병제 도입에 대한 논의가 진지하게 검토되고 있습니다.

찬성

- 모병제 volunteer military system 募兵制
- 병역제도 the conscription system 兵役制度
- 징병제 conscription system 徵兵制
- 복무기간 service period 服役期限
- 단축 reduction 縮短
- 전문성 expertise 专业性
- 숙련도 workmanship 熟练度
- 전투력 fighting strength 战斗力
- 보호병사 protective-concerned soldier 问题兵
- 관심병사 protective-concerned soldier 问题兵
- 가혹행위 cruel treatment 虐待行为
- 국방력 national defense power 国防力量

1. 현재 한국의 징병제는 문제점을 많이 가지고 있습니다. 복무기간이 점점 단축되고 있으며 갈수록 전문성과 숙련도가 떨어져 전투력이 낮아지는 현실입니다. 징병제로 인해 해마다 보호·관심 병사가 늘고 끊임없이 가혹행위와 사고가 줄지 않고 있습니다. 징병제의 문제를 근본적으로 해결할 수 있는 것은 모병제 뿐입니다.

2. 군대의 전문성을 높이고 국방력을 강화하기 위해 모병제는 도입되어야 합니다. 현대전은 첨단기술을 바탕으로 합니다. 날아오는 핵과 미사일을 군인의 숫자로 막아낼 수 없습니다. 모병제를 통해 전문성을 향상시켜 실질적인 병력을 키워야 합니다.

3. 앞으로 한국사회는 저출산의 영향으로 군에 입대할 사람이 부족

해집니다. 2020년부터 한국의 인구는 줄어 지금의 병력을 유지할 수 없습니다. 굳이 방법을 찾는다면 군복무 기간을 연장해야 합니다. 따라서 모병제를 도입하는 것이 바람직합니다.

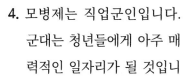

- 첨단기술 high technology 尖端技术
- 핵 nuclear 核
- 병력 troop 兵力
- 저출산 low birth rate 低生育
- 인구절벽 demographic cliff 人口悬崖
- 연장 extension 延长
- 직업군인 a career solider 职业军人
- 매력적 charming 有魅力的 , 有吸引力的
- 단절 discontinuity 断绝
- 보편적 가치 universal value 普遍价值
- 공평하게 fairly 公平地
- 조 trillion 万亿
- 국고 exchequer 国库
- 절감 reduce 节减
- 전환 switch 转换
- 국토방위의 의무 National defense duty 保卫国土的义务 (国防义务)
- 납세의 의무 Duty to pay tax 纳税义务
- 교육의 의무 Educational duty 教育义务
- 근로의 의무 Duty to work 劳动义务

4. 모병제는 직업군인입니다. 군대는 청년들에게 아주 매력적인 일자리가 될 것입니다. 모병제 병력을 30만 명으로 계산한다면 20만 개 내외의 청년 일자리가 생깁니다. 또 모병제를 실시하면 군에 가지 않는 청년은 바로 사회에 진출하게 되어 경력이 단절되지 않고 바로 경제활동을 제공하게 됩니다. 이는 총 16조 원대의 GDP 성장을 기대할 수 있습니다.

5. 모병제는 개인의 자유와 행복의 추구라는 보편적 가치에 기반하고 있습니다. 젊은이들에게 군대를 스스로 선택할 수 있는 권리를 주어야 합니다. 군대에 가지 않는 사람은 세금을 내게 하기 때문에 모병제는 보다 공평하게 병역의 의무를 수행할 수 있는 방법입니다.

6. 한국은 현재 약 63만 명 정도의 병력을 유지하고 관리하는데 약 27조의 비용이 듭니다. 병력을 30만으로 줄이면 약 8조의 국고가 절감됩니다. 세계 각국이 모병제로 전환하는 이유는 군 병력 비용을 효율적으로 유지하는 데 있습니다.

반대

1. 지금 한국은 국가의 안보가 위협을 받고 있는 상황입니다. 군에서 전투력을 유지하는 데 필요한 병력이 약 52만 명인데 모병제로는 군의 수가 절대 부족합니다. 병력 감축으로 인한 전투력 공백이 우려됩니다. 모병제가 되면 국가의 안보를 장담할 수 없습니다.

2. 모병제를 시행하게 되면 정말 군대에 가고 싶은 사람이 있을지 의문입니다. 경제적으로 취약한 사람들이 모여들게 되고 결국 사회적 약자와 소수자가 군에 입대할 가능성이 큽니다. 모병제는 개인의 자유로운 선택이며 자발적인 것이라고 보기 어렵습니다. 훨씬 더 불공평한 사회가 될 것입니다.

3. 돈을 벌기 위해 군인이 된 사람들로 군대의 질이 향상될 수 있을까

요? 사명감 없이 직업적으로 일하는 군인들이 늘어나면 군대의 질은 떨어질 것입니다.

4. 모병제는 시민이 가지고 있는 미덕과 공공선을 무너뜨립니다. 시민이 자신의 의무를 시장에 내놓고 거래하는 것은 황금만능주의를 초래합니다. 시민이 같이 나누어야 할 의무를 직업군인에게 맡기면 시민이 가져야 정치적 책임의식이 약화될 것이고 정의로운 사회를 만드는 데에도 손상이 올 것입니다.

5. 군대 문제의 핵심은 군대 내부의 비민주성과 폭력성에 있습니다. 군인을 모집한다고 해서 군대 문제가 해결되지 않습니다. 오히려 군대문제를 소수의 문제로 만들게 됨으로써 군대의 민주화는 어렵게 될 것입니다.

6. 대한민국 국민 대부분이 모병제를 반대합니다. 모병제 찬반 여론조사에서 반대가 87%가 나왔습니다. 국민이 안 된다고 외치는 모병제를 도입한다면 사회적 혼란이 가중될 것입니다. 국민의 여론을 무시하지 마시기 바랍니다.

여러분 나라의 군인은 누가 어떻게 되는 것인지 이야기를 나누어 보십시오.

- 질 quality 質量, 质
- 향상 improvement 提高, 向上
- 사명감 sense of duty 使命感
- 직업적 professional 职业的
- 미덕 virtue 美德
- 공공선 common good, greater good 公益
- 시장 market 市场
- 황금만능주의 materialism 金钱万能主义
- 초래 cause 招致
- 책임의식 sense of responsibility 责任意识
- 사회 society 社会
- 손상 damage, disadvantage 损害, 损伤
- 비민주성 undemocratic nature 非民主性。
- 폭력성 violent nature 暴力性
- 민주화 democratization 民主化

📖 한국 국민의 6대 의무

·국방의 의무: 한국의 남성이 군대를 가야하는 의무

·납세의 의무: 국가와 공공단체를 유지하기 위해 세금을 내야 하는 의무

·교육을 받게 할 의무: 의무교육인 중학교까지 교육을 받게 해야 하는 의무

·근로의 의무: 누구나 부지런히 일을 해야 할 의무

·환경보전 의무: 환경을 보전하고 오염시키지 않을 의무

·재산권 행사의 공공 복리 적합 의무: 재산권 행사는 공공복리에 적합하도록 해야하는 의무, 즉 공공복리를 위해서는 재산권을 제한해야 하는 의무.

39

양심적 병역거부, 인정해야 한다.

양심적 병역거부는 개인의 종교적 신념이나 양심 때문에 병역을 거부하는 것을 뜻합니다. 무기를 드는 것처럼 모든 형태의 군사훈련과 군대복무를 거부합니다. 이것은 종교적, 철학적, 정치적 이유 때문인데 사람마다 거부하는 이유는 다양합니다. 한국에서 양심적 병역 거부가 인정되지 않습니다. 정당한 사유없이 군대에 가지 않으면 3년 이하 징역형에 처한다고 규정하고 있습니다. 그런데 최근 양심적 병역거부가 1심에서 무죄판결을 받아 다시 논란이 되고 있습니다. 국방부는 2019년부터 이 용어 대신 '종교적 신앙 등에 따른 병역거부'라는 용어를 사용하겠다고 발표했습니다.

찬성

- 양심적 conscientious 良心的
- 병역거부 refusal of military service 拒絶兵役
- 종교적 religious 宗教的
- 신념 belief 信念
- 양심 conscience 良心
- 무기 weapon 武器
- 군사훈련 military training 軍事訓練
- 군대복무 military service 軍隊服役
- 철학적 philosophical 哲学的
- 정치적 political 政治的
- 사유 reason 事由
- 징역형 imprisonment 徒刑

1. 양심적 병역거부는 헌법으로 보장된 인간의 불가침적 권리입니다. 여기서 양심이란 세계관, 인생관, 신조 등을 뜻합니다. 인간이면 누구나 자신의 신념과 양심을 지킴으로써 행복을 누릴 수 있는 권리을 가지고 있습니다. 헌법 19조에도 '모든 국민은 양심의 자유를 가진다'고 규정하고 있습니다. 국방의 의무도 중요하지만 평화를 사랑하는 개인의 신념을 보호하는 것도 중요한 일이라고 생각합니다.

2. 양심적 병역 거부는 병역을 기피한다는 의미가 아닙니다. 대체복무

제도의 도입을 요구하는 것입니다. 단순히 징병을 하지 않겠다는 것이 아니라 총을 들지 않고도 병역에 대신할 수 있는 제도를 실행하자는 것입니다. 대체복무제는 군복무 기간보다 더 길고, 업무 강도가 세도 좋습니다. 총을 잡는 대신 사회의 복지나 공익에 관련된 일을 할 수 있습니다.

3. 양심적 병역거부 인정은 세계적인 추세입니다. 독일, 오스트리아, 대만 등 대체복무제를 시행하고 있습니다. 민주주의 국가에서 양심적 병역거부자를 처벌하는 나라는 대한민국뿐입니다. 유엔인권위원회UNHRC는 동남아와 중동지역을 제외하고 양심적 병역거부를 인정하지 않는 국가에 대해 징벌적 성격을 띠지 않는 대체복무제 실시를 권고하고 있습니다. 대한민국은 여러 차례 대체복무제를 실시해야 한다고 권고를 받았습니다.

4. 군대를 가지 않기 위해 악용하는 점을 걱정할 필요는 없습니다. 왜

- 1심 first trial 一审
- 무죄판결 a judgment of an acquittal 判决无罪
- 용어 term 用语
- 헌법 constitution 宪法
- 불가침적 non-aggression 不可侵犯的
- 권리 right 权利
- 세계관 a view of the world 世界观
- 인생관 one's view of life 世界观
- 신조 creed 信条
- 신념 belief 信念
- 국방의 의무 the duty of the military service 国防的义务
- 기피하다 avoid 忌讳
- 대체복무제도 a substitute military service system 代替服役制度
- 징병 compulsory (military) service 征兵
- 군복무 服兵役 military service
- 업무 강도 work intensity 业务强度
- 복지 welfare 福祉

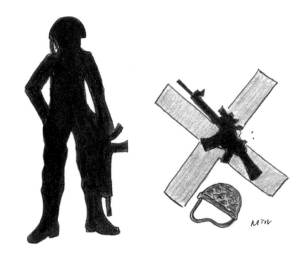

- 공익 public interest 公益
- 추세 trend 趋势
- 동남아 southeast area 东南亚
- 중동지역 Middle East area 中东 地区
- 징벌적 punitive 惩罚的
- 권고하다 recommend 劝, 劝告
- 악용하다 abuse 恶用
- 교단 religious body 教团
- 기피하다 avoid 忌讳

냐하면 지원자의 해당 종교 교단에서 인정을 받고 추천 절차를 철저히 받도록 하면 됩니다. 또 군사제도를 효율적으로 운영하여 군대를 기피하는 요인을 줄이는 것이 더 필요합니다.

반대

- 양심적 병역거부 conscientious objector 良心拒绝 兵役
- 병역 military service 兵役
- 국방의 의무 military duty 国防的 义务
- 권리 right 权利
- 논리 logic 逻辑
- 추월하다 pass, overtake 追超
- 면제하다 exempt 免除
- 형평성 fairness, equity 公平性
- 어긋나다 against 违背
- 불만 dissatisfaction 不满
- 공동체 community 共同体
- 가치 value 价值

1. 병역은 국방의 의무입니다. 개인이 국방의 의무를 선택할 권리가 없습니다. 종교의 논리가 국가를 초월할 수도 없는 것입니다. 양심적 문제로 병역을 면제하는 것은 형평성에 어긋나는 일이어서 병역 의무를 지고 있는 사람들의 불만이 커질 것입니다. 양심적 병역거부는 공동체의 가치를 부정하는 일이며 국민통합을 방해하는 행위입니다.

2. 한국은 아직 안보의 문제가 심각한 국가입니다. 북한과 대치하고 있는 한국의 특수한 국가적 상태를 고려해야 합니다. 한국은 전쟁이 끝나지 않은 휴전국가로 남북이 긴장된 상태로 있고 병역이 절

대적으로 필요합니다. 유사시에 필요한 병역이 부족해지면 심각한 위기상황을 맞게 됩니다. 한국의 국가안전보장을 고려하여 개인의 양심의 자유를 제한할 수 있습니다. 국가가 없다면 국민의 자유도 없는 것입니다.

3. 양심적 병역거부를 인정하면 이를 악용할 가능성이 높습니다. 군대를 기피하기 위한 방법으로 악용하게 되면 병역을 이행하고자 하는 사람이 드물 것입니다. 대체복무를 한다 해도 군복무보다 대체복무를 원하게 될 것입니다. 왜냐하면 군복무에 비해 대체복무가 더 수월하다고 생각하기 때문입니다. 대체복무제로 국가의 안보를 지킬 수 없습니다.

4. 개개인의 양심은 매우 주관적인 것입니다. 개인의 양심을 판단할 수 있는 객관적인 기준을 마련하기 어렵습니다. 대체복무제를 도입할 경우 양심을 판단할 기준과 방법이 불확실합니다. 양심을 어떻게 판단할 수 있겠습니까.

5. 양심적 병역거부를 인정하면 군복무자들의 사기가 떨어지고 상대적 박탈감을 느낄 것입니다. 국방의 의무를 다한 사람들에 대한 역차별 문제가 있습니다. 소수자의 인권과 권리를 보장해주자는 것은 좋습니다. 그러나 그것으로 인해 사회가 부담해야 하는 위험 요소와 피해가 크기 때문에 양심적 병역거부는 허용할 수 없습니다.

여러분 나라에서는 국민이 의무적으로 해야하는 일이 무엇입니까? 국민의 의무에 대해 이야기를 나누어 보세요.

- 부정하다 deny, negate 否定
- 국민통합 nation integration 国民统合, 国民一体化
- 방해하다 interrupt 妨害
- 안보 security 安保
- 심각하다 serious 严重
- 대치하다 confront 对峙
- 휴전국가 a cease-fire state 停战国家
- 유사시 emergency 有事时
- 위기상황 crisis situation 危机情境
- 국가안전보장 national security 国家安全保障
- 악용하다 abuse 恶意利用
- 기피하다 avoid 忌讳
- 대체복무 alternative service 替代服务
- 군복무 military service 服役
- 수월하다 easy 容易
- 주관적 subjective 主观的
- 객관적 objective 客观的
- 불확실하다 uncertain 不确实
- 사기 morale, fighting spirit 士气
- 상대적 박탈감 comparative deprivation 相对剥夺感
- 역차별 reverse discrimination 逆向歧视
- 소수자 minority 少数人

40

군가산점 제도 도입해야 한다.

군가산점이란 국방의 의무를 다한 남성들에게 적절한 보상을 해주기 위해 국가기관에 취업할 때 5%점수를 더 주는 것을 말합니다. 1961년에 도입했으나 1999년 위헌 판결이 내려졌습니다. 그러나 2-3%로 낮춰 가산점을 주자는 논의가 부활되고 있습니다.

찬성

- 군가산점 The Advantage Point System for Military duty 兵役加分
- 국방의 의무 the duty of the military service 国防的义务
- 적절한 proper 适当的
- 보상 reward 报偿
- 국가기관 state agency 国家机关
- 취업 employment 就业
- 도입 introduction 引进
- 위헌 판결 judgment of unconstitutionality 违宪判决
- 부활되다 be revived 恢复
- 병역 military service 兵役
- 사회적 보상 social compensation 社会补偿
- 뿐만 아니라 besides 不仅……而且
- 고된 훈련 arduous training 艰苦的训练

1. 병역을 마친 군인에게 국가가 사회적 보상을 해주는 것은 당연한 것입니다. 군인들은 2년 동안 훈련을 받으며 자기의 시간을 가지지 못합니다. 그뿐만 아니라 고된 훈련으로 육체적 정신적 고통을 받습니다. 2년이란 시간동안 학업을 포기해야 하고, 취업준비를 위해 스펙을 쌓고 자기계발을 할 수 있는 기회를 박탈당합니다. 따라서 국가기관에 지원하는 남성들에게 가산점을 주는 것은 정당한 일이라고 생각합니다. 군가산점은 국가적 차원의 최소한의 배려입니다.

2. 병역을 기피하는 현상이 많아지고 있습니다. 병역을 마친 자에게 가산점을 준다면 병역기피 현상을 최소화하고 군의 사기도 높일 수 있을 것입니다. 병역의 의무를 마친 사람들이 우대받는 사회풍조가 조성되어야 합니다.

가산점

3. 군가산점은 여성 군 복무자에게도 적용되므로 헌법상 평등권에 어긋나지 않는 일입니다. 차별이 되지 않습니다. 여성들도 2년간 사회봉사를 한다면 가산점을 받을 수 있도록 방법을 찾는 것이 바람직합니다.

4. 군가산점이 여성에 대한 차별이라고 하지만, 군대를 가지 않는 국민의 80% 이상이 군가산점 제도를 찬성하고 있습니다. 국민들의 동의가 충분한 상태에서 군가산점 제도를 도입하는 것은 당연합니다.

5. 군가산점제의 수혜자는 전체 전역군인 중 7급 공무원 임용시험의 경우, 0.08%, 9급 공무원의 경우 겨우 0.2%에 불과하다는 통계가 있습니다. 많지도 않은 인원에 사회적 보상을 해주는 것인데 크게 문제될 것이 없습니다.

- 학업 study 学业
- 자기계발 self-improvement 自我启发
- 박탈당하다 be deprived 被剥夺
- 국가적 차원 national level 国家层面
- 최소한 at least 至少
- 배려 consideration 关怀
- 병역 military service 兵役
- 기피하다 avoid 忌讳
- 최소화 minimization 最小化
- 군의 사기 morale of amy 军队士气
- 사회풍조 the trend of public opinion 社会风气
- 조성되다 be fostered 造成
- 평등권 equal rights 平等权
- 사회봉사 community service 社会服务
- 동의 agreement 同意
- 수혜자 beneficiary 受惠者
- 전역군인 ex-service personnel 转业军人
- 공무원임용시험 the civil service examination 公务员任用考试
- 보상 reward 报偿

반대

1. 군가산점 제도는 병역을 하지 못한 사람들에 대한 차별입니다. 군대에 가지 않는 여성과 장애인 그리고 기타 군미필자들의 기본권을 침해하는 위헌적인 제도입니다. 1999년에 이미 헌법재판소에서 위헌으로 판결이 난 것입니다.

2. 병역은 의무사항이지 가고 싶다고 가고 안가고 싶다고 안가는 문제가 아닙니다. 기본적인 의무사항을 다했는데 특혜를 줄 필요가 없습니다. 국민의 의무에 특혜를 준다면 세금을 잘 낸 사람에게도 가산점을 주고, 교육을 잘 시킨 사람에게도 가산점을 주는 등 국민의 의무를 지킨 사람들에게 모두 가산점을 주어야 합니다.

3. 병역을 기피하거나 병역비리에 관계되는 사람들은 주로 연예인, 스포츠 선수, 부유층과 권력층의 자제들입니다. 가산점을 준다고 해서 병역의 의무를 좋아할 사람은 없습니다. 군가산점으로 병역비리가 개선되지 않고, 군대의 사기진작을 기대하기도 곤란합니다.

4. 군대에서도 학업과 경험을 쌓을 수 있습니다. 군대에 갔다는 이유만으로 자기계발을 할 기회를 박탈당했다고 생각하는 것은 잘못입니다. 최근에는 군복무기간 동안 자기계발을 할 수 있는 지원이 다양하게 제공되고 있습니다.

5. 군대를 다녀왔다는 이유만으로 우선권을 준다면 국가적인 인적자원이 낭비될 것입니다. 공무원이나 공기업에 지원하려는 자들이 늘어날 것이고 이는 곧 영향을 미칠 것입니다.

여러분 나라에서는 취직할 때 특혜를 주는 경우가 있습니까? 이야기를 나누어보세요.

증거자료 메모

구체적인 증거자료를 정리해 보세요. 법조항, 설문조사, 통계자료, 개인의 경험이나 관찰, 연구 보고, 권위있는 전문가의 말, 사건이나 사고, 또는 속담이나 비유 등 구체적인 사례를 찾아서 메모합니다.

41

스포츠 선수 병역특례 폐지해야 한다.

한국에서 스포츠 선수들이 메달을 획득하면 병역에 특례를 주는 제도가 있습니다. 이 제도는 박정희가 대통령이던 1973년부터 시행되었습니다. 현재 올림픽 3위 이상, 아시안게임 금메달로 규정하고 있습니다. 영국의 프리미어리그 토트넘 소속의 손흥민 선수는 2018년 아시안 게임에서 금메달을 받아 병역특례를 받게 되어 세계 축구팬들의 관심을 받았습니다. 그러나 스포츠 선수들의 이러한 병역 특례는 형평성에 어긋난다는 비판을 받고 있습니다.

찬성

- 병역특례
  Special Cases on Military Service
  兵役特例
- 메달 medal 奖牌
- 획득하다 win 获得
- 대통령 president 总统
- 시행되다 be enforced 施行
- 금메달 gold medal 金牌
- 소속 belong to 所属
- 축구팬 football fans 足球迷
- 형평성 fairness 公平性
- 어긋나다 be against equity 违背
- 명성 fame 名声
- 우수한 결과 excellent result 优秀
  结果
- 국위선양 enhance national
  prestige 声扬国威

1. 각 분야에서 세계적인 명성을 날리고 우수한 결과를 낸 사람들은 스포츠 선수 말고도 많이 있습니다. 왜 스포츠 선수들에게만 특혜를 주는 것입니까? 형평성에 어긋납니다. 국위선양을 했다는 이유로 병역특례를 준다면 한류로 국위선양을 하는 아이돌 가수들도 병역혜택을 주어야 합니다. 스포츠로 국위를 선양한 것만이 뛰어난 것이라고 할 수 없습니다. 국위를 선양한 사람들은 스포츠 선수들만 있는 것이 아니기 때문입니다. 스포츠 선수의 병역특례는 일관성이 없고 형평성에 어긋나는 일입니다.

2. 자신이 가지고 있는 능력을 발휘해서 메달의 영광과 보상을 받았다

면 그것으로 충분한 것입니다. 스포츠 선수 병역특례는 과잉보상이며 병역의 의무를 성실히 수행한 평범한 사람들에게 상대적인 박탈감을 주는 일입니다. 또한 병역의 의무가 없는 여성 스포츠인들에게도 차별이 되는 일입니다.

3. 스포츠가 병역혜택의 수단으로 여겨지는 것은 옳지 않습니다. 메달 획득은 개인의 이익을 위한 수단에 더 가깝다고 할 수 있습니다. 충분한 포상을 받기 때문입니다. 부와 명예가 주어지는 스포츠 선수들에게 국위선양이나 사회 공헌의 의미를 과도하게 붙이는 것은 바람직하지 않습니다. 스포츠 신수가 군대에 가더라도 군대에 존재하는 체육부대, 즉, 상무에 들어가는 운동선수들은 대단한 혜택을 누리고 있다고 생각합니다.

4. 지금의 제도는 비합리적인 측면이 많이 있습니다. 예컨대 아시안게임에서 은메달을 10개 따더라도 금메달 하나를 따지 못하면 혜택을 받을 수 없습니다. 금메달을 따야 하는 분위기는 다른 운동선수들의 의욕을 저하시키는 요인이 됩니다. 1등만이 주목받는 사회는 바람직하지 않습니다. 선수들간에 느끼는 상대적 박탈감은 올바른 스포츠 정신을 무너뜨립니다.

5. 스포츠 선수 병역 특례는 대부분 특정 영역 남성들에게만 해당되는 일입니다. 따라서 스포츠뿐 아니라 다른 문화예술 영역에 있는 사람들이나, 여성들에게 역차별이 될 수 있습니다.

- 한류 Korean wave 韩流
- 아이돌 가수 idol singer 偶像派歌手
- 일관성 consistency 一贯性
- 영광 honor 光荣
- 보상 reward 报偿
- 과잉보상 overcompensation 过补偿
- 병역의 의무 a military obligation 兵役义务
- 성실히 faithfully 诚实地
- 수행하다 fulfill 遂行
- 평범한 ordinary 平凡
- 상대적인 relative 相对的
- 박탈감 sense of deprivation 剥夺感
- 차별 discrimination 歧视
- 수단 means 手段
- 이익 profit 利益
- 포상 prize 褒赏
- 공헌 contribution 贡献
- 과도하다 excessive 过度
- 국군체육부대 Armed Forces Athletic Corps 国军体育部队
- 상무 martialism 尚武
- 혜택 benefit 惠泽
- 비합리적인 irrational 不合理的
- 측면 aspect 侧面
- 의욕 will 热情
- 저하시키다 lower 降低
- 요인 factor 要因
- 무너뜨리다 erode 破坏

반대

- 병역특례 privilege of military duties 兵役特例
- 메달 획득 acquisition of medal 获得奖牌
- 국위 선양 enhance national prestige 声扬国威
- 국위 신장 extend the national prestige 伸张国威
- 위상 status 位置
- 공헌하다 contribute 贡献
- 보상 reward 报偿, 奖励
- 병역 혜택 military service benefits 兵役优惠
- 가치 value 价值
- 전성기 heyday 全盛期
- 타격 blow, damage 打击
- 이익 profit, benefit 利益
- 극대화 maximization 最大化
- 계기 chance 契机

1. 스포츠 선수들의 메달 획득은 한국의 국위 선양과 국위 신장에 큰 도움이 되는 일입니다. 국가의 위상을 높일 수 있습니다. 국가와 사회를 위해 공헌한 선수들에게 병역특례 혜택을 주는 것은 적절한 보상입니다. 스포츠 선수들의 병역특례는 바람직한 일입니다.

2. 스포츠 선수에게 주는 병역 혜택은 그만한 가치가 있다고 생각합니다. 왜냐하면 운동선수는 생명이 짧습니다. 한창 운동능력이 뛰어난 전성기에 군대에 가게 되면 타격이 큽니다. 따라서 스포츠 선수에게 주는 병역특례는 엄청난 경제적 이익을 가져다 줍니다. 개인뿐 아니라 국가적으로도 큰 이익이 되는 일입니다. 손흥민은 그 대표적인 예입니다.

3. 스포츠 선수들에게 병역혜택은 운동 능력을 극대화 시키는 계기가 됩니다. 병역혜택으로 스포츠 강국이 될 수 있는 엘리트 체육을 육성할 수 있습니다. 이 제도가 있었기 때문에 우리 한국이 국제무대에서 좋은 성적을 거둘 수 있었습니다. 병역 혜택은 큰 동기부여가 되고 있습니다.

4. 스포츠 선수들의 병역혜택은 일반인이 박탈감을 느낄 특례가 아닙니다. 올림픽 3위, 아시아경기 1위, 월드컵 16강, 국제예술경연대회 2위 이상의 입상은 아무나 쉽게 얻을 수 있는 영광이 아닙니다. 매우 소수의 스포츠인들에게 주는 병역 특례입니다. 이를 특혜라고 비판하는 것은 옳지 않습니다. 개인적인 특수성을 인정하고 수용해 주는 것이 진정한 평등입니다.

5. 병역특례에 대한 오해가 있습니다. 병역이 아예 면제되는 것으로 알고 있는 경우가 많은데 그렇지 않습니다. 해당 메달리스트는 4주간 군사훈련을 받으면 민간인이 아닌 예술체육요원으로 분류되어 34개월 동안 해당분야에서 계속을 일을 해야 합니다. 일을 계속하는 것은 사회인이지만 일단 신분은 예술체육요원입니다. 이는 전문연구계, 예술계 등에도 있는 제도입니다.

- 생산적인 productive 生产的
- 강국 world power 强国
- 육성하다 promote 培养
- 국제무대 international stage 国际舞台
- 성적 results 成绩
- 동기 부여 motivate 赋予动机
- 박탈감 sense of deprivation 剥夺感
- 국제예술경연대회 International Art Competition 国际艺术竞赛
- 영광 honor 光荣
- 소수 minority 少数
- 특수성 distinctiveness 特殊性
- 인정하다 recognize 承认
- 수용하다 accept 接受
- 평등 equality 平等
- 오해 misunderstanding 误解
- 면제되다 be released from duty 被免除
- 군사훈련 military training 军事训练
- 민간인 civilian 平民
- 예술체육요원 art and sports agent 艺术体育要员
- 분류되다 be classified 分类
- 사회인 member of society 社会人
- 신분 position 身份
- 전문연구 research specialist 专门研究
- 예술계 art world 艺术界

여러분은 한국의 스포츠 선수을 응원한 적이 있습니까? 그 선수가 군대에 가면 어떤 생각이 듭니까? BTS 군입대 연장에 대해서는 어떻게 생각하십니까? 구체적인 예를 들며 이야기를 나누어 보세요.

한국의 군대와 군대문화

한국에서 군대는 1948년 8월 15일에 창설되었습니다. 한국의 군인은 육군, 해군, 공군, 해병대로 구성되어 있습니다. 한국 군인은 1950년 한국전쟁에 참여하였고, 베트남전쟁, 걸프전, 소말리아전 등에 파병된 적이 있습니다. 한국의 병력은 육군 약 49만 2천명, 해군 약 6만 8천명, 공군 약 6만 5천 명 정도 됩니다. 한국은 1961년 5월 16일 박정희의 군사 쿠데타로 군사독재 정권이 시작되어 1993년까지 약 30여 년간 통치했습니다.

한국의 군대가 특이한 것은 징병제와 학군사관(ROTC)제도가 있다는 것입니다. 징병제는 한국에서 태어난 남성에게 모두 부여하는 의무제이고, 학군사관(Reserve Office Traning Corps)제도는 대학을 다니는 학생들이 지원하는 것으로 군복무를 하지 않는 장교를 의미합니다. 장교가 될 사람을 대학에서 미리 훈련시키는 제도입니다.

군대에 있는 기간은 2016년부터 변경되어 이등병 3개월 -> 일등병 7개월 -> 상등병 7개월 -> 병장 4개월로 현재 총 21개월입니다. 대체로 20대 초반에 군대에 있어야 하는 한국 청년들에게 이 기간은 결코 짧은 기간이 아닙니다. 물론 이 기간 동안 군인은 국가로부터 월급을 받습니다. 2020년 기준으로 병장은 540,900원, 이병은 408,100원입니다.

한국에서 여자는 일반병사로는 군대에 갈 수 없지만 부사관 혹은 장교와 같은 직업군인으로는 입대가 가능합니다. 부사관은 고등학교 졸업하고 시험에 합격해야 하고, 장교는 4년제 대학 졸업학력이 있어야 하며 사관학교나 ROTC에서 훈련을 받아야 합니다.

		국군	해군	해병대	공군
병(兵)	병장(兵長)				
	상등병(上等兵)				
	일등병(一等兵)				
	이등병(二等兵)				

한국 군대별 직위 심볼

한국의 군대문화는 역사적으로 일본과 미국의 영향을 많이 받았습니다. 일제의 식민통치와 일본군의 경험을 통해 장교와 지휘관의 명령에 절대 복종하는 문화가 군대의 본질적인 속성으로 받아들이게 되었습니다. 해방 이후에는 미군정과 한국전쟁을 거치면서 미국의 영향을 받아 현대적인 군사제도를 도입하고 미국식 군사교육을 받았습니다. 1970년대부터 자주국방의 정신 속에 한국화의 방향으로 발전되고 1980년대 이후 한국군대는 민주화가 가속화되었습니다.

군대는 어떤 조직보다 집단적인 연대감을 요구합니다. 또한 엄격한 규범에 적응해야 합니다. 한국사회에서 "군대에 갔다 와야 사람이 된다"는 말을 자주 듣게 되는데 이는 이러한 군대조직에서 사회화 과정을 거쳤기 때문입니다.

한국의 군대문화가 긍정적인 평가를 받는 것은 군대생활을 통해 국가의식이 고양되고, 권위와 질서의 존중, 협동심, 조직 속에서의 적응 등 국가발전의 원동력을 제공했다는 것 때문입니다.

그러나 한국 군대문화에 대한 부정적인 평가로는 군대 문화의 강력한 권위주의, 단순하고 획일적인 성향, 집단성으로 인한 개성의 결핍, 단기 성과주의 등을 지적하고 있습니다. 이러한 군대문화에 군인의 정치개입과 권위주의적 통치가 가세되면서 한국사회의 민주화가 늦어진 것입니다.

> 한국남자들은 군대에 관한 이야기를 많이 합니다. 어떤 이야기를 하는지 들어보시고 한국의 군대문화에 대해 이야기를 나누어 보십시오.

42

혼전동거 바람직하다.

'동거'란 부부가 아닌 남녀가 부부관계를 가지며 한집에서 함께 사는 것을 말합니다. 과거에는 결혼을 필수로 여겼기 때문에 결혼을 앞둔 동거라는 의미로 '혼전동거'라는 말을 썼습니다. 그러나 최근 결혼을 하지 않고 동거하는 부부가 많이 늘고 있어 사실상 '동거'라는 말만 써야 합니다. 동거가 서구에서는 매우 흔한 일이지만 한국에서는 아직 보수적인 생각이 많고, 신구 세대간 생각의 차이가 큽니다.

찬성

- 혼전 premarital 婚前
- 동거 cohabit 同居
- 경솔한 careless 轻率的
- 이혼 divorce 离婚
- 방지 prevention 防止
- 성향 tendency 倾向, 嗜好
- 성격차이 personality difference
  性格差异
- 지출 expense 支出
- 생활비 living expenses 生活费
- 주거지 dwelling 居住地
- 저축하다 save 储蓄
- 구속 imprisonment 拘束
- 탈피 breakaway 摆脱
- 가부장적 patriarchal 父权制的
- 양성의 평등 gender equality 男

1. 혼전동거는 상대방을 알 수 있는 기회를 줍니다. 따라서 경솔한 결혼을 막아 이혼을 방지할 수 있습니다. 동거를 통해 미처 알지 못한 상대방의 생활습관과 성향을 알아볼 수 있습니다. 이혼의 이유 중에 성격차이로 인해 이혼하는 부부가 많습니다.

2. 혼전동거는 불필요한 지출을 막아 경제적 비용을 감소시킵니다. 혼자 사는 것보다 두 명이 사는 것이 경제적으로 효과적입니다. 혼전에 동거하는 것은 생활에 필요한 생활비와 주거지를 마련하는데 겪는 어려움을 해소합니다. 동거를 하게 되면 데이트 비용과 생활비용, 거주비용 등을 줄일 수 있는 것입니다. 이처럼 동거는 경제적

부담을 줄이며 사랑하는 사람을 매일 집에서 만나는 좋은 점이 많습니다.

女平等
- 실현 realization 实现
- 인식하다 perceive 认识
- 윤리의식 (sense of) ethics 伦理意识
- 미성년자 minor 未成年人
- 절반 half 半, 一半
- 강요되다 be forced 被逼

3. 동거는 개인의 행복추구와 자유를 위해 제도적 결혼이 가지고 있는 구속에서 탈피할 수 있습니다. 한국에서의 결혼은 가부장적 가족제도로 구속되는 것입니다. 가부장적 가족제도에서 양성의 평등을 실현하기 어려운 것이 사실입니다. 혼전동거를 통해 이러한 문제를 인식하고 해결할 방법을 모색할 수 있습니다.

4. 과거에 혼전 동거는 윤리의식으로 남녀를 구속했기 때문에 매우 부정적인 것이었습니다. 그러나 이제 현대 젊은 남녀의 의식은 바뀌고 있습니다. 미성년자의 절반 이상이 혼전동거에 찬성하고 있습니다. 결혼 전 동거는 결혼이 강요되는 이 사회에서 사랑하는 남녀가 하는 자연스럽고 바람직한 현상입니다. 혼전 동거 자체가 나쁜 것이라고 볼 수 없습니다.

반대

1. 혼전동거는 사실혼과는 다릅니다. 사실혼은 법에 의해 권리를 보장받을 수 있습니다. 그러나 한국에서 동거 남녀는 법의 보호를 받지 못하는 단순한 계약관계일 뿐입니다. 각종 사회보장은 물론 세제혜택, 배우자 상속 등 재산 관련 법적 보장을 받지 못합니다. 특히 동거 남녀에게는 주택청약 자격도 주어지지 않습니다. 한국에서 동거는 문제가 많습니다.

2. 혼전동거는 결혼에 대한 책임감을 저해하고 가족에 대한 의식이 결여될 수 있습니다. 결혼하지 않고 동거하는 남녀에게는 책임감이 약합니다. 이것은 임신과 낙태의 문제까지 이어지고 미혼모도 많아질 수 있습니다. 한국에서 동거는 자유만을 강조할 뿐 책임을 수반하지 않는 경우가 많습니다. 그래서 여성이 피해를 보는 경우가 많습니다.

3. 동거 중에 불가피하게 발생하는 임신과 낙태 등의 문제는 해결되기 어렵습니다. 현재 한국은 동거부부에서 아이가 태어날 경우 법적으로 보호를 받지 못하기 때문에 아이가 자라날 수 있는 양육환경이 열악합니다. 보이지 않는 사회적 편견과 차별이 존재합니다. 동거를 가족의 형태로 인정하지 않고 있는 한국의 법률상 혼전동거는 바람직하지 않습니다.

4. 혼전 동거부부는 혼전 동거를 하지 않은 부부보다 이혼할 확률이 더 높다는 보고가 있습니다. 혼전동거는 바람직한 부부생활을 하는 데 오히려 방해가 될 수 있습니다.

5. 혼전에 동거하는 남녀는 정서가 불안정하고 외도도 더 흔하다는 영국의 조사결과가 발표된 바 있습니다. 결혼을 통해 가정으로부터 보호와 관리를 받아 정신적, 신체적으로 안정을 이루는 것이 바람

직합니다. 동거만으로는 가정을 이끌어나갈 책임감을 가지기 어렵습니다.

6. 동거는 동거를 빙자해서 성적 파트너를 찾는 일로 전락할 우려가 있습니다. 동거문화는 문란한 성문화 풍조를 야기합니다. 남녀 모두 성을 쉽게 생각하고, 만나고 헤어지는 것 또한 쉽게 생각하게 됩니다. 따라서 진정한 가정을 이룰 수 있는 가능성이 줄어들게 되고, 출산률에도 영향을 미쳐 국가적으로도 큰 손실입니다.

7. 혼전 동거는 인륜지대사인 결혼의 의미를 퇴보시키게 됩니다. 동거는 또다른 동거를 낳게 됩니다. 미국 연구에 따르면 동거 남녀의 평균 지속기간은 1.3년이고 70%가 그 자체로 끝난다고 보고되고 있습니다. 결혼으로 이어지기 힘들다는 것입니다.

8. 설문조사에 따르면 배우자가 될 사람이 혼전 동거했을 경우, 결혼하지 않겠다고 응답한 비율이 과반수를 넘었습니다. 이러한 이중적 의식을 보이는 혼전 동거는 한국사회에서 바람직한 것이라고 할 수 없습니다. 한국사회는 아직까지 혼전동거에 대한 인식이 부정적입니다. 사회적 시선과 압박 편견이 동거생활을 유지하기 힘들게 할 가능성이 많습니다. 특히 한국에서 혼전동거는 남자보다 여자가 피해가 큽니다. 혼전순결에 대한 문제가 사회적으로 아직 보수적이기 때문에 혼전동거는 바람직하지 않습니다.

- 인륜지대사 a major life event 人生大事
- 퇴보 regression 退步
- 설문조사 survey 问卷调查
- 과반수 majority 过半数
- 이중적인 ambivalent 双重的
- 사회적 시선 regard social 社会视线
- 편견 prejudice 偏见
- 혼전 순결 chastity before marriage 婚前纯洁
- 보수적 conservative 保守的

📖 **결혼도 포기, 연애도 포기, N포 세대**

N가지를 포기한 사람들의 세대라는 뜻의 신조어입니다. 2011년 처음에 이 말이 생겼을 때, 경제가 나빠서 일자리를 찾지 못하는 청년들이 많아 '연애도, 결혼도, 출산도 포기했다'는 의미에서 청년들의 세대를 '삼포세대'라고 표현했습니다. 여기에 '인간관계와 집'을 포기했다는 의미의 '오포세대'라는 말이 등장하고 점차 포기하는 수가 늘면서 'N포 세대'라는 말이 사용되고 있습니다.생기면서 극단적으로는 가족의 붕괴로 이어지는 경우도 있습니다.

👥 동거를 해 본 적이 있습니까? 경험이 있으면 서로 이야기를 나누어 보세요.

한국의 가족제도와 문화

한국의 가족제도는 한 남편에 한 아내를 인정하는 '일부일처제'입니다. 조선시대 유교의 영향으로 근친혼을 금지하였으나 왕후나 귀족과 일반 부유 계층에는 다처(多妻) 또는 축첩(畜妾)이 성행하기도 했습니다. 한국 가계의 계승은 전통적으로 아버지, 즉 남자에 의해 이루어지는 가부장제입니다. 과거에는 남존여비의 사상이 지배하여 여자는 남자에게 예속되는 상태였습니다.

한국의 가족은 아버지 혈연 중심의 직계 대가족에서 부부관계를 중심으로 한 핵가족으로 변화되어 왔습니다. 이는 조상숭배를 목적으로 한 유교식 가부장제에서 양성평등의 현대식 가족제도로 변화한 것을 의미합니다. 1960년대 이후 한국이 산업화와 공업화의 과정을 거치면서, 그리고 개인주의·자유주의가 확산되면서 자연스럽게 가족제도도 변화한 것입니다. 현재 한국의 가족은 핵가족이 농촌과 도시 구분없이 약 70%를 차지합니다. 게다가 도시를 중심으로 혼자사는 인구가 점점 늘어 '나홀로족', '혼족'이라는 말이 생길 정도로 일인가구가 급증하고 있는 추세입니다.

결혼이 과거에는 혈통계승을 위한 것이어서 중매결혼이 많았습니다. 그러나 지금은 남녀의 선택과 합의로 이루어지는 연애결혼이 대부분입니다. 현대 한국의 가족이 핵가족이 중심이 되고 있지만 아직 부부가 균형있게 가족의 안정에 기여한다고 보기 어렵습니다. 이는 가부장제의 경향이 여전히 높아 양성평등을 이루지 못하고 있기 때문으로 보입니다. 또한 자녀가 성장하는 과정에서 어머니와 자식과의 관계가 지나치게 밀착되는 경향을 보입니다. 지나친 교육열이 이 과정에 영향을 미치기도 합니다.

최근에는 이혼하는 부부가 점점 많아지고 있습니다. 물론 결혼하는 수가 줄고 있어 이혼율도 줄고 있지만 과거보다 수월하게 이혼을 할 수 있는 것이 사실입니다. 또한 결혼한 지 20년 이상인 부부의 '황혼 이혼'이 늘고 있고, 실지로 이혼하지 않아도 서로 독립적으로 살아가는 '졸혼(卒婚)'의 형태도 늘어가고 있는 추세입니다.

한국가족제도는 호주제는 폐지되었지만 여전히 가부장제에 의한 남성우월주의가 여전히 잔재하고 있다는 점, 새로 가족을 형성하는 결혼이 남녀 모두 연령이 늦어지고 있고, 결혼 후 자녀 출산도 적다는 점, 그리고 다문화가정의 형성과 고령화 등이 특징적입니다.

특히 저출산 문제는 심각한 사회문제가 되고 있습니다. 1970년대만 해도 아이를 조절해서 낳으라는 산아제한 국가시책이 있었습니다. '둘만 낳아 잘기르자'는 슬로건으로 출산율이 줄었는데, 이후 여성의 취업증가와 교육비 부담 등으로 2000년 이후부터 심각한 저출산 문제가 생겨 한국의 가족제도는 미래에 심각한 문제를 만들 것으로 예상됩니다.

한국의 가족생활의 상당부분은 가족 의례를 통해 형성됩니다. 한국 가족의 90%가 자녀의 첫 생일인 돌을 기념하여 돌잔치를 하고 100일을 기념합니다. 조상에 대한 제사는 구세대가 80% 정도 제사를 모시고 2세대는 76%, 3세대는 61%로 점차 그 비율이 줄고 있습니다. 설이나 추석과 같은 명절에 가족이 큰집에 모이는 전통도 세대가 낮을수록 약화되고 있습니다.

가족규범이 여전히 부계중심적이지만 실제 생활에서는 양계중심적이거나 모계중심적으로 변화하고 있는 양상을 보이고 있습니다.

여러분이 속한 가족문화를 소개해 보십시오. 가족의 의미가 무엇이라고 생각하십니까? 여러분은 어떤 가족을 만들고 싶은지 구체적으로 이야기를 나누어 보십시오.

43

결혼제도는 불필요하다.

결혼이란 남녀가 합의해서 정식으로 부부관계를 맺는 것을 의미합니다. 또 결혼은 새로운 가족을 만드는 법률적 행위입니다. 넓은 의미에서 결혼은 법률뿐 아니라, 사회 문화적, 종교적 요소도 결합되어 있습니다. 대한민국을 비롯해 대부분의 국가에서 일부일처제를 두고 있지만 일부다처제나 일처다부제를 인정하는 국가나 민족도 존재합니다. 동성혼을 인정하는 국가도 많습니다. 이처럼 결혼제도는 시대에 따라 변하고 있습니다. 최근에는 1인 가구가 늘면서 결혼제도 자체에 대해 비판적 논의가 늘고 있습니다.

찬성

- 결혼제도 the marriage institution 婚姻制度
- 합의하다 agree 協议
- 정식으로 officially 正式
- 부부관계 conjugal relations 夫妻关系
- 맺다 establish 结
- 법률적 legal 法律的
- 일부일처제 monogamy 一夫一妻制
- 일부다처제 polygamy 一夫多妻制
- 일처다부제 polyandry 一妻多夫制
- 동성혼 the same sex marriage 同性結婚
- 1인 가구 One person household 独居人口

1. 결혼은 서로를 구속하는 구시대의 관습입니다. 여성은 오래 전부터 일종의 재산으로 취급되었고 아이를 낳아주고 살림하는 역할이 주된 임무였습니다. 결혼은 안정된 가정이라는 것을 핑계로 서로를 구속하고 의무와 복종을 강요합니다. 결혼은 정조와 부양, 동거 등의 의무가 있는 불필요한 제도입니다.

2. 결혼제도는 인간이 누릴 수 있는 다양한 삶을 획일화합니다. 일부일처제란 한 남자와 한 여자와의 관계만을 인정합니다. 모든 사람이 이러한 관계를 강요하는 것은 잘못된 일입니다. 개인은 자기의

행복을 추구할 권리가 있습니다. 일률적인 결혼제도를 통해 그 제도에 속한 사람에게만 혜택을 주고 그렇지 못한 사람들을 비정상적이라고 생각하고 있습니다. 누군가는 혼자 살고 싶고, 누군가는 동성과 살고 싶고, 누군가는 자유롭게 여러사람과 사랑하며 살고 싶어합니다. 그것을 막는 것은 개인이 추구할 다양한 삶의 행복을 막는 일입니다.

3. 결혼을 하면 수많은 시선과 편견을 받아들여야 합니다. 특히 대한민국과 같은 가부장적 사회에서 결혼은 여성에게 주체적인 삶을 빼앗는 제도입니다. 남자가 결혼하면 축하를 받지만 여자는 고생이 시작됩니다. 임신 소식에 남자는 축하를 받지만 여자는 걱정부터 합니다. 결혼을 하면 한국에서 여성은 불리한 점이 너무 많습니다. 회사에서 육아휴직을 내면 눈치를 보아야하고, 시부모도 신경써야 합니다. 많은 일들로 인해 여자는 자신만의 시간을 가지지 못하는 것이 결혼입니다. 결혼제도는 노예제도입니다.

4. 결혼해서 혼인신고를 하는 것은 국가의 행정상 편의를 위한 것이며 개인의 자유를 침해하는 것입니다. 결혼은 사적인 관계에서 이루어

- 구속하다 restrict 限制
- 구시대 old era 旧时代
- 관습 custom 习惯
- 재산 property 财产
- 살림하다 keep house 过日子
- 임무 assignment 任务
- 핑계 excuse 借口
- 복종 obedience 服从
- 강요하다 force 强求
- 정조 fidelity 贞操
- 부양 support 扶养
- 동거 cohabit 同居
- 누리다 enjoy 享
- 획일화하다 robotomize 统一化
- 일률적인 being uniform 一律的
- 혜택 benefit 惠泽
- 비정상적 abnormal 反常的
- 시선 gaze 视线
- 편견 prejudice 偏见
- 가부장적 patriarchal 父权制的
- 주체적인 autonomous 自主的, 主体的
- 고생 suffering 辛苦
- 임신 pregnancy 妊娠
- 불리하다 disadvantageous 不利
- 육아휴직 育儿休假
- 눈치 social cue 眼色
- 시부모 parents-in-law 公婆
- 노예제도 slavery 奴隶制

지는 것이지 국가가 개입할 일이 아닙니다. 사실혼제도를 도입하면 얼마든지 양육이나 보호를 해줄 수 있는 방법이 있습니다. 굳이 결혼이라는 법률적 제도 안에 가두어 둘 필요가 없습니다. 프랑스의 경제학자 자크 아탈리Jacques Attali는 2030년이면 결혼제도가 사라지고 90%가 동거로 바뀔 것이라고 주장한 바 있습니다. 이는 자연스러운 변화가 될 것입니다.

5. 지금의 결혼은 양성 간의 결혼으로 부모와 아이로 이루어진 가족의 모습이 가장 정상적이고 이상적으로 생각하게 만드는 이데올로기를 만들고 있습니다. 집에서 가사와 자녀양육을 담당하는 어머니와 직장에서 일하는 아버지, 그리고 자녀로 구성된 모델을 가장 정상적인 가족의 모습으로 전제하는 것은 앞으로 현대사회의 변화와 그에 따른 문제점을 만들게 됩니다.

6. 결혼과 가족이 동일한 것은 아닙니다. 결혼제도가 없다고 해서 결코 가족의 붕괴나 해체를 말하는 것은 아닙니다. 결혼제도를 통해서 국가가 부여하고 있는 사회·경제적 특권을 보살핌의 관계를 중심으로 전환해야 합니다. 소위 비정상가족이라고 불리우는 다양한 가족의 모습이 어떠한 차별도 없이 인정받을 수 있어야 합니다.

반대

1. 결혼은 최소한의 사회적 단위인 가족을 만드는 가장 안정된 제도입니다. 인간은 혼자서 살 수 없습니다. 혈연으로 이어진 가족만큼 유용하고 합리적인 관계

로 맺어질 수 있는 것은 없습니다. 결혼제도를 통해 가족의 단위가 만들어지고 그것으로 국가가 이루어지는 것입니다. 결혼은 남녀 서로가 책임과 보호를 하는 최소한의 사회적 약속입니다.

2. 결혼은 두 사람의 결합만을 의미하지 않습니다. 결혼은 가족과 사회가 유지되는 기능을 가지고 있습니다. 결혼제도가 없다면 인구가 늘지 않아 국가가 존립하기 어렵습니다. 나아가서 인류마저 생존하기 어렵습니다. 결혼은 이 사회와 인류를 유지시키는 가장 소중한 제도입니다.

3. 결혼제도를 통해 국가가 가정을 보호해 줄 수 있습니다. 자녀의 교육과 취학의 문제 양육의 문제 등에 대해 국가가 보호해 줄 수 있는 것이 바로 결혼제도입니다. 결혼제도가 없다면 사회는 매우 혼란스럽고 무질서해질 것입니다.

4. 결혼제도가 없다면 문란한 성생활의 문제로 사회의 혼란이 야기될 수 있습니다. 건전한 성문화를 만드는 데 결혼제도가 기여하는 바가 큽니다. 일부일처제가 없다면 남녀의 성문화가 매우 난잡해질 것입니다.

5. 결혼제도가 없어지게 된다면 경제적인 독립과 정서적인 독립이 힘들게 됩니다. 결혼이란 인간에게 독립적인 새로운 가정을 만들어 성취감을 느낄 수 있게 합니다. 또 동반자와 함께 인생을 살아감으로써 안정감을 느끼게 합니다. 결혼은 인간이 사회적, 심리적 만족감을 높이는 훌륭한 제도입니다.

- 투자 investment 投资
- 혈연 blood ties 血缘
- 합리적인 reasonable 合理的
- 최소한 the minimum 最低限度的, 起码的
- 결합 union 结合
- 유지되다 be kept 维持
- 기능 function 功能
- 인구 population 人口
- 존립하다 exist 存在
- 인류 mankind 人类
- 생존하다 survive 生存
- 유지시키다 uphold 维持
- 취학 school attendance 上学
- 양육 nurture 养育
- 보호 protection 保护
- 무질서 disorder 无序
- 문란한 promiscuous 混乱的
- 성생활 sex life 性生活
- 건전한 sound 健全的
- 성문화 sex culture 性文化
- 난잡하다 messy 混乱
- 일부일처제 monogamy 一夫一妻制
- 독립 independence 独立
- 정서적인 emotional 情绪化的
- 성취감 sense of accomplishment 成就感
- 동반자 companion 同伴, 伴侣
- 안정감 sense of stability 安定感
- 심리적 psychological 心理的
- 만족감 satisfaction 满足感

여러분은 결혼을 하고 싶으십니까? 하고 싶다면 누구와 언제쯤 하고 싶은지 이야기를 나누어 보세요.

현대 한국인은 남녀가 만나 자유롭게 사랑하다가 결혼을 하는 연애결혼의 경우가 많습니다. 물론 전통적으로 중매를 통해 결혼을 하는 중매결혼의 형태도 계속 이어지고 있습니다. 중매결혼은 남녀 개인보다 두 집안의 결합을 더 중요하게 생각하는 경우가 많습니다.

한국사람들은 연애결혼을 하더라도 항상 부모님의 승낙을 받아야 합니다. 부모님이 허락하지 않으면 결혼을 할 수 없는 경우가 많습니다. 한국사람들은 남녀의 자유로운 사랑으로 결혼을 하지만 연애와는 달리 결혼을 여전히 가족의 결합으로 인식하고 있기 때문입니다.

한국 사람들은 전통적으로 결혼 전에 몇 가지 하는 일이 있는데 바로 '궁합'을 보는 것입니다. 두 남녀가 태어난 사주를 통해 서로 조화가 맞는지를 알아보는 것입니다. 궁합이 맞지 않아 헤어지는 경우도 종종 있습니다. 물론 궁합을 전혀 안 보고 결혼하는 경우도 많습니다.

결혼식 전에 신랑은 신부의 집에 함을 보내는 행사를 합니다. 함에 신부에게 주는 귀중한 예물을 담습니다. 최근에는 함을 보내는 특별한 행사를 생략하는 경우도 많지만, 결혼식 전에 하는 하나의 축제 같은 것이었습니다.

한국의 현대 결혼식에서는 보통 주례가 신랑과 신부를 앞에 놓고 주례사를 합니다. 전통혼례에서는 주례가 없었으나 기독교 문화가 들어오면서 생긴 현상이라고 볼 수 있습니다. 최근에는 다시 주례 없이 결혼식을 하는 경우가 많습니다.

지금은 결혼식이 끝나면 바로 신랑·신부가 신혼여행을 떠났지만 과거에는 결혼식을 신부 집에서 하고 며칠 동안 머문 후 신랑의 집으로 신부를 데려갔습니다. 남자가 '장가간다' 혹은 여자가 '시집간다'라는 말을 하는 것은 장인·장모가 사는 아내의 집에 간다는 의미와 신랑의 부모가 사는 집으로 간다는 말이 포함되어 있습니다.

지금은 대부분 결혼 후 부부만 따로 살림을 차려 살지만 옛날에는 신부가 시댁에 들어가 살았습니다. 신부가 시집에서 새로운 삶을 살 때 먼저 폐백이라는 절차를 거치게 되는데 이는 신부가 신랑의 부모와 친척들에게 인사를 드리는 절차를 말합니다. 현대 결혼식에서는 결혼식이 끝나고 결혼식장에서 모두 해버리는 경우가 많습니다.

결혼식이 끝나고 가까운 시일에 보통 신혼집 집들이를 합니다. 신혼집을 가족들과 친구, 직장 동료 들에게 보여주고 함께 잔치를 나누는 것입니다. 집들이 선물로 양초나 휴지, 세제 등을 준비하여 두 사람이 오래오래 행복하고 풍요롭게 살기를 기원합니다.

한국사회에서 결혼문화의 문제점이 무엇인지 살펴보고, 서로 각국의 결혼문화에 대해 이야기를 나누어 보십시오.

44

동성애 결혼, 허용해야 한다.

동성애란 생물학적으로 같은 성별을 지닌 사람들 간의 성적 끌림 또는 성적 결합을 뜻합니다. 동성애 결혼은 같은 성을 가진 사람끼리 합법적으로 부부가 되는 것을 말합니다. 한국에서는 동성간의 혼인은 법적으로 인정되지 않습니다. 이 논제의 쟁점은 행복권 추구, 소수자의 권리, 입양아의 정체성 문제, 사회혼란의 문제 등입니다.

찬성

- 동성애 homosexuality 同性恋
- 생물학적 biological 生物学的
- 성별(性別) gender 性別
- 합법적 legal 合法的
- 혼인신고 marriage registration 结婚登记
- 수리되다 be accepted 备案
- 성적 끌림 sex appeal 性吸引
- 성적 결합 sex 性结合
- 합법적 legal 合法的
- 쟁점 issue 争议
- 행복권 right for happiness 幸福的权利
- 소수자 minority 少数人
- 입양아 adoptee 领养儿
- 정체성 identity 身份
- 사회혼란 social disorder 社会混乱
- 추구하다 pursue 追求

1. 인간은 모두 행복을 추구할 권리가 있습니다. 대한민국헌법 제 10조 "모든 국민은 인간으로서의 존엄과 가치를 가지며, 행복을 추구할 권리를 가진다"입니다. 동성애는 더 이상 죄악이나 비정상적인 성적 취향이 아닙니다. 사랑하는 사람과 결혼하는 것은 그들의 행복추구권을 박탈하는 것입니다.

2. 동성애자들의 인권과 법적 권리를 획득하기 위해 결혼은 허용되어야 합니다. 이제 이들의 결혼을 허용하여 실질적인 사회 보장을 해주어야 합니다. 법률적으로 보호를 받을 수 있어야 합니다. 동성애자들이 동거하면서 사실혼 관계를 유지하여도 법률적으로 재산을 보장받지 못하는 경우가 있습니다. 동성애자라는 이유로 법률의 보

호를 받지 못하는 것은 불합리한 일입니다.

3. 동성애 결혼으로 인구가 줄 것이라는 말은 터무니없습니다. 동성애자들은 결혼을 하지 않더라도 이성과 결혼하지 않습니다. 저출산 문제는 동성애 결혼 때문이 아니고 사회와 경제 문제에 더 큰 원인이 있습니다.

4. 동성애 결혼이 합법화되면 입양하는 부부가 생기게 될 것입니다. 그렇다면 사회에서 버려진 아이들의 수가 줄어들 것입니다. 한국 아이들의 해외입양은 매우 부끄러운 일입니다. 동성결혼의 합법화로 입양이 늘 것이고 그것은 사회에 기여하는 일입니다.

5. 에이즈는 이성을 통해서도 감염될 수 있습니다. 아니, 이성을 통해 감염되는 에이즈의 사례가 더 많습니다. 동성애로만 에이즈가 전염된다는 것은 잘못된 생각입니다. 동성애에 대한 혐오 때문에 에이즈의 원인이 동성애라고 주장하는 것은 옳지 않습니다.

6. 동성애는 이상한 성적 취향이 아닙니다. 동성애는 오래전부터 자연

- 죄악 vice 罪恶
- 비정상적 abnormal 不正常的
- 성적 취향 sexuality 性取向
- 행복추구권
  the Right to pursue Happiness
  追求幸福的权利
- 박탈 deprivation 剥夺
- 법률적 legal 法律的
- 사실혼 shacktimony 事实婚姻
- 재산 property 财产
- 불합리 irrationality 不合理
- 터무니없다 absurd 荒谬
- 저출산 low birth rate 低生育
- 해외입양 overseas adoption 海
  外领养
- 사회적인 기여 social ontribution
  社会的贡献
- 감염 hepatitis 感染
- 전염 contagion 传染
- 금기시되다 be considered as a
  taboo 被视为禁忌
- 사회적 약자 social minority 社会
  弱势群体
- 배려 consideration 关怀
- 소수자의 권리 rights of minority
  少数者的权利

한국의 동성혼(同性婚)과 동성혼(同姓婚)

·**동성혼(同性婚)**:같은 性(성)을 가진 사람끼리 하는 혼인. 즉 여자와 여자, 남자와 남자가 하는 혼인. 한국은 동성 간의 혼인을 법적으로 인정하지 않고 있습니다. 혼인신고를 하더라도 처리되지 않습니다.

·**동성혼(同姓婚)**:같은 성(姓)씨를 가진 사람끼리 하는 혼인. 한국인들은 오래 전부터 근친(近)을 피해왔습니다. 특히 조선시대 유교사상의 영향으로 동성 전반에 걸쳐 금혼이 관습화되었습니다. 한국의 현행 민법은 동성동본(同姓同本)인 혈족 사이에는 혼인하지 못하고 남계혈족의 배우자, 부의 혈족 및 기타 8촌 인천사이의 혼인을 금지했다. 그러나 이 민법은 2000년 개정되어 동성혼 금지의 범위를 아버지 또는 어머니의 8촌 이내의 혈족까지만 혼인을 할 수 없도록 하고 있습니다.

스럽게 있었던 일입니다. 얼마 전까지만 해도 금기시되던 동성애와 동성결혼의 문제에 대해 최근 세계 각지에서 큰 변화를 보이기 시작했습니다. 데마크가 세계 최초로 동성애 결혼을 합법화했고, 벨기에, 스페인, 브라질 미국 등 세계 각국이 합법화하는 추세에 있습니다. 동성애는 이제 더 이상 특이한 일이 아닙니다.

7. 사회적 제도는 사회적 약자를 배려해야 합니다. 진정한 민주주의는 소수자의 권리도 보호해 주어야 합니다. 동성애 부부 또한 다양한 가족의 형태로 인정해야 합니다.

반대

· 윤리적 근간 moral foundation 倫理的根本
· 정체성 identity 本質
· 인구 population 人口
· 저출산 low birth rate 低生育率
· 성적 정체성 gender identity 性別認同

1. 동성 결혼은 우리 사회의 윤리적 근본을 흔들어 가족 질서를 해칩니다. 사회 구성원들의 정체성 혼란을 줄 수도 있습니다. 사랑한다고 모두 결혼을 허용할 수는 없습니다.

2. 동성애 결혼을 허용한다면 사회 구성원이 재생산되지 않아 인구가

줄어들 가능성이 높습니다. 지금도 한국은 저출산 문제가 심각합니다. 동성애 부부는 아이를 낳을 수 없기 때문에 인구의 감소가 올 수 있습니다.

3. 동성애 결혼을 허용한다면 그들은 아이를 입양하게 될 것입니다. 동성애 부부에게서 자라는 아이는 크면서 성적 정체성의 혼란을 겪게 될 것입니다. 또한 사회에서 받는 편견이 여전하기 때문에 제대로 교육을 받고 사회생활을 하기 어렵습니다. 또 제대로 된 성적 정체성을 가질 수 없습니다. 아이들에게 상처와 혼란을 줄 수 있습니다.

4. 동성애 결혼이 허용된다면 동성애자들은 더 늘어날 것입니다. 동성애는 각종 성병을 발생시킬 확률이 높습니다. 동성애자들의 성관계로 인해 에이즈에 감염될 확률은 더 큽니다.

5. 아직도 한국 사회는 전통적인 결혼과 가족 중심으로 움직여집니다. 동성결혼은 결혼에 대한 전통적 가치를 훼손함으로써 사회적으로 큰 혼란을 가져옵니다. 동성결혼이 인정된다면 일부다처도 인정되어야 하고 동물과의 결혼도 허용해야 합니다. 또 근친혼과 중혼 등도 인정해야 하는 것입니다. 개개인의 행복추구권을 존중해주면 사회의 질서가 무너질 것입니다. 적당한 규제를 통해 사회를 유지해야 합니다.

- 혼란 confusion 混乱
- 편견 prejudice 偏见
- 상처 wounded, scar 伤害
- 성병 sexually transmitted disease 性病
- 확률 possibility 概率
- 감염 infection 感染
- 전통적 가치 traditional values 传统价值
- 훼손하다 damage 破坏
- 일부다처 polygamy 一夫多妻
- 근친혼 intermarriage 近亲结婚
- 중혼 bigamy 重婚
- 규제 regulation 规制
- 가부장제 patriarchy 家长制
- 일부다처 polygamy 一夫多妻
- 축첩 keeping a concubine 纳妾
- 남존여비 idea of regarding men as superior to women 男尊女卑
- 대가족제도 large family system 大家族制度
- 개인주의 individualism 个人主义
- 자유주의 liberalism 自由主义
- 핵가족제도 nuclear family 小家庭, 核心家庭
- 일인가구 one person household 一人之家, 单人之家
- 혼족 myself generation 独居族
- 혼족 home-aloners, 独居族
- 나홀로족 myself generation,独居族

👥 여러분 나라의 동성애자는 얼마나 많습니까? 각 나라의 동성애 문화에 대해 이야기를 나누어 보십시오.

227

45

대리모 출산, 허용해야 한다.

남편의 정자를 제3자인 여성에게 인공수정하여 자식을 낳게 할 때 제3자 여성을 대리모라고 합니다. 임신을 하지 못하는 사람을 위해 돈을 받고 어머니를 대신하여 아이를 낳아주는 사람입니다. 대리모에 의한 출산은 대리모의 권리와 출생한 아이의 복리 문제가 심각한 사회문제를 야기할 수 있습니다. 한국에서는 법으로 대리모 행위를 금지하고 있습니다. 정자와 난자를 사고파는 행위는 불법이며, 어떠한 경제적 이익을 목적으로 하는 대리모 행위를 금지하고 있습니다. 이 토론은 자기 보존 욕구, 여성의 도구화, 여성인권 문제, 대리모와 아이와의 법적 관계, 대리모의 인권 등이 쟁점입니다.

찬성

- 대리모 출산 surrogate birth 代孕妈妈 生产
- 출산율 저하 birth rate drop 出生率下降
- 임신 pregnancy 妊娠
- 저출산 시대 low birth rate era 低生育率时代
- 불임 sterility 不孕
- 혈연 의식 blood-related consciousness 血缘意识
- 자율성 autonomy 自律性
- 공리주의 utilitarianism 功利主义
- 시험관 아기 a test-tube baby 试管婴儿

1. 한국은 저출산 국가입니다. 불임 여성도 늘어나고 있습니다. 대리모에 의한 출산은 저출산 문제를 어느 정도 해결할 수 있는 방법입니다.

2. 한국은 아직도 혈연중심의 가족문화를 가지고 있어 자신의 핏줄을 중요하게 생각합니다. 입양을 부정적으로 생각하는 나라입니다. 대리모를 통해 자신의 혈통을 보존하려는 것은 당연한 일입니다. 대리모 출산은 부모와 자식간의 긴밀한 관계를 이끌어 낼 수 있기 때

문에 입양보다 자연스러운 친자 관계 형성이 가능합니다. 유대감과 결속감을 강화할 수 있습니다.

3. 불임부부의 행복추구권을 보장해 주어야 합니다. 대리모 출산은 아이를 갖기 어려운 부부의 고통을 덜어줍니다. 한국에서 난임자의 수가 점점 늘어가고 있는 상황에서 대리모 출산은 허용되어야 합니다.

4. 대리모 출산은 대리모에게도 경제적인 이익이 있어 좋은 일입니다. 불임부부에게는 아이가 생기고, 대리모에게는 가난에서 해방될 수 있습니다. 대리모와 불임부부 모두에게 좋은 일입니다.

5. 대리모의 친권 포기와 입양합의가 포함된 계약이므로 대리모 출산

- 인공수정 artificial insemination 人工授精
- 도구화 Instrumentalization 工具化
- 자궁 womb 子宮
- 상품화하다 commercialize 商品化
- 장애아 handicapped child 残疾儿童
- 인권 보호 人权的保护
- 입양 adoption 领养
- 헌법 조항 constitutional article 宪法条款
- 가족법 조항 family law article 家庭法条款

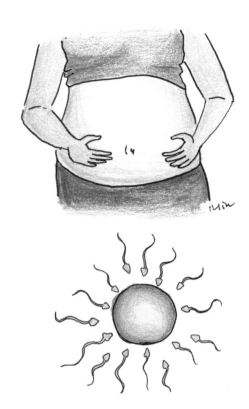

이후 친권문제로 갈등이 생길 일은 없습니다. 법적으로 대리모 출산을 허용하는 것도 이러한 문제를 막기 위해서입니다.

반대

- 대리모 surrogate mother 代孕妈妈
- 정자 sperm 精子
- 난자 egg, ovum 卵子
- 임신 기계 pregnancy machine 怀孕机器
- 도구화 instrumentalization 工具化
- 자궁 womb, uterus 子宫
- 상품화하다 commercialize 商品化
- 비윤리적 immoral 非伦理的

1. 대리모 출산은 여성을 임신기계로 도구화하고 여성의 자궁을 상품화함으로써 인간의 가치를 떨어뜨리고 인권을 침해하는 비윤리적인 일입니다.

2. 대리모는 임신하는 10개월 동안 모성애를 가지게 됩니다. 아이가 태어난 이후에 심리적인 상처를 받을 수 있습니다. 대리모가 아기

를 부모에게 주지 않게 되어도 문제가 발생하게 됩니다. 대리모 출산 자체를 막아야 합니다.

3. 한국에서 대리모가 늘고 있는 추세인데 어린 대학생, 성매매 여성 등 경제적 약자가 지원하는 경우가 많습니다. 대리모의 인권을 보호해 줄 수 있는 법적 제도가 미약한 상태에서 대리모 출산을 허용하면 가난한 여성들이 대리모를 선택하게 될 것입니다.

4. 대리모를 통해 태어난 아기는 누가 엄마인지 법적인 문제가 발생할 수 있습니다. 대리모의 피와 유전정보를 물려받은 친모가 친권을 행사하면 문제가 생길 수 있습니다.

5. 대리모가 임신했을 때 장애아로 판정될 경우, 그 아이는 버림받을 가능성이 큽니다. 그리고 대리모에게서 태어난 아이가 커가면서 이 사실을 알게 되면 정서적인 혼란을 겪을 수 있습니다. 아이의 희생이 큽니다. 대리모 출산을 처음부터 막아야 합니다.

6. 한국은 혈연중심의 가족만을 인정하는 의식이 뿌리박혀 있습니다. 대리모 출산을 하는 이유도 혈통에 대한 집착 때문입니다. 이것은 한국의 미래 가족구성을 한정된 틀에 묶어두는 일입니다. 대리모 출산보다 입양을 자연스럽게 받아들일 수 있는 사회문화를 만들어 가야 합니다.

- 모성애 maternal love 母爱
- 경제적 약자 the economical weak 经济弱者
- 미약하다 weak 薄弱的, 微弱的
- 유전정보 a genetic code 遗传信息
- 친모 real mother 生母
- 친권 parental right 亲权
- 장애아 disabled child 残疾儿童
- 정서적인 혼란 emotional confusion 情绪上的混乱
- 희생 sacrifice 牺牲
- 혈연 blood tie 血缘
- 입양 adoption 收养

여러분이 만약 결혼을 해서 아이를 낳을 수 없다면 어떻게 하시겠습니까? 서로 이야기를 나누어 보세요.

46

베이비박스 설치, 확대해야 한다.

베이비박스란 버려진 아기가 생존할 수 있도록 온도와 습도 등 생명보호장치가 달린 상자를 말합니다. 이 상자에 아기를 넣으면 자동으로 알람이 울리고 보호담당자가 달려와 아기를 보살필 수 있습니다. 이곳에 버려진 아기는 응급처치를 받은 후 아동보호센터에 보내지고 추후 입양이나 가정 위탁 등의 보호를 받게 됩니다. 그러나 한국에서 베이비박스는 현재 공식적으로 허가받지 않은 불법 시설물입니다. 2009년 12월 서울의 한 교회에서 한국 최초의 베이비박스가 설치되었습니다.

찬성

- 온도 temperature 温度
- 습도 humidity 湿度
- 생명보호장치 life protective device 生命保护装置
- 알람 alarm 闹铃
- 응급처치 first aid 抢救
- 아동보호센터 child protection center 儿童保护中心
- 추후 later 过后
- 입양 adoption 收养, 领养
- 위탁 foster 托付
- 허가받다 get permission 获准
- 미혼모 single mother 未婚母亲
- 임신중절 artificial abortion 人工

1. 아이를 버릴 수밖에 없는 미혼모의 상황을 고려해 볼 때 베이비박스는 아이의 생명을 살릴 수 있는 마지막 공간입니다. 베이비박스가 없다면 아이들은 길바닥이나 쓰레기통에 버려져 죽을 수 있습니다. 따라서 제도적으로 정착하여 효율적인 활용을 하는 것이 바람직합니다.

2. 한국에서 미혼모가 아이를 낳아 키우는 환경은 매우 좋지 않습니다. 사회적으로도 부정적인 시선이 강합니다. 미혼모들에게 베이비박스는 임신 중절, 즉 낙태를 막을 수 있는 가능성을 줍니다. 낙태

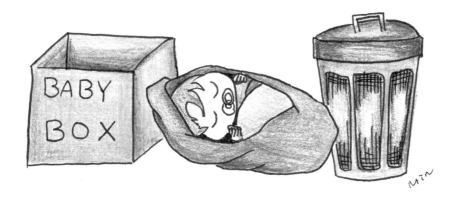

율을 낮출 수 있습니다.

3. 베이비박스의 본래 취지는 아이의 생명을 지키자는 것입니다. 아이를 버릴 수밖에 없는 부모는 그럴 수밖에 없는 상황에 처해 있기 때문입니다. 베이비박스 존재만으로 아이를 낳아서 버리겠다는 마음을 먹은 여성은 아무도 없습니다. 산모의 익명성을 보장하고 아이의 안전을 위해 베이비박스는 필요하다는 것입니다.

4. 베이비박스는 실질적으로 도움이 필요한 이들에게 가장 가까이 있는 생명박스입니다. 현재 몇몇 교회에서 설치된 베이비박스만으로는 유기된 아이의 생명을 다 지키기 어렵습니다. 따라서 베이비박스는 확대 시행하는 것이 바람직합니다.

流产
• 낙태 abortion 堕胎
• 익명성 anonymity 匿名性

반대

1. 베이비박스는 아이를 버려도 된다는 생각을 당연하게 만들 수 있는 환경을 조성합니다. 아이를 키울 사람들마저 죄책감없이 아이를 쉽게 버리게 만드는 풍조를 만들 수 있습니다. 생명을 너무 쉽게 생각하고 부모로서의 책임감도 쉽게 버릴 수 있습니다. 버려진 아이가 더 늘어날 것입니다. 베이비박스는 아동의 인권을 지키는 것이 아니라 인권 침해를 방조하는 것입니다.

2. 베이비박스에 버려진 아이는 엄마가 누구인지 알 수 없습니다. 현재 입양법에 의하면 출생신고를 하지 않으면 입양이 안 됩니다. 베이비박스가 확대되면 출생신고 없는 아이들이 늘어나면서 새로운 고아원이 확대되는 것밖에 되지 않을 것입니다.

3. 베이비박스는 영유아 유기의 근본적인 대책이 될 수 없습니다. 한국에서 129콜센터가 시행되고 있습니다. 129콜센터는 출산 후 뿐 아니라 임신을 한 동안에도 도움을 주는 곳입니다. 국가차원에서 미혼모에 대한 정책을 확대해야지 베이비박스가 확대되는 것은 바람직하지 않습니다.

4. 베이비박스를 더 만들지 말고 올바른 성교육과 부모교육이 확대되어야 합니다. 미혼모가 되는 근본적인 이유를 없애기 위해서는 생명의 소중함과 부모의 책임감 등을 교육하는 것이 더 바람직합니다.

> 여러분 나라에서는 미혼모가 많습니까? 결혼하지 않고 혼자 아이를 키울 때 생기는 문제가 무엇인지 이야기를 나누어 보세요.

증거자료 메모

구체적인 증거자료를 정리해 보세요. 법조항, 설문조사, 통계자료, 개인의 경험이나 관찰, 연구보고, 권위있는 전문가의 말, 사건이나 사고, 또는 속담이나 비유 등 구체적인 사례를 찾아서 메모합니다.

47

노키즈존 금지해야 한다.

노키즈존No Kids Zone이란 보통 5세 미만의 영유아들, 혹은 미취학 아동의 출입이나 유모차를 금지하는 곳입니다. 식당이나 영화관 등 가게마다 금지되는 아이들의 연령은 다릅니다. 노키즈존은 유아들이 부모와 동반하더라도 입장을 할 수 없습니다. 한국에서 이 문제가 사회적 이슈로 떠오른 것은 2014년 7월부터입니다. 현재 한국에서 노키즈존은 약 370개 정도로 추정됩니다.

찬성

- 노키즈존 No Kids Zone
- 미만 under 未满
- 영유아 infants 婴幼儿
- 미취학 아동 preschooler 学龄前
  儿童
- 유모차 baby carriage 童车, 婴儿车
- 업주 business owner 业主
- 동반 accompany 伴同
- 제한하다 limit 限制
- 아동인권 human rights of child
  儿童人权
- 차별 discrimination 歧视
- 부당하다 unjust 不当
- 일반화의 오류
  the mistake of generalization 泛
  化误差
- 불법 unlawfulness 不法
- 공공장소 public place 公共场所
- 절대적으로 absolute 绝对的

1. 아이들의 출입을 제한하는 것은 명백한 아동인권 차별입니다. 일부 부모의 행동 때문에 모든 부모와 아이들이 차별받는 것은 부당합니다. 이탈리아와 같은 유럽 국가에서는 정당한 이유없이 특정인의 출입을 막는 것은 불법입니다.공공장소는 모든 사람이 평등하게 이용할 수 있어야 합니다.

2. 노키즈존이 생기면 부모와 아이들이 함께 할 수 있는 공간이 절대적으로 부족해집니다. 노키즈존이 확대되면 아이와 함께 외출하기 어렵게 됩니다. 노키즈존을 금지해야 합니다.

3. 아이들의 공공질서 교육에도 노키즈존은 바람직하지 않습니다. 아이들이 어려서부터 공공질서를 배우려면 자연스럽게 주어진 상황

에서 이루어져야 합니다. 노키즈존이 확대된다면 그러한 교육 자체를 할 수 없게 됩니다. 노키즈존을 만들기보다는 아이들의 공공예절 교육을 철저히 시키고 놀이시설과 수유시설 등 편의시설을 마련하는 것이 바람직합니다.

4. 이 문제는 엄밀히 말하면 아이들의 문제가 아니라 아이를 보호하는 부모, 어른들의 문제라고 할 수 있습니다. 아이들을 돌보지 못하는 어른들의 문제로 아이들이 피해를 받아야 하는 것은 부당합니다. 노키즈존을 만드는 것보다는 서로 배려하는 행동이 필요합니다.

5. 아이를 금지시키는 것이 허락된다면 나아가서 장애인도 금지할 수 있습니다. 소란스럽고 불편하다고 출입 자체를 금지하는 것은 매우 위험한 발상입니다. 노키즈존은 사라져야 합니다.

- 확대 expansion 扩大
- 공공질서 public order 公共秩序
- 공공예절 public etiquette 公共礼仪
- 수유시설 Lactation Room 哺乳设施
- 편의시설 amenity 便民设施
- 배려하다 consider 照顾
- 장애인 the disabled 残疾人
- 소란스럽다 uproarious 喧闹
- 발상 idea 想法

반대

📖 **맘충**

　　Mom+벌레 충(蟲)=맘충 이 말은 네티즌들이 개념없이 아이를 키우는 엄마들에 대해 혐오감을 담아 부르기 시작한 말입니다.

1. 노키즈존은 영업하는 사람들의 상업적 권리를 보장해 주는 일입니다. 민법상 가게 주인은 특정 손님을 거부할 수 있습니다. 손님을 선택하고 서비스를 제공하지 않을 수 있는 자유가 있습니다.

2. 노키즈존을 만들지 않으면 타인에 대한 피해가 큽니다. 노키즈존이 필요합니다. 일부 몰상식한 부모들이 음식점 테이블에서 아이의 기저귀를 갈거나 아무 곳에서나 소변을 보는 등 남에게 피해를 주는 행동으로 다른 손님들을 불쾌하게 하고 있습니다. 노키즈존으로 타인에게 피해를 주는 행위를 막아야 합니다.

3. 아이들의 사고를 막기 위해서도 노키즈존이 필요합니다. 음식점이나 카페의 경우 뜨거운 음식이 많아 아이들이 자칫 위험한 사고를 당할 수 있습니다. 노키즈존을 마련해서 아이들을 안전하게 지킬 필요가 있습니다.

4. 매장에서 발생하는 모든 안전사고의 책임은 가게 주인에게 있습니다. 아이들이 뛰어다니다가 다치면 손해배상을 청구하기가 현실적으로 불가능합니다. 소란스럽고 사고를 만드는 아이들을 받는 매장은 매출 손실까지 이어집니다.

> 🧑‍🤝‍🧑 최근 한국어에는 급식충, 틀딱충, 한남충 등 벌레라는 뜻의 '충'이라는 글자를 붙여 만든 말이 생기고 있습니다. 충(蟲)이 붙는 신조어를 찾아보고 이야기를 나누어 보세요.

증거자료 메모

구체적인 증거자료를 정리해 보세요. 법조항, 설문조사, 통계자료, 개인의 경험이나 관찰, 연구 보고, 권위있는 전문가의 말, 사건이나 사고, 또는 속담이나 비유 등 구체적인 사례를 찾아서 메모합니다.

48

불효자 방지법 도입해야 한다.

불효자 방지법은 말 그대로 불효자를 막기 위한 법입니다. 일명 '효도법'이라고 합니다. 재산을 증여받은 자녀가 부모를 봉양하지 않을 시 이를 환수할 수 있도록 하는 법입니다. 즉 살아계실 때 부모에게 불효한 자식에게는 유산을 받을 자격이 없다는 것을 전제로 합니다. 고령화와 노인빈곤이 사회문제로 대두되면서 효도법이 주목받게 되었지만, 아직 국회에서 법으로 통과되지 않았습니다.

찬성

- 불효자 undutiful child 不孝子
- 방지법 protection law 防止法
- 효도법 filial piety law 孝道法
- 증여받다 be donated 受赠与
- 봉양하다 support one's parents 奉养
- 환수하다 redeem 收回
- 유산 inheritance 遗产
- 자격 qualification 资格
- 전제 premise 前提
- 고령화 aging 老龄化
- 노인빈곤 elderly poverty 老人贫穷
- 대두되다 rear up 抬头, 兴起
- 국회 National Assembly 国会
- 통과 pass 通过

1. 불효자 방지법은 고령화시대 노후를 대비하고 패륜방지를 위해 필요합니다. 부모에게 재산을 물려받고도 부모를 부양하지 않고 폭언과 폭행을 하는 자식들이 생기고 있습니다. 이 법이 생긴다면 자식들의 패륜적인 행위를 줄일 수 있을 것이며 소외되고 버려지는 노인들이 줄어들 것으로 예상됩니다.

2. 한국은 고령화시대를 맞고 있습니다. 부족한 세수로 사회보장제도 역시 취약한 상태입니다. 노년층에 대한 부양이 더 이상 정부의 지원만으로는 한계가 있습니다. 사회구성원 모두가 노인들을 위한 책임을 져야 합니다. 그러나 자식들의 불효로 인해 버림받은 노인까

지 책임져야 할 의무는 없습니다. 불효자 방지법은 사회국가적 측면에서 복지비용의 감소와 국가의 안정적인 세수 운영을 가능하게 합니다.

3. 사회가 변화함에 따라 효에 대한 생각도 변하고 있습니다. 효에 대한 인식이 부족하고 독거노인이나 버려지는 노인이 증가하고 있습니다. 효도법을 시행해 노인들의 최소한의 삶을 보장하고 보호해야 합니다. 법으로 노인의 건강한 삶을 보장해주는 것은 당연한 것입니다. 노인들의 노후를 보호하기 위해 자녀가 아닌 다른 안전 장치가 필요한 것입니다.

4. 불효자 방지법은 개인적 측면에서 효의 실천을 공식적으로 확인할 수 있는 일이며 효에 대한 인정을 받을 수 있는 방법이 될 것입니다. 부모를 모신 사람만이 유산을 물려받을 수 있도록 하는 것이 바람직

- 노후 decrepitude 老来
- 패륜 immorality 违背伦理
- 방지 prevention 防止
- 부양하다 support 扶养
- 폭언 intemperate language 暴言, 橫话
- 폭행 assault 暴行
- 소외되다 be alienated 被疏远
- 세수 taxation 税收
- 사회보장제도 social security system 社会保障制度
- 취약한 weak 脆弱的
- 노년층 elderly people 老年阶层
- 복지비용 welfare expense 福利费用
- 독거노인 elder who lives alone 孤寡老人
- 공식적으로 formally 正式地
- 빈약한 poor 贫弱的
- 하락시키다 depress 使下降
- 제정 enactment 制定
- 효도여행 filial piety tour 孝道旅行

합니다.

5. 효의 개념이 빈약한 서구사회에서도 효도법은 시행되고 있습니다. 우리사회에서 효도법을 제정한다고 해서 효의 가치를 하락시킨다고 생각하지 않습니다. 오히려 효의 가치를 회복하기 위해서라도 효도법 제정이 필요합니다.

반대

1. 법으로 강요하는 것은 효가 아닙니다. 부모에게 효도하는 것은 자식들의 당연한 도리입니다. 효를 법으로 강제하는 것은 효의 본질을 훼손하는 것입니다. 국가가 부모자식간의 사적 관계에 개입하는 것은 바람직하지 않습니다. 이로 인해 가족관계가 왜곡되거나 불신이 심화되는 부작용이 생길 수 있습니다. 효도법이 합법적인 것이 될 경우, 부모를 모시는 효의 미덕이 사라지고 부모를 부양할 의무조차 사라지게 될 것입니다. 결국 이 사회에서 효의 진정한 의미는 퇴색할 것입니다. 효는 마음에서 우러나와 자발적으로 이루어질 때 아름다운 미덕인 것입니다.

2. 불효자 방지법은 자식 간에 소송을 부추겨 오히려 가족 불화를 만들 것이고, 부모 자식간의 범죄가 더욱 음성화될 가능성이 큽니다. 또한 상속세를 내지 않는 탈세의 방법으로 악용될 우려가 있습니다.

3. 이 법은 자발적으로 성실히 효를 행하는 사람들의 가치를 훼손할 수 있습니다. 본심에서 우러나와 효를 행하는 자식들까지 강제 의무로 효를 행하는 것처럼 보이게 됩니다. 진정한 효심까지 사라지게 만들 것입니다. 불효자 방지법이 오히려 불효자를 만들게 됩니다.

- 효도폰 filial duty phone 孝道手机
- 효도상품 filial duty goods 孝道商品
- 효도관광 filial tour 孝道观光
- 효도수술 filial duty operation 孝道手术
- 효도석 filial duty seat 孝道席
- 어버이날 Parents' Day 双亲节

- 불효자 방지법 prevention law of unfilial sons Act 不孝子防止法
- 강요하다 force 强求
- 당연한 right 当然的, 应当的
- 도리 duty 道理
- 본질 essence 本质
- 훼손하다 damage 破坏
- 사적 관계 private relations 私人关系
- 개입하다 interfere 介入
- 왜곡되다 be distorted 被歪曲
- 불신 distrust 不信任
- 재산 property 财产
- 부작용 side effect 副作用
- 부양하다 support 扶养
- 미덕 virtue 美德
- 퇴색하다 fade 褪色
- 자율적으로 autonomically 自律的
- 소송 suit 诉讼
- 부추기다 incite 煽动, 唆使
- 불화 discord 不和
- 음성화되다 be negativeized 隐秘化
- 상속세 inheritance tax 遗产税, 继承税
- 탈세 tax evasion 逃税, 漏税
- 악용 abuse 恶意利用
- 자발적으로 voluntarily 自发的
- 패륜적인 immoral 悖伦的
- 현행법 current law 现行法律

4. 패륜적인 자식들은 불효자 방지법이 아니더라도 현행법으로 충분히 처벌이 가능합니다. 부모를 학대하거나 비정상적으로 대우한 경우에 형사 처벌이 가능하고 자식이 부모를 부양하지 않거나 범죄를 저지르면 재산 증여도 취소할 수 있습니다. 굳이 이 법을 만들어 재산이 있고 물질적 보상이 있어야 효가 유지되는 것을 당연하게 생각할 필요는 없습니다. 효도법보다는 차라리 다른 노인복지 방법을 모색하는 것이 바람직합니다.

5. 이 법은 실효성이 없습니다. 어떤 경우가 불효자에 해당하는 지 모호하며 생계가 어려운 노인들이 소송비용을 감당할 수 없어서 사실상 포기할 가능성이 높습니다. 중국과 싱가포르의 경우에도 효도법을 제대로 관리하지 못하고 있다고 합니다. 불효자 방지법은 필요 없는 법입니다.

- 처벌 punishment 处罚
- 학대하다 abuse 虐待
- 형사처벌 criminal punishment 刑事处罚
- 재산증여 donated property 财产赠与
- 물질적 보상 material reward 物质补偿
- 노인복지 welfare for senior citizens 老人福利
- 모색하다 find, seek 摸索
- 실효성 effectiveness 实效性
- 모호하다 ambiguous 模糊
- 생계 living 生计
- 소송비용 litigation expenses, legal costs 诉讼费用

여러분은 부모님께 효도를 어떻게 합니까? 여러분의 부모님이 가장 좋아하시는 것은 무엇입니까? 서로 이야기를 나누어 보세요.

한국인의 효문화

부모를 잘 모시는 효자와 효녀는 한국사회에서 칭찬을 많이 받습니다. 반면 불효를 하는 사람은 인간으로 취급하지 않습니다. 효는 한국 가족에게 권장되어 온 가장 큰 덕목입니다. 조선왕조 500년 동안 유교를 통치의 근본으로 삼았던 만큼 한국의 효는 단순히 부모를 사랑하는 마음을 넘어서는 최우선의 도덕이자 가르침이라고 할 수 있습니다.

유교는 효를 종교화하여 부모가 살아있을 때 자녀가 지켜야 할 덕목을 요구할 뿐 아니라 죽어서도 자손에게 반드시 조상의 제사를 지내도록 요구하고 있습니다. 한국에서 가장 중요한 명절인 설날과 추석에 한국 사람들은 조상님께 차례를 지냅니다. 또 부모님이 돌아가신 날에 가족들이 모여 제사를 지냅니다.

한국인의 효문화를 이해하려면 공자(孔子)의 사상부터 살펴보아야 합니다. 공자와 맹자의 유교 사상은 한국인이 어렸을 때부터 배우는 교육 내용 중의 하나입니다. 초등학교부터 대학까지 모든 교육과정에서 효를 필수로 반영하고 있습니다. 공자는 효의 근본적인 관념으로 공경심을 강조합니다. 부모를 공양하는 일뿐 아니라 존경해야 하는 마음이 있어야 한다는 것입니

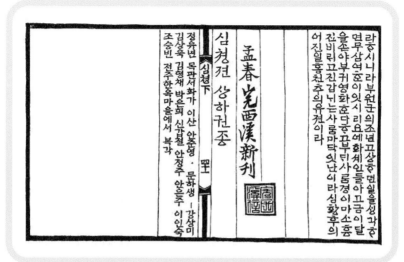

다. 또 죽어서도 제사로 모셔야 하는 것이 공자와 맹자의 효사상입니다.

한국의 옛이야기에 효와 관련된 이야기는 정말 많습니다. 현대 드라마나 영화에서도 끊임없이 효이야기가 중요한 주제로 다루고 있습니다. 한국 현대사회가 대가족제도에서 핵가족, 일인 가족으로 급격히 변화하면서 부모에 대한 효도 예전같지 않다고 말합니다. 그러나 여전히 한국인의 의식 속에 부모에 대한 효만큼은 사라지지 않는 중요한 덕목이라고 할 수 있습니다.

> 한국에서 가장 유명한 효 이야기는 『심청전』입니다. 『심청전』을 읽어보고 가장 바람직한 효도가 무엇인지 이야기를 나누어 보십시오. 효와 관련된 한국어 어휘와 속담도 찾아서 공부해 보십시오.

8부

건강 취향

49

길거리 흡연, 규제해야 한다.

한국에서 흡연에 대한 규제가 점점 강화되고 있습니다. 국민건강증진법 개정안이 시행되면서 버스 정류장이나 놀이터, 아파트 등을 금연구역으로 지정되고 있습니다. 또한 금연구역에서 흡연하는 사람들에게 10만 원 이하의 과태료를 물리는 법을 지방자치단체가 특성에 맞게 지정하고 있습니다. 이 논제의 쟁점은 흡연자들의 흡연권, 비흡연자들의 건강권이 충돌됩니다.

찬성

- 길거리 흡연 smoke on the street 路上吸烟
- 국민건강증진법 National Health Promotion Act 国民健康增进法
- 개정안 proposition 改正案
- 시행 enforcement 施行
- 정류장 station 车站
- 금연구역 non-smoking area 禁烟区
- 지정하다 designate 指定
- 흡연 smoking 吸烟
- 과태료 penalty 罚款
- 과태료를 물리다 imposition of fine for negligence 处以罚款
- 지방자치단체 a local autonomous entity 地方自治团体
- 특성 characteristic 特性

1. 흡연자들은 흡연실에서 피워야 합니다. 간접흡연으로 길에서 지나가는 사람들의 건강을 해치고 있습니다. 간접흡연은 흡연보다 더 위험하다는 연구결과가 발표되고 있습니다. 타인에게까지 피해를 주는 흡연은 규제해야 마땅합니다. 비흡연자에 대한 건강과 권리를 보호해주어야 합니다. 길거리에서 담배를 피우면 지나가는 아이들에게 큰 위협이 되기도 합니다. 아이들은 흡연자들이 들고 있는 담뱃불이 키가 작은 아이들의 얼굴 높이에 해당되기 때문입니다.

2. 길거리에서의 흡연 금지는 공공예절을 지키는 가장 기초적인 행위입니다. 이를 규제하지 않으면 기초질서가 무너집니다. 길거리에 함부로 담배꽁초를 버리는 흡연자를 막기 위해서도 길거리 흡연은

규제되어야 합니다. 길거리 환경과 미관을 해치고 있습니다.

3. 청소년들의 흡연 예방에 방해가 됩니다. 길거리에서 담배를 일상적으로 피우는 장면들을 용인할 경우 청소년들의 모방심리로 인해 흡연이 더욱 늘어날 것입니다.

4. 흡연자의 흡연권과 비흡연자의 혐연권에 대한 헌법 심판에서 헌법 재판소는 혐연권이 흡연권보다 상위의 기본권이라는 판결을 내린 바 있습니다. 흡연권은 혐연권을 침해하지 않는 한도 내에서만 인정되어야 합니다. 길거리에서 피해를 줄 수 있는 흡연은 당연히 규제해야 합니다.

- 흡연권 right to smoke 吸烟权
- 건강권 right of health 健康权
- 흡연실 smoking room 吸烟室
- 간접흡연 second-hand smoking 间接吸烟
- 해치다 damage 危害
- 비흡연자 nonsmoker 不吸烟者
- 위협 threat 威胁
- 담뱃불 the light of a cigarette 烟头火
- 공공예절 public etiquette 公共礼仪
- 기초질서 basic order 基础秩序
- 담배꽁초 cigarette butt 烟头
- 미관 fine view 美景
- 예방 prevention 预防
- 일상적으로 daily, routine 日常的
- 용인하다 admit, accept 容忍
- 모방심리 imitation mentality 模仿心理
- 흡연권 right to smoke 吸烟权
- 혐연권 non-smocker's rights 厌烟权, 不被动吸烟权
- 한(限)에서 as long as 限度

249

반대

1. 한국의 흡연자 수는 인구의 23.2%입니다. 결코 적은 비율이 아닙니다. 현재 대부분의 실내구역이 금연으로 지정되어 있습니다. 금연구역에 비해 합법적인 흡연구역은 턱없이 부족한 실정입니다. 길거리마저 규제를 하게 된다면 흡연자들에 대한 권리를 지나치게 침해하는 일입니다.

2. 제대로 흡연구역을 만들어주지도 않고 비흡연자만을 보호한다는 생각은 불평등합니다. 흡연을 규제하는 것보다 흡연자에게도 흡연구역을 충분히 만들어 담배를 피울 수 있게 하는 시설이 필요합니다. 개선이 먼저입니다.

3. 흡연자들은 담배를 사면서 세금을 내고 있습니다. 길거리에서 담배를 피운다고 과태료를 부과하는 것은 이중과세가 됩니다. 담배 세금을 흡연자들이 내는데 이들을 규제하는 것은 맞지 않습니다. 담배에 붙는 세금은 건강증진기금입니다.

4. 흡연하는 것은 개인의 취향입니다. 길거리까지 흡연을 규제한다면 주변사람들을 마치 범죄자 취급을 하는 것과 같습니다. 담배 피우는 것이 나쁜 것은 아닙니다. 담배는 커피나 술처럼 기호품의 일종입니다.

5. 술마시는 것은 규제하지 않고 담배 피는 사람만 규제하는 것은 형평성에도 맞지 않습니다. 술마시고 길거리를 비틀거리며 걷는 사람은 왜 규제하지 않습니까? 담배보다 더 해로운 것들이 많습니다. 법으로 규제하기보다 캠페인과 같은 교육방법으로 올바른 흡연방법을 제시하는 것이 바람직합니다.

👥👥 여러분 나라에서는 담배를 금지하는 곳이 있습니까? 각 나라의 상황을 서로 소개해 보세요.

증거자료 메모

구체적인 증거자료를 정리해 보세요. 법조항, 설문조사, 통계자료, 개인의 경험이나 관찰, 연구보고, 권위있는 전문가의 말, 사건이나 사고, 또는 속담이나 비유 등 구체적인 사례를 찾아서 메모합니다.

50

성형수술, 외모도 경쟁력이다.

'성형수술'은 미용을 위해 외모를 고치는 수술을 말합니다. 사고에 의한 성형의 개념은 해당되지 않습니다. 미용을 위한 성형수술은 외모지상주의를 반영하고 있습니다. 외모지상주의란 외모에 지나치게 집착하는 경향이나 사회풍조를 말합니다. 최근 취업준비생들 사이에는 '외모도 능력'이라는 인식이 강합니다. '취업 성형'이라고 말할 정도로 외모지상주의는 갈수록 높아지고 있습니다.

찬성

- 성형수술 plastic surgery 整容手術
- 미용 beauty treatment 美容
- 외모 appearance 外貌
- 사고 accident 事故
- 외모지상주의 Lookism 外貌至上主義
- 집착하다 be obsessed 执着
- 경향 tendency 倾向
- 사회풍조 the tendency of society 社会风气
- 취업준비생 job seeker 待业生
- 능력 ability 能力
- 자신감 confidence 自信心
- 경쟁력 competitiveness 竞争力
- 심리적 psychological 心理的
- 동일한 identical 同样的
- 본능적인 instinctive 本能的

1. 외모는 경쟁력입니다. 성형수술은 외모에 대한 스스로의 자신감을 높일 수 있기 때문에 경쟁력을 가질 수 있습니다. 미용성형은 외모를 아름답게 하는 것 자체만이 아니라 외모에 대한 심리적인 효과가 큽니다. 성형수술로 심리적 안정을 찾고 자신감이 높아지는 등 긍정적인 효과를 경험할 수 있습니다.

2. 외모도 스펙입니다. 취업이나 배우자를 선택할 때에도 외모는 중요한 능력으로 작용합니다. 외모가 받쳐주지 않으면 자신이 가지고 있는 능력을 제대로 평가받지 못하는 것이 일반적입니다. 외모에 대한 콤플렉스는 자신이 가지고 있는 능력조차 제대로 펴지 못하는

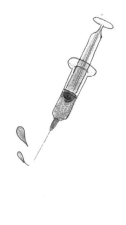

부정적인 영향을 미칩니다. 동일한 능력으로 취업할 때 결정적인 스펙으로 작용하는 것이 외모입니다. 사회에서 외모 때문에 기회조차 못 잡는다고 생각하는 사람들한테 성형은 하나의 중요한 선택이 될 수 있습니다.

3. 아름다워지고 싶은 것은 모든 인간의 본능적인 욕망입니다. 미에 대한 욕망은 본질적인 것이고 이를 의학기술의 도움으로 활용하는 것은 당연한 결과입니다. 성형수술은 잘못된 행위가 아니기 때문에 나쁘다고 평가할 수 없는 것입니다. 성형 후에 아름다워진 외모를 탓하는 사람은 없습니다.

4. 성형수술은 의학기술의 발전과 의료관광의 활성화에 기여합니다. 최근 한류 연예인들을 모방한 성형수술을 목적으로 한국을 방문하는 경우가 많습니다. 성형미용 여행객이 증가함에 따라 이에 대한 과학기술과 의료시설이 발전하게 됩니다.

- 욕망 desire 欲望
- 의학기술 medical technology 医学技术
- 의료관광 health tourism 医疗观光
- 활성화 invigoration 搞活
- 기여하다 contribute 贡献
- 한류 Korean wave 韩流
- 연예인 entertainer 艺人
- 모방한 imitate 模仿的
- 의료시설 medical facilities 医疗设施
- 속담 proverb 俗语
- 기왕이면 다홍치마
  Other things being equal, choose the better one 价格一样就要红裙子, 比喻在其他条件相同的情况下, 选择更好的
- 출중한 excellent 出众的
- 개선하다 improve 改善
- 누리다 enjoy 享, 享有
- 경제학자 economist 经济学者
- 심미적 esthetic 审美的
- 필요성 necessity 必要性
- 경제적 economical 经济的
- 합리성 rationality 合理性

- 획득 acquisition 获得
- 보상 reward 报偿
- 확연하다 reward 确凿的
- 투자하다 invest 投资
- 합리적인 투자
  rational investment 合理的投资

5. 한국 속담에 '기왕이면 다홍치마'라는 말이 있습니다. 외모가 출중한 사람들이 누리는 이익은 크다고 경제학자가 보고한 바 있습니다. 외모를 개선하기 위한 노력은 심미적 필요성 외에 경제적 합리성을 획득하는 것입니다. 외모에 대한 보상이 확연한 사회에서 외모에 투자하는 것은 당연히 합리적인 투자라고 볼 수 있습니다.

반대

- 성형수술 plastic surgery 整容手术
- 외모지상주의 lookism 外貌至上主义
- 열풍 wave 热潮, 流行
- 무시하다 ignore 无视
- 풍조 the tide 风潮
- 상업주의 commercialism 商业主义
- 대중매체 mass media 大众媒体
- 차별 discrimination 差別
- 자본 capital 资本
- 물질 material 物质
- 숭상 respect 崇尚
- 기준 standard 基准
- 타고난 외모 a natural looks 天生的相貌
- 주관적 subjective 主观的
- 무의식적으로 unconsciously 无意的
- 강요당하다 be forced to 被迫
- 주입 instillation 灌输
- 한결같이 consistently 一如既往地
- 획일화된 unified 统一化的
- 미 beauty 美
- 노예 slave 奴隶
- 내면적인 internal 内在的
- 경시하다 despise 轻视
- 경향 trend, tendency 倾向
- 우상 idol 偶像
- 풍조 trends 风潮
- 내면 inner, inside 内心, 内在

1. 외모지상주의는 성형과 다이어트 열풍을 낳기도 하지만 더 심각한 문제는 따로 있습니다. 외모지상주의가 얼굴이 못생기거나 키가 작거나 뚱뚱한 사람은 무시해도 된다는 풍조를 만들고 있다는 것입니다. 이런 외모지상주의를 만드는 성형수술을 경쟁력이라고 말하는 것은 옳지 않습니다.

2. 상업주의와 대중 매체가 외모를 기준으로 잘난 사람과 못난 사람을 나누어 판단하는 사고를 만들고 있습니다. 사람마다 타고난 외모로 차별의 대상이 되어서는 안 됩니다. 사람이 타고난 외모는 모두 다르며 미의 기준은 주관적인 것입니다. 그런데 대중매체에서 나오는 미인과 미남의 이미지를 통해 무의식적으로 강요당하고 주입되고 있습니다. 외모도 한결같이 똑같은 얼굴과 모습으로 획일화되고 있습니다. 대중매체로 획일화된 미의 기준으로 우리의 외모를 평가할 수 없습니다. 성형수술은 인간을 외모지상주의의 노예가 되게 하는 것입니다.

3. 성형수술은 성형수술을 할 수 있는 자본과 물질의 숭상으로 이어집니다. 돈이 있어야 성형수술을 할 수 있기 때문입니다. 성형수술을 받을 수 있는 사람은 제한적입니다. 현재 미용 목적의 성형 수술은

의료보험이 적용되지 않습니다. 성형수술이 빈익빈 부익부에 의한 불평등의 모습을 보일 수 있습니다.

4. 최근 한국인들은 외모지상주의에 빠져 내면적인 아름다움을 경시하는 경향이 있습니다. 유명 연예인들이 미의 우상이 되어가는 경향이 심화되고 있습니다. 외모를 가꾸는 풍조 자체가 나쁜 것은 아니지만 이러한 풍조로 인해 내면의 성찰에 소홀하게 됩니다. 자신감을 갖는 일은 성형으로 이루어지는 것이 아닙니다. 자신의 내면을 가꾸고 자신이 가진 장점과 개성을 살려 발전시킨다면 외모를 추구하는 것보다 더 큰 자신감을 얻을 수 있습니다. 진정한 경쟁력은 내면이 가진 능력에서 나오는 것입니다.

5. 성형의 부작용으로 목숨을 잃을 수도 있습니다. 성형수술이 언제나 성공적인 결과를 주는 것은 아닙니다. 피부의 괴사나 염증 유발 등의 부작용에서 신경의 파괴, 신체의 장애, 사망 등의 의료사고가 발생하고 있습니다. 또한 성형은 한 번에 만족하지 않는 경우가 많고 연쇄적으로 또 다른 성형의 욕망으로 이어지기 때문에 성형중독에 빠질 수 있습니다.

6. 외모에 대한 사람들의 투자가 개인적 합리성은 담고 있을지 몰라도 사회 전체적인 합리성은 충족시키지 못합니다. 능력과 무관하게 차별이 이뤄지고 있을 때, 사람들은 부당한 차별에 함께 저항하기보다는 성형수술로 자기의 외모를 고치는 쪽을 택하는 경우가 많아집니다. 이는 사회 전체적으로 바람직하지 않은 일입니다.

여러분은 성형수술을 받아본 적이 있습니까? 성형을 받아보고 싶은 곳이 있다면 어디입니까? 이야기를 나누어 보세요.

- 성찰 reflection 省察
- 소홀하다 negligent 疏忽
- 개성 personality 个性
- 부작용 side effect 副作用
- 목숨 life 生命
- 괴사 necrosis 坏死
- 염증 inflammation 炎症
- 유발하다 induce 诱发
- 신경 nerve 神经
- 파괴 destruction 破坏
- 장애 disability 障碍
- 사망 death 死
- 의료사고 medical accident 医疗事故
- 연쇄적 chain 连锁的
- 욕망 desire 欲望
- 성형중독 cosmetic surgery addiction 整容成瘾
- 제한적 restrictive 有限的
- 의료보험 health care, health insurance 医疗保险
- 적용되다 apply to 适用

51

무상급식, 중단해야 한다.

무상급식은 학교에서 학생들에게 무상으로 즉, 공짜로 식사를 제공해 주는 것을 말합니다. 한국은 2007년에 경상남도 거창에서 최초로 무상급식이 시작되어 현재 전국에서 초.중.고생 저소득층을 대상으로 무상급식을 하고 있습니다. 서울시는 초등학교 전체에 무상급식을 시행하고 있고, 앞으로 중·고등학교로 확대할 계획을 하고 있습니다.

찬성

- 무상급식 The free school lunch 免费供餐
- 제공하다 provide 提供
- 저소득층 downscale 低收入人群
- 확대하다 expand 扩大
- 급식 school lunch 供餐
- 질 quality 质
- 환경 environment 环境
- 금지 prohibition 禁止
- 급식비 food service expense 伙食费
- 대상 subject 对象
- 부유층 the wealthy class 富裕阶层
- 과잉복지 excess welfare 过分福利
- 비리 corruption 不正之风
- 관리 소홀 neglect of maintenance 管理疏忽
- 낭비 waste 浪费

1. 무상급식은 급식의 질을 떨어뜨립니다. 공짜로 제공되는 것이기 때문에 질이 떨어져도 불만을 제기하지 않습니다. 또 급식의 질이 떨어지면 학생들이 급식을 먹지 않기 때문에 음식물 쓰레기의 양도 증가합니다. 이는 환경을 위해서도 금지해야 할 일입니다.

2. 급식비를 충분히 낼 수 있는 학생들조차 무상급식의 대상이 될 필요는 없습니다. 부유층 아이들에게 굳이 무상으로 급식을 줄 필요는 없습니다. 또한 부유한 아이들이 무상급식에 만족할까요? 이것은 과잉복지이고 불필요한 정책입니다.

3. 무상급식 시행은 시행하는 과정에서 비리와 관리 소홀 등의 문제가 발생할 소지가 많습니다. 이로 인해 학생들이 피해를 받을 수 있습

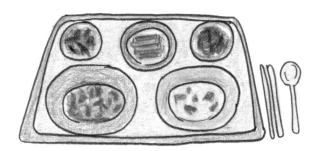

니다. 학생들이 학교에서 먹은 급식으로 식중독에 한 번 걸리면 엄청난 피해를 입게 됩니다.

4. 무상급식은 세금의 낭비입니다. 복지 포퓰리즘입니다. 즉, 정책의 옳고 그름을 따지기보다 대중들에게 인기를 얻을 목적으로 펼치는 정책입니다. 아무런 대가 없이 지나친 복지혜택을 주는 것은 국민을 게으르게 만드는 정책입니다. 게다가 교육비 예산이 무상급식에 들어간다면 교육에 써야 할 예산이 줄어듭니다. 학생들이 받을 수 있는 다양한 교육 서비스가 축소될 위험이 있습니다.

5. 세계에서 무상급식을 하는 나라는 스웨덴, 핀란드 두 나라뿐이고 그 나라는 인구가 1000만 명 이하로 한국보다 적습니다. 독일과 같은 국민소득이 높은 나라도 급식에 차등 지원하고 있습니다.

6. 이제 교실에서 굶는 학생들은 거의 없습니다. 학생들이 이유없이 공짜에 익숙해지면 남에게 도움 받는 것에 무뎌지고 노동을 통해 성취감을 얻는 자립성도 길러지기 어렵습니다. 학생들에게 노력하지 않

- 복지 welfare 福利
- 포퓰리즘 populism 民粹主义
- 대중 the public 大众
- 대가 cost 代价
- 복지혜택 welfare benefit 福利优惠
- 게으르다 lazy 懒
- 예산 budget 预算
- 축소 reduction 缩小
- 차등 지원 Differentiated support 分等级支援
- 무뎌지다 become blunt 迟钝
- 노동 labor 劳动
- 성취감 sense of accomplishment 成就感
- 자립성 independence 自主性

고도 밥을 먹을 수 있다는 생각이 들게 되는 것은 옳지 않습니다. 무상급식은 중단되어야 합니다.

반대

1. 학교에서 무상급식을 하는 것은 교육의 일종이라고 할 수 있습니다. '의무교육은 무상으로 한다'는 헌법 31조 3항에 따라 무상급식 역시 사회적 합의를 얻은 것입니다. 교과서가 무상이듯이 의무교육의 연장인 급식도 무상으로 제공되어야 합니다. 다른 어떤 제약이나 부담없이 밥을 함께 먹을 수 있는 것 그리고 식사예절을 가르치는 것 등 급식은 배움의 연장입니다. 혜택을 받아본 사람만이 다른 사람에게 혜택을 줄 수 있습니다.

2. 부모의 소득에 따라 학생의 급식을 차별하는 것은 부당합니다. 학생들은 평등한 대우를 받아야 하고 차별 없는 급식을 해야 합니다. 사회적 약자와 저소득층에게만 무상급식을 시행하면 아이들에게 상처를 남기고 낙인효과를 주게 됩니다. 이는 그들에게 혜택을 주는 것이 아니라 오히려 가난한 학생이라는 점을 알리게 됨으로써 위화감을 조성하는 일입니다. 따라서 전면적인 무상급식을 해야 합니다.

3. 무상급식을 한다고 급식의 질이 떨어지는 것은 아닙니다. 급식의 질은 유통되어 오는 재료나 조리 방법, 그리고 급식 관리에서 오는 것이기 때문에 무상으로 급식을 한다고 질이 나쁘다고 할 수 없습니다.

4. 스웨덴, 핀란드 등 복지국가들은 무상급식을 하고 있습니다. 보편적 복지를 시행한다고 하더라도 국가경제에 직접적인 타격이 되지

않습니다. 충분히 시행할 수 있습니다. 오히려 현대 복지국가로 나 아가는 데 일조할 것입니다. 무상급식은 필요합니다.

・행복도 degree of happiness 幸福度
・증가 increase 增加

5. 무상급식은 가정의 교육비 지출과 가계 부담을 완화하는데 큰 도움 이 됩니다. 실제 무상급식에 대해 학생들과 학부모들이 만족감을 느 끼고 있으며 학교생활에서 행복도가 증가된다는 보고가 있습니다. 학비 부담이 많은 학부모에게 무상급식은 꼭 필요한 지원입니다.

> 여러분은 학교 다닐 때 점심을 어떻게 해결했습니까? 어떤 점심이 가 장 맛있었는지 서로 이야기를 나누어 보세요.

52

보신탕 판매, 금지해야 한다.

한국에서 개고기 식용에 대한 논란은 아주 오래되었습니다. 개고기는 일명 '보신탕'이라는 이름으로 한국인들이 꾸준히 소비하고 있습니다. 1988년 서울올림픽을 앞두고 보신탕 음식점을 단속한 바 있습니다. 개고기 식용금지를 주장하는 사람도 있고, 개고기를 합법화하여 위생적으로 생산하고 관리해야 한다고 주장하는 사람도 있습니다.

찬성

- 보신탕 Boshintang (Dog Meat Soup) 补身汤
- 개고기 dog meat 狗肉
- 식용 edibility 食用
- 꾸준히 steadily 坚持不懈地
- 단속하다 regulate 管制
- 위생적 sanitary 卫生的
- 반려동물 support animal 伴侣动物
- 가축 livestock 家畜
- 정서적으로 emotional 情绪
- 육류 meat 肉类
- 섭취 intake 摄取
- 잔인한 cruel 残忍的
- 애견 인구 pet population 养犬人口
- 폭발적 explosive 爆发的
- 야만인 barbarian 野蛮人
- 식용 edibility 食用
- 도축하다 slaughter 屠宰

1. 개는 인간과 가장 오랫동안 친밀한 관계를 유지해 온 반려동물입니다. 소나 돼지, 닭 등과 같은 가축과는 다릅니다. 개와 인간은 정서적으로 의존하며 살아온 가족과 같은 관계입니다. 이러한 개의 반려동물적 특성을 고려하여 식용을 금지해야 합니다. 인간이 생존유지를 위해 육류를 섭취해야 하는 것은 인정하지만 인간과 함께 살아 온 개를 먹는다는 것은 매우 잔인한 일입니다. 애견 인구가 폭발적으로 늘어나는 상황에서 개고기 식용은 금지하는 것이 타당합니다.

2. 외국인들은 개고기 먹는 한국인을 야만인으로 생각하는 부정적인 인식이 있습니다. 따라서 보신탕 판매를 금지해야 합니다. 전 세계

가 개를 반려동물로 인식하고 있는데 한국에서 개를 식용으로 하는 것은 국가이미지를 나쁘게 하는 일입니다. 더구나 개를 도축하는 과정에서 보여지는 끔찍한 일들이 국가적 망신이 되고 있습니다. 개의 식용을 금지한다면 이러한 일이 사라질 것입니다. 보신탕 판매를 금지한다면 개고기를 먹는 일도 사라질 것입니다.

3. 개고기는 위생적으로 문제가 있는 유통시스템을 가지고 있습니다. 동물보호단체에서 불결하고 비위생적인 개 사육장 실태와 개고기에 대한 항생제 사용 실태를 보고한 바 있습니다. 개고기를 판매하는 업소 3곳 중 2곳에서 항생제에 노출된 개고기를 판매하고 있다고 합니다. 또한 세균문제도 심각하다고 보고한 바 있습니다. 일부 유기견들이 개장수에 의해 식용으로 유통되고 있습니다. 유기견의

- 끔찍한 terrible 惨不忍睹的
- 망신 disgrace 丢脸
- 위생적으로 sanitary 卫生的
- 유통시스템 distribution system 流通体制
- 동물보호단체 animal protection group 动物保护团体
- 불결하다 unclean 不干净
- 사육장 a breeding farm 饲养场
- 실태 actual condition 实态
- 항생제 antibiotic 抗生素
- 세균 문제 Bacteria problem 细菌问题
- 유기견 abandoned dog 遗弃犬
- 개장수 a dog fancier 贩狗商人
- 유통되다 be distributed 流通
- 추세 trend 趋势
- 병원균 pathogenic bacterium 病原菌
- 취약하다 vulnerable 脆弱

수가 점점 증가하는 추세를 볼 때 식용으로 쓰이는 유기견의 숫자 또한 늘어날 것입니다. 유기견들이 병원균에 취약할 뿐 아니라 비전문가들의 개고기 도축과 유통 속에서 개고기는 국민의 건강을 위협할 수 있습니다.

4. 개고기가 아니어도 건강을 위해서 먹을 수 있는 고기와 영양식은 얼마든지 있습니다. 굳이 개고기를 식용화하여 개고기를 먹는 사람들과 반려견을 키우는 사람들과 갈등을 조장할 필요가 없습니다. 전통적인 관습이라는 이유로 시대에 맞지 않는 먹거리를 합법화하는 것은 부당합니다. 천만 반려동물 시대에 상당수 사람들에게 보신탕이 혐오감을 주고 있는 점을 생각해 볼 때 동물보호와 생명존중의 관점에서 새로운 음식문화가 만들어져야 합니다. 보신탕은 더 이상 한국의 전통음식이라는 이름으로 이어갈 필요는 없습니다. 바꿀 것은 바꿔야 합니다.

반대

1. 보신탕은 한국의 전통음식입니다. 한국의 역사와 문화 속에서 이어져 온 음식입니다. 영양적으로 우수한 한국의 전통적인 고단백 음식을 인정해야 합니다. 외국인의 시각으로 무조건 보신탕을 혐오식품으로 단정하는 것은 문제가 있습니다. 주체적인 우리 한국의 전통적인 음식문화로 인정받을 수 있도록 개선하는 것이 필요합니다.

2. 개고기의 도축과 유통의 문제를 해결하려면 보신탕 식용을 금지하는 것이 아니라 위생적으로 관리하는 법을 만드는 일입니다. 그러기 위해서는 개고기도 소고기나 돼지고기처럼 위생적으로 유통 관리하는 축산물 위생관리법을 마련하는 것이 가장 현실적입니다.

3. 반려동물은 개만 있는 것이 아닙니다. 소도 돼지도 인간과 함께 해온 동물이며 개처럼 친근한 동물입니다. 개는 안 되고 소나 돼지는 먹어도 된다는 논의는 일관성이 없습니다. 원숭이, 말, 고래도 먹는데 혐오식품의 기준이 모호합니다. 더구나 식용견은 반려견과 구별되는 가축으로 구별이 충분히 가능합니다. 식용견을 합법적으로 구분하여 반려견을 키우는 문제와 충돌되지 않도록 하는 것이 필요합니다.

4. 한국의 개고기 식용 관습은 타문화를 인정하고 존중하는 문화상대주의 관점에서 보아야 합니다. 개고기를 먹는다는 것만으로 야만인으로 본다는 것은 잘못된 인식입니다. 그 인식이 두려워 한국의 전통적 음식문화를 부정하는 것은 옳지 않습니다. 한국이 가진 음식문화의 다양성을 인정하는 것이 바람직합니다. 한 나라의 문화는 그 문화의 독특한 환경과 역사적 배경을 함께 이해해야 합니다.

개고기를 먹어본 적이 있습니까? 개고기를 먹어본 사람은 그 맛이 어땠는지 이야기를 나누어 보세요.

- 식용견 dog for food 食用犬
- 반려견 companion dog 伴侶犬
- 가축 stock, domestic animals 家畜
- 충돌되다 be collided 沖突
- 타문화 other cultures 他文化
- 문화상대주의 cultural relativism 文化相対主義
- 관점 point of view 观点
- 야만인 barbarian, savage 野蛮人

한국에서 개고기를 먹은 시기는 삼국시대부터라고 합니다. 고려시대에는 불교가 국가 종교여서 육식을 멀리하였다가 조선시대에 다시 개고기를 먹은 것으로 보입니다. 본래 이름은 '개장'입니다. 19세기 중반에는 시장에서 개장(개고기로 국을 끓인 음식)를 전문적으로 판매하는 주점이 있었다고 합니다.

한국에서 여름에 가장 더운 날을 '복날'이라고 하는데 음력으로 복날은 초복, 중복, 말복 등 세 번 있습니다. 그래서 삼복이라고 하고, 여름 더위도 '삼복더위'라는 말을 씁니다. 복날에는 전통적으로 개고기를 먹었는데 그 이유는 너무 더워서 사람들이 기운을 보충하기 위해 고기를 찾았고, 소고기나 돼지고기보다 값싸게 먹을 수 있는 것이 개고기였기 때문입니다. 한국은 농사를 기본으로 하는 농경사회였기 때문에 고기가 귀했습니다. 따라서 일반 서민들은 늘 고기를 먹을 수 없어 가장 더운 복날, 개고기를 먹었던 것입니다. 옛날부터 한국의 개는 지금처럼 집안에서 키우는 애완견, 혹은 반려견이 아니라 개나 소처럼 가축으로 키우는 동물이었고, 집을 지켜주는 동물로 마당에서 키웠습니다. 또 키우던 개를 먹는 것이 아니라 따로 식용으로 키우는 개를 먹는 것이어서 보신탕을 무조건 '혐오식품'이라고 하기는 곤란합니다.

개장이라는 말이 '보신탕'이라는 말로 바뀐 것은 1942년부터입니다. 이승만 정권시절, 서양과의 충돌을 걱정해 '몸을 보신하는 국'이라는 말로 쓰기 시작해 지금의 '보신탕'이 되었습니다. '보신탕'이 '영양탕'이라는 말로도 사용되는데, 그 이유는 실지로 개고기의 단백질이 다른 고기보다 고급의 단백질이어서 기운이 없거나 스테미나가 떨어질 때 영양보충이 되었기 때문입니다. 시골에서는 허약한 아이들에게 부모가 몰래 속여 보신탕을 먹이기도 했습니다. 한국에서 보

신탕을 먹으려면 보신탕집을 가야만 합니다. 일반 마트나 정육점(고기를 파는 가게)에서 살 수 없습니다. 지금은 동물단체와 개를 사랑하는 사람들이 적극적으로 반대하고 있기 때문에 보신탕은 점점 혐오식품이라는 생각이 강해지고 있고 보신탕집도 사라져가고 있습니다.

여러분 나라에는 어떤 특별한 음식이 있습니까? 다른 나라의 음식을 어떻게 평가하는지, 그 이유가 무엇인지 서로 이야기를 나누어 보십시오.

'개'가 붙은 한국어

한국어에는 '개'라는 단어가 붙은 말이 정말 많습니다. 개라는 말이 붙으면 주로 나쁜 뜻을 가진 단어들이 대부분입니다. 대표적으로 한국에서 가장 많이 쓰는 욕이 '개**'라는 표현이 있습니다. 또 '개차반'은 개가 먹는 음식이라는 말로 행동이 더럽고 막된 사람을 욕하여 이르는 말입니다. '개떡'은 마구 만든 떡이라는 말로 형편없다는 뜻입니다. '개꿈'은 안 좋은 꿈을 꾸었을 때 씁니다. 고생을 너무 많이 하면 '개고생'이라고 하고 말도 안 되는 말을 '개소리'라고 말합니다. 아무런 보람이나 가치가 없는 죽음을 '개죽음'이라고 합니다. 이들은 모두 표준어입니다.

그런데 최근에 '개'가 붙은 말이 다른 뜻으로 사용되고 있습니다. '개좋아', '개웃겨', '개맛있어', '개쉬워', '개이득' 등 모든 표현에 '개'를 붙여서 '너무' 혹은 '대단히'라는 뜻으로 강조합니다. 따라서 '개싫어', '개힘들어', '개어려워', '개짜증나' 등으로도 쓰는 것입니다. 이 표현은 주로 젊은이들을 중심으로 유행되고 있습니다. 사전에 있지 않은 비표준어입니다. 공식적인 한국어를 할 때는 조심해야 하는 말입니다. 물론 친한 친구들과 말을 할 때는 사용해도 괜찮습니다.

'개'라는 말이 붙은 표현을 들어 본 적이 있습니까? 어떤 때 어떤 표현을 들었는지 서로 이야기를 나누어 보십시오.

53

의료 민영화해야 한다.

의료 민영화란 의료행위를 국가가 통제하지 않거나 최소한만 규제하고 민간에 맡기는 것입니다. 현재 한국은 이미 의료의 공급체계가 민영화된 상태입니다. 의사, 약사 등은 자유롭게 의료기관을 개설하고 운영할 수 있습니다. 그러나 보험체계는 전 국민이 의무적으로 가입하는 국민건강보험이 있고 이 보험을 모든 병원에서 적용되도록 강제로 실시하여 국가가 관리하고 있습니다. 한국이 코로나 바이러스를 잘 이겨낸 이유 중 하나는 국민건강보험 제도 덕분이었습니다. 한국인이면 누구나 국민건강보험에 가입하는데 보험료는 매달 한 사람의 소득과 자산에 따라 다르게 책정됩니다. 보험료는 다르지만 누구나 동일한 혜택을 받습니다.

찬성

- 의료 민영화
  privatization of health care 医疗
  民营化
- 민간 private interests 民间
- 공급체계 supply system 供给体系
- 보험체계 insurance system 保险
  体系
- 국민건강보험
  national health insurance 国民
  健康保险
- 의료서비스
  medical service 医疗服务
- 건강보험공단
  Health Insurance Corporation 健

1. 의료 민영화가 되면 의료기관간에 경쟁이 생겨 의료서비스의 질이 개선됩니다. 현재 건강보험공단에서 지급하는 보험금과 환자의 부담금은 원가에도 못 미치는 수준입니다. 이로 인해 실제로 병원에 들어오는 수가보다 낮아 경영난에 허덕이고 있습니다. 다양하고 더 좋은 서비스가 비보험의 이름으로 제공되고 있는 실정입니다. 의료민영화는 더 나은 서비스를 제공하는 동시에 중소병원이 합리적 경영 개선의 효과를 가져와 환자와 병원 모두에게 이득이 될 것입니다.

2. 국가에서 제공하는 보험은 더이상 완전하지 않으며 비효율적입니다. 보험사가 설정한 의료기준과 실제 의학적 기준이 다르기 때문입니다. 국가가 개입하지 않는 것이 바람직합니다.

3. 국민건강보험은 독과점 형태로 늘 적자상태입니다. 이 적자를 국민의 세금으로 충당하는 것은 한계가 있습니다. 의료보험 재정의 안정성을 위해서는 국민건강보험의 독과점을 해체하고 민영화가 되어야 합니다.

4. 의료 민영화가 이루어지면 신약 개발을 할 수 있는 투자가 커지고 이는 곧 새로운 기술 개발의 밑거름이 될 것입니다. 의료민영화는 한국의 의료기술이 선진화될 수 있는 효과적인 방법입니다.

5. 의료 민영화로 인하여 의료 고급화가 이루어지고 의료관광수입이 증가하게 됩니다. 외국 환자들이 한국을 찾을 가능성이 높아지게

康保险公团
- 원가 cost price 成本
- 저수가 lower medical charge 低医疗费
- 수가 a medical charge 医疗费用 (直译为酬金)
- 경영난 financial difficulty 经营困难
- 허덕이다 suffer 挣扎
- 비보험 no insurance 非保险
- 중소병원 Small and Medium Hospital 中小医院
- 경영개선 management improvement 改善经营管理
- 비효율적 inefficient 没有效率的
- 독과점 monopoly and oligopoly 垄断
- 적자 deficit 赤字
- 충당하다 replenish 补贴
- 안정성 stability 安定性
- 신약개발 develop a new drug 新药开发
- 밑거름 foundation 基础

- 선진화 advancement 先进化
- 고급화 enhancement 高级化
- 관광수입 tourism income 旅游收入
- 영리병원 profit hospital 营利医院
- 의료관광 health tourism 医疗观光

됩니다. 태국과 싱가포르의 경우, 영리병원이 활성화되면서 의료관광을 발달시킨 나라입니다. 한국도 적극 민영화를 추진해야 합니다.

반대

- 의료민영화
  health care privatization 医疗民营化
- 돈벌이 make money 賺钱
- 재투자하다 reinvest 再投资
- 영리적 commercial 营利
- 시장의 논리 logic of market 市场逻辑
- 영리병원 Forprofithospital 营利医院
- 대형병원 great hospital 大型医院
- 보험사 insurance company 保险公司
- 이득 profit 利益
- 저소득층 ower-income group 低收入人群
- 맹장수술 appendectomy 阑尾手术
- 국민건강보험
  national health insurance 国民健康保险
- 노출 exposure 露出
- 병세기록 record of disease condition 病历
- 보유하다 possess 保有
- 의료 불평등
  health care inequality 医疗不平等
- 약육강식의 법칙
  the law of the jungle 弱肉强食法则
- 국민복지 national welfare 国民福利
- 공공성 publicness 公共性
- 강화 consolidation 强化
- 보건의료제도 health care system 保健医疗制度
- 개혁 reform 改革
- 환자 patien t患者

1. 의료 민영화는 국민의 건강과 생명을 기업의 돈벌이로 전락시킵니다. 한국의 병원들은 의료 서비스를 통해 발생한 이윤을 병원에 재투자하는 형식으로 운영되고 있습니다. 하지만 병원이 민영화되어 영리적으로 변하게 된다면 병원은 외부자본을 이용해 투자에 우선을 두게 됩니다. 국가가 책임져야 하는 국민의 건강관리를 시장의 논리에 맡기는 것은 옳지 않습니다.

2. 영리병원을 인정하면 국민건강보험으로 해결할 수 있는 범위가 적어지고 대형병원과 보험사만 이득입니다. 환자는 의료비용이 더 늘어나게 될 것입니다. 또 저소득층은 의료서비스를 받을 가능성이 없게 됩니다. 의료 민영화가 된 미국에서 맹장수술을 하면 3천만 원이 든다고 합니다. 미국에는 국민건강보험이 없기 때문이다. 몸이 아프면 누구나 병원에 갈 수 있는 세상이 되어야 합니다. 의료민영화는 돈이 있는 사람만 병원에 갈 수 있는 세상을 만드는 길입니다.

3. 의료가 민영화되면 개인정보 노출의 위험성이 있습니다. 민간보험회사가 개인의 병세기록을 보유하고 있습니다. 이런 보험사가 늘어날 경우 자연적으로 개인정보 노출의 위험성이 증가하게 됩니다. 환자의 개인정보는 악용될 위험이 더 큽니다.

4. 의료 민영화는 극심한 의료 불평등을 만듭니다. 국민의 건강에 약

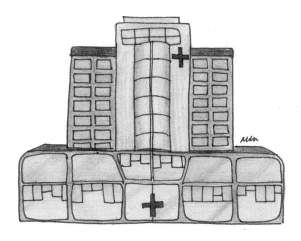

육강식의 법칙이 지배하는 것은 올바르지 않습니다. 의료는 국민복지를 위한 서비스가 되어야 합니다. 민영화보다 의료의 공공성 강화와 보건의료제도 개혁이 필요합니다.

5. 의료 민영화로 외국인 환자가 많아지면 그만큼 내국인 환자들에 대한 의료서비스의 기회가 줄고 질도 악화될 것입니다. 태국이나 싱가포르와 같은 나라는 한국의 여건과 매우 다릅니다. 공공의료가 다수를 차지하고 있어 영리병원이 의료관광을 해도 내국인에게 큰 지장을 주지 않습니다. 그러나 한국의 경우 공공의료기관이 5.9%로 의료가 매우 취약한 상태여서 의료민영화가 진행되면 내국인의 의료 서비스를 보장하기 어렵습니다.

- 내국인 native 国人
- 악화되다 worsen 恶化
- 여건 conditions 条件
- 공공의료 public health care 公共医疗
- 지장을 주다 be disrupted 障碍
- 취약한 weak 脆弱的
- 보장하다 guarantee 保障

한국의 국민건강보험

한국의 의료시스템은 국민이 낸 세금으로 운영하는 '국민건강보험'이 핵심입니다. 국가가 주도합니다. 모든 국민은 병원비를 낼 때 보험비를 제외한 나머지 금액만 내면 됩니다. 돈이 없다고 의료 서비스를 받지 못하는 일은 없습니다. 직장에 다니는 사람은 직장을 통해 보험료를 내고, 직장이 없는 사람은 그 지역 보험료를 냅니다. 소득의 수준에 따라 세대별로 보험료를 다르게 냅니다.

여러분 나라에서는 의료보험을 어떻게 듭니까? 병원에서 나오는 비용을 어떻게 해결합니까? 자신의 나라 병원비와 의료보험 상황에 대해 이야기를 나누어 보세요.

54

담뱃값, 인상해야 한다.

한국 정부는 국민들의 흡연율을 낮추기 위해 2015년에 담뱃값을 2,500원에서 4,500원으로 인상한 바 있습니다. 2019년 기준으로 담배 판매가 인상하기 전보다 17.8% 감소한 것으로 나타났습니다. 담배를 소비할 때 과세하는 세금은 일종의 소비세입니다. 국민들의 건강을 위한다는 명분을 내세우지만 흡연자들이 낸 세금을 올리려는 것이 본래 목적은 아닌지 비판받고 있습니다.

찬성

- 담뱃값 the price of tobacco 烟价
- 흡연율 smoking rate 吸烟率
- 인상하다 raise 涨价, 抬高
- 소비세 consumption tax 消费税
- 명분 justification 名分
- 금연정책 the non-smoking policy 禁烟政策
- 저소득층 downscale 低收入人群
- 청소년 adolescent 青少年
- 감소 decrease 减少
- 흡연인구 the number of smokers 吸烟人口
- 암 사망 deaths from cancer 癌死亡
- 요인 cause 要因
- 간접흡연 Secondhand smoking 间接吸烟
- 일반인 public 普通人
- 비흡연자 nonsmoker 不吸烟者
- 의료비 medical expenses 医疗费

1. 담배 가격을 더 올려야 국민들이 담배를 덜 피우게 됩니다. 국민의 건강을 위해 담뱃값 인상이 필요합니다. 한국은 2015년 2천원 인상 이후에도 여전히 한국의 담뱃값은 OECD 34국가 중 31위였습니다. 흡연율을 낮추려면 담뱃값을 OECD 평균인 7달러(약8천원) 수준이 되어야 합니다. 8천원으로 올렸을 경우, 흡연율은 30% 이하로 떨어질 것입니다. 담뱃값 인상만큼 확실한 금연정책은 없습니다. 국가는 국민의 건강을 보호해야 합니다.

2. 2015년 담뱃값 인상 이후 저소득층이나 청소년들은 점점 담배피는 일이 줄고 있어 담뱃값 인상의 효과는 분명히 나타나고 있습니다. 특히 청소년들의 흡연이 준다는 사실은 미래 흡연인구의 감소를 예

상할 수 있다는 점에서 희망적입니다. 현재 한국의 청소년 흡연율은 고등학생 18%, 중학생 13%로 세계 최고 수준입니다. 담뱃값 인상은 경제력이 없는 청소년에게 가장 효과적인 금연방법입니다. 캐나다의 흡연율이 낮은 이유는 담배 한 갑에 1만 5천 원이기 때문입니다.

3. 담배는 암환자 사망의 30%를 차지하는 위험한 요인입니다. 담배로 인해 숨지는 사람의 수가 해마다 늘어나고 있습니다. 게다가 흡연자뿐 아니라 간접흡연으로 인해 일반인들도 피해를 받고 있습니다. 비흡연자들은 자기 돈을 내고 흡연자들의 병을 치료해주여야 하는 것입니다. 이로 인한 의료비와 조기사망의 손실, 그리고 화재로 인한 손실 등을 계산하면 해마다 약 10조의 경제적 손실이 발생합니다. 담배값의 인상은 반드시 필요합니다.

4. 담뱃값 인상을 반대하는 사람들이 서민증세를 걱정하고 있지만 모든 국민이 세금을 내는 보편증세를 통해 조세의 수준을 높여야 복지지출 수준 또한 올라갑니다. 복지지출이 높은 유럽복지국가들은

- 조기사망 premature death 早期死亡
- 화재 fire 火災
- 경제적 손실 economic loss 经济损失
- 서민증세 tax increase for the ordinary person 平民增税
- 보편증세 universality tax increase 普遍增税
- 조세 taxation 租税
- 복지지출 welfare expenditure 福祉支出
- 간접세 indirect tax 间接税
- 의존도 level of dependence 依赖程度
- 부자증세 taxes on the wealthy 富者增税

간접세의 의존도가 높습니다. 복지국가는 모든 국민에게 세금을 많이 거둬서 모든 국민을 위해 복지지출을 합니다. 부자증세도 필요하지만 근본적으로 보편증세가 더 필요합니다. .

반대

1. 담배는 서민의 대표적인 기호식품입니다. 서민들의 스트레스 해소에 담배는 긍정적인 역할을 합니다. 특히 저소득층일수록 소득에서 담뱃값이 차지하는 비중이 큽니다. 흡연은 그들의 최소한의 위안이 되는 기호품입니다. 담뱃값을 인상하는 것은 서민들에게 부담만 증가시켜 주는 것입니다.

2. 담뱃값의 인상은 국민의 건강에 도움이 되지 못합니다. 담배판매가 감소했다는 보고는 전자담배 판매를 고려하지 않았기 때문입니다. 또한 저출산으로 인해 청소년들의 수가 줄어 담배판매가 줄었을 가능성도 있습니다. 기존 흡연자들은 담뱃값이 오른다고 담배를 끊을 사람이 많지 않습니다. 설문조사에 의하면 금연한 사람들 가운데 담배 가격 때문이라고 한 사람은 5%밖에 되지 않았습니다. 대부분이 건강상의 이유로 담배를 끊고 있습니다.

3. 2015년 담뱃값을 인상했을 때 2016년 담배판매량은 오히려 증가했습니다. 흡연율의 효과는 전혀 없었습니다. 흡연율을 줄이기 위해서는 위험성에 대한 경고나, 금연자에 대한 체계적 관리정책 등을 잘 만드는 것이 바람직합니다.

4. 담배값 인상은 단지 세금을 걷기 위한 증세의 수단일 뿐입니다. 2015년 담뱃값이 인상된 이후 KT&G의 순이익이 1조 322억원으로 급증한 바 있습니다. 국민건강을 핑계로 국가가 세금만 더 받은

것입니다. 담배를 피우는 사람만 세금을 더 내는 것입니다. 불공평합니다.

5. 법인세나 소득세, 재산세는 내리고 서민에게 부담이 되는 간접세만 올리는 것은 문제가 있습니다. 세금은 부자들을 통해 확보하는 것이 바람직합니다. 저소득층이 내는 세금으로 국민전체를 위해 쓰는 방법은 빈부격차를 더 크게 만드는 일입니다.

6. 정부가 나서서 담뱃값을 올려 금연을 유도하는 것은 개인의 자유를 침해하는 것과 같습니다. 흡연자에 대한 역차별입니다. 흡연의 유해성이 크게 부각되다 보니 흡연자를 범죄자처럼 취급하고 있는데 사실 흡연은 개인의 취향이며 기호입니다. 타인에게 피해를 준다면 자유가 제한되어야 하겠지만 과도하게 나가면 결국 흡연자에 대한 역차별이 됩니다.

7. 담뱃값이 또 인상된다면 흡연자들은 싼 담배를 얻기 위해 암시장을 찾을 것입니다. 불법담배는 필터처리가 잘 되어있지 않아 발암물질이 함유될 가능성이 높습니다. 오히려 건강을 해치는 결과를 가져오는 것입니다. 또한 한국담배보다 싼 외국담배를 사서 필 수 있습니다. 정부가 말하는 금연효과는 없을 뿐만 아니라 세수증대도 줄어들 것입니다. 담뱃값 인상을 반대합니다.

- 재산세 property tax 财产税
- 간접세 indirect tax 间接税
- 확보하다 secure 确保
- 유도하다 induce 引导
- 침해하다 invade 侵害
- 역차별 reverse discrimination 逆向歧视
- 유해성 harmfulness 有害性
- 부각되다 stand out 成为
- 범죄자 criminal 犯人
- 취향 taste 志趣
- 기호 taste 嗜好
- 타인 others 他人
- 암시장 black market 黑市
- 불법담배 illegal tobacco 黑烟
- 필터처리 filtering 过滤处理
- 발암물질 carcinogen 致癌物质
- 함유되다 be contained 含有
- 세수 증대 increase in tax revenues 税收增大

세계에서 담배가 가장 비싼 나라는 호주이고, 가장 싼 나라는 나이지리아라고 합니다. 여러분 나라의 담배 가격은 얼마입니까? 여러분 나라에서는 담배를 누가 가장 많이 피우는지 이야기를 나누어 보세요.

55

대마초 합법화해야 한다.

마약에는 아편, 코카인, 모르핀, 헤로인, 양귀비, 대마초 등이 있습니다. 대마초는 일명 '마리화나 marihuana'로 알려져 있습니다. 아주 오래 전부터 중국과 인도 등 여러 지역에서 종교예식을 하는데 쓰여져 왔으나 현대에 와서는 주로 오락용으로 사용되어 이를 법적으로 규제하는 마약으로 취급되고 있습니다. 일부 국가에서는 합법적으로 마리화나를 사용할 수 있지만 한국에서 대마초를 피우면 범죄자로 취급되어 형사처벌을 받습니다. 2018년 2월 13일 청와대 국민청원에 의료용 대마초 합법화 청원이 올라왔다가 실패한 바 있습니다.

찬성

- 마약 drug 毒品
- 아편 opium 鸦片
- 양귀비 poppy 罂粟
- 대마초 marijuana 大麻
- 중국 China 中国
- 인도 India 印度
- 종교의식 a religious ceremony 宗教仪式
- 오락용 recreational 娱乐用
- 법적 legal 法律的
- 규제하다 regulate 控制
- 취급되다 be treated 被作为
- 합법적 lawful 合法的
- 범죄자 offender 犯人

1. 대마초는 기호식품입니다. 기호식품을 금지하는 것은 자유를 제한하는 것입니다. 외국 여러 국가에서 대마초를 합법화하는 것은 대마초의 중독성이 담배보다 덜하고 커피 수준 정도의 것이기 때문입니다. 헤로인, 코카인, 필로폰 등의 마약보다 약한 것으로 알려져 있습니다. 의존도가 가장 높은 것은 오히려 담배입니다. 대마초를 불법이라고 한다면 술과 담배는 물론이고 사탕이나 과자도 불법화해야 합니다. 왜냐하면 사탕이나 과자도 이와 다를 것이 없기 때문입니다. 오히려 이런 식품이 비만과 성인병을 유발하는 유해식품인데 이를 금지하지 않고 있습니다. 자기 스스로 삶의 주인으로서 선택

할 권리를 국가가 과도하게 규제하는 것은 바람직하지 않습니다.

2. 대마초는 다른 사람에게 피해를 주지 않습니다. 대마초는 독성이 없어서 과다복용이 문제가 되지 않습니다. 대마초는 사람을 죽이거나 남에게 해를 입히는 물질이 아닙니다. 대마초에 대한 오해가 많은데 실세로 대마초의 유해성이 뚜렷하게 과학적으로 증명되시 않았습니다. 그런데 이를 불법화하는 것은 인권을 침해하고 헌법정신에 안 맞는 것입니다. 미국 사회에서는 대마초는 폭력성과 비행성이 전혀 관계가 없다고 밝힌 바 있습니다. 그래서 미국은 10개주 이상이 대마초를 허용하는 것입니다. 한 개인에게 환각작용이 일어나고 우울증에 빠진다고 범죄가 생기지 않습니다.

3. 마약 자체의 공포보다 대마초가 무섭다는 공포를 던지는 과장이 심합니다. 범죄예상자를 미리 처벌하는 것이 대마초입니다. 음주운전은 불법이지만 음주 자체는 불법이 아니듯이 대마초를 피우고 난 후의 범죄는 큰 처벌을 받아야 되지만 대마초를 피는 행위 자체에 처벌을 하면 안 됩니다.

4. 스위스의 경우 마약합법화로 범죄율이 급격하게 감소하였고 마약중독자로 인한 사회적 비용도 감소하였다고 합니다. 불법보다 합법화가 오히려 긍정적인 효과가 있습니다. 음지에서 마약을 하고, 이

- 형사처벌 criminal penalty 刑事处罚
- 청와대 국민청원 The Blue House National Petition 青瓦台 国民请愿
- 의료용 medical 医用
- 청원 petition 请愿
- 기호식품 favorite food 嗜好食品
- 중독성 addictiveness 中毒性
- 의존도 level of dependence 依赖程度
- 불법 illegality 不法
- 비만 obesity 肥胖
- 성인병 an adult disease 成人病
- 유발하다 cause 诱发
- 유해식품 health hazard 有害食品
- 과도하게 excessively 过度地
- 독성 toxicity 毒性
- 과다복용 overdose 过量服用
- 인권 human rights 人权
- 헌법정신 the spirit of the constitution 宪法精神
- 미국의사회 American Medical Association 美国医师会
- 폭력성 violence 暴力性
- 비행성 misdeed 不良行为
- 허용하다 permit 容许
- 환각작용 hallucinations 幻觉作用
- 우울증 depression 抑郁症
- 범죄 crime 犯罪
- 공포 fear 恐怖
- 과장 exaggeration 虚夸
- 음주운전 drink and drive 酒后驾驶
- 범죄율 crime rate 犯罪率
- 마약중독자 a drug addict 吸毒者
- 사회적 비용 social cost 社会成本
- 긍정적 positive 肯定的
- 음지 underprivileged part 暗地
- 낙인하다 stigmatize 烙印

들을 범죄자로 낙인하는 것보다 합법화하는 것이 나은 방법입니다. 마약이 불법화되면 마약값이 비싸지고 범죄도 그만큼 늘어나게 됩니다. 마약의 불법화가 마약의 확산을 더욱 크게 만드는 것입니다.

5. 대마초는 의학 용도로 쓰이는 경우가 많습니다. 말기 암환자의 통증을 줄여주고 구토를 감소시켜 주고 에이즈 환자에게도 쓰이는 약물입니다. 대마초는 녹내장이나 심장병 환자에도 해외에서 이미 치료용으로 쓰고 있습니다.

6. 대마초는 상업적인 활용도가 높은 식물입니다. 대마초가 합법화되면 경제성장에도 도움이 될 것입니다. 또한 국가의 재정수입도 증가될 것입니다.

7. 합법화하지 않으면 암시장이 커질 것입니다. 또한 품질관리가 되지 않은 해로운 물질이 첨가된 것도 유통될 것입니다. 합법화가 더 안전하게 관리할 수 있는 길입니다.

반대

1. 대마초는 건강에 해로운 물질입니다. 대마초는 적은 양으로 강력한 진통작용과 마취작용이 일어나는 약입니다. 대마초를 계속 피우면 환각증세가 심하고 기억력이 감퇴하는 등 부작용이 큽니다. 그밖에도 대마초의 유해성은 충분히 입증되었습니다. 정자수의 감소, 월경주기의 변화, 호르몬의 변화, 면역체계 약화 등 신체적인 유해성이 있고, 정신적으로는 대마초가 우울증을 4배 이상 높이며 정신분열증

발병률을 2배 이상 높이는 것으로 보고된 바 있습니다. 마약을 합법화하는 것은 국민 건강을 해치는 아주 위험한 일입니다.

2. 필로폰 투약 사범들의 90%가 대마초를 피운 것으로 알려져 있습니다. 대마초로 시작해서 점점 더 자극이 큰 마약을 원하게 되는 것입니다. 담배나 술에 비해 중독성이 강합니다. 한 번 하면 끊을 수 없게 되어 정상적인 생활을 할 수 없기 때문입니다. .

3. 신체적인 의존이 적다고 해서 대마초 중독을 가볍게 보아서는 안 됩니다. 심리적 의존이 강한 중독이 더 무서운 것입니다. 개인의 파괴뿐 아니라 가정이 파괴되고 사회에 악영향을 미칩니다. 특히 청소년들에게 대마초가 노출되면 그 악영향은 심각해집니다.

4. 마약에 중독된 사람들 99%가 자신이 중독되었다는 생각을 안 합니다. 그래서 치료를 받으러 오지도 않습니다. 대마초는 스스로 조절하고 절제하기 어려운 마약입니다. 또한 대마초를 피운 사람들 중 반 이상이 마약세계에 입문한 것으로 보고되고 있습니다. 대마초가 입문용 마약이 되고 있는 것입니다.

5. 대마초를 피우는 것 자체가 범죄는 아니지만 그 약물 자체가 범죄를 야기하기 때문에 합법화하면 안됩니다. 대마초는 현실과 환상을 구분하지 못하고, 피해망상이 와서 범죄충동까지 일어나게 하는 단계로 진전되는 것입니다.

- 정신적 psychological 精神的
- 우울증 depression 抑郁症
- 정신분열증 schizophrenia 精神分裂症
- 발병률 incidence rate 发病率
- 투약 사범 drug offender 吸毒犯
- 자극 stimulate 刺激
- 마약 drug 麻药
- 중독성 toxicity 中毒性
- 폐인 disabled person, crock 废人
- 남용 abuse 滥用
- 규제 regulations 规制
- 의존 dependence 依靠
- 악영향 bad influence 坏影响
- 입문하다 enter 入门
- 불법화 illegalization 非法化
- 야기하다 cause 引起
- 환상 illusion 幻想
- 피해망상 paranoia 被害妄想
- 범죄충동 urge to commit a crime 犯罪冲动
- 진전되다 be progressed, 进展

여러분 나라에서는 대마초가 합법입니까? 혹시 대마초를 피워본 적이 있습니까? 서로 이야기를 나누어 보세요.

한국인의 술문화·음주문화

한국인은 세계적으로 술을 많이 마시는 사람들로 알려져 있습니다. 한국인이 술을 마시는 이유는 대부분 스트레스를 해소하기 위해서입니다. 영국의 〈가디언(Guardian)〉은 세계에서 술을 많이 마시는 도시 중의 하나로 서울을 꼽았습니다. "회식이 많은 직장문화의 영향으로 한국인은 술을 많이 마신다"고 보도했습니다.

한국인의 술문화는 한국의 오랜 유교적 사회규범과 관련이 있음을 알 수 있습니다. 한국 사회의 특징은 한 개인의 독립적인 존재보다 가족이나 직장 등의 집단적 관계 속에서 존재합니다. 그리고 이 집단주의에는 위계적인 서열이 존재하고 처음 술을 마실 때부터 아버지 혹은 학교 선배 등을 통해 일종의 통과의례를 거쳐야 하기 때문에 강압적으로 술을 마시게 되는 경우가 많습니다. 한국 술문화의 기본적인 특징은 유대감을 강조한다는 것입니다. 이로 인해 한국인은 술을 더 마시고 취하게 됩니다.

한국인들은 혼자서 술을 마시는 사람은 많지 않습니다. 대부분 술을 따라주고 잔을 부딪치는 대작을 합니다. 술을 권하고 술잔을 돌려마시는 것도 좋아합니다. 그뿐만 아니라 폭탄주를 만들어 마시면서 고조된 분위기를 즐기기도 합니다.

한국인의 술문화에서 독특한 점은 여성이 다른 남성에게 술을 따라주지 않는 것이 일반화되어 있다는 점입니다. 남편이나 아버지의 경우가 아니면 술을 따라주지 않는 것이 예의처럼 되어 있습니다. 물론 지금 젊은 세대는 그렇지 않은 경우가 많습니다.

통계에 의하면 한국인은 일주일에 평균 13.7잔의 소주를 마신다고 합니다. 한국인이 가장 많이 마시는 술은 맥주, 소주, 막걸리이고 가장 자주 마시는 술은 소주, 맥주, 청주입니다. 소주와 맥주를 섞은 것을 보통 '소맥'이라고 하는데 한국인이 즐겨 마시는 방법입니다. 그리고 술을 마실 때는 술만 마시지 않고 꼭 안주를 함께 먹는 문화가 있습니다. 술을 많이 마시는 것에 비해 알콜중독자가 적은 것은 안주를 함께 먹기 때문입니다. 술자리는 보통 직장에서 일이 끝나면서 시작되는데 1차, 2차로 자리를 옮겨가며 여러 번 술을 마시는 경우가 많습니다. 술을 마시고 나올 때 술값을 서로 내겠다고 싸우는 것을 종종 볼 수 있는데 이는 한국에서만 볼 수 있는 풍경입니다.

한국인과 술을 마셔본 적이 있습니까? 한국에서 술을 마시는 방법이 어떤지 알아보시고 한국인의 음주문화에 대해 이야기를 나누어 보십시오. 그리고 자신의 나라 음주문화와 비교해 보십시오.

56

원자력 발전소 증설, 중단해야 한다.

원자력 발전소는 원자로에서 연료인 원자의 핵분열에 의해 만들어진 열에너지로부터 전기를 생산하는 발전소입니다. 한국은 원자력 발전소 의존도가 높은 상황이며 총 21기가 가동 중이고 2030년까지 약20여기를 늘릴 예정입니다. 일본 대지진으로 인해 원자력 발전소의 안정성에 대한 논란이 가중되고 있습니다. 안정성, 경제성, 대체성 등이 이 토론의 쟁점입니다.

찬성

- 원자력 nuclear power 原子能
- 발전소 power plant 发电站
- 증설 establish more 增设
- 원자로 nuclear reactor 核反应堆
- 연료 fuel 燃料
- 원자 atom 原子
- 핵분열 nuclear fission 核分裂
- 열에너지 thermal energy 热能
- 전기 electricity 电气
- 발전소 power plant 发电站
- 의존도 dependence 依赖度
- 가동중이다 in service 运转中, 工作中
- 기(機) a machine 机, 机组
- 대지진 big earthquake 大地震
- 안정성 stability 安定性
- 가중되다 aggravate 加重
- 위험성 dangerousness 危险性

1. 원자력 발전소가 주는 위험성은 엄청납니다. 안전성을 보장할 수 없습니다. 아무리 안전하다고 해도 방사능유출과 같은 사고가 한 번 발생하게 되면 그 피해는 장기적이고 대규모입니다. 원자력 발전소를 증설하게 되면 사고의 가능성을 높이는 일이 될 수 있습니다. 더 이상의 원자력 발전소 설치는 막아야 합니다.

2. 다른 나라의 사례를 보면 원자력발전의 위험성을 인지하고 원전을 폐지하거나 줄이고 있는 상황입니다. 최근 한국에서 지진이 일어나고 있고 대규모 자연재해로부터 안전하지 않습니다. 발전소의 증설보다는 기존 원자력 발전소의 안전에 대한 대비책을 마련해야 합니다.

3. 원자력 발전소가 세워질 수 있는 장소가 없습니다. 원자력 발전소

근처 지역 주민들의 갑상선 암 발생 비율이 높다는 결과가 알려지고 있습니다. 원자력 발전소 위치 선정은 주민들의 동의를 얻어내지 못하고 불신과 반발을 초래할 것입니다.

4. 원자력 발전은 안전하지 않습니다.

대체 에너지를 개발하는 것이 더 바람직합니다. 장기적으로 보았을 때 원자력보다 대체에너지가 비용적으로 이익입니다. 원자력 발전소 폐로비용이 엄청납니다. 핵폐기물을 처리하기 위해 추가비용이 들기 때문에 경제적이지 않습니다.

5. 원자력은 그 자체가 생명체에게 유해합니다. 건강에 악영향을 끼칩니다. 방사능에 피폭될 경우 세포조직의 손상은 물론이고 기형아 출산까지 인간에게 엄청난 피해를 주게 됩니다. 인간뿐 아니라 모든 생명체에 피해가 되는 것이 원자력 사고입니다. 체르노빌 원전사고 발생지역, 후쿠시마 원전사고 발생 지역 모두 암발생 비율이 높습니다.

6. 환경의 문제는 한 번 사고가 났을 경우 상상하기 어려운 환경문제를 야기하게 됩니다. 원자력이 결코 환경문제가 없는 에너지라고 할 수 없습니다. 돌이킬 수 없는 재앙을 부릅니다. 원자력 발전을 중지하고 신재생 에너지 기술을 발전시켜야 합니다.

7. 원자력은 값싼 에너지가 아닙니다. 원자력 발전의 원가만을 기준으로 경제성을 판단하는 것은 문제가 있습니다. 원자력 발전은 사후

- 방사능 유출 radioactive effluent 放射能泄漏
- 장기적 long-term 長期的
- 대규모; large scale 大規模
- 증설 establish more 增設
- 설치 installation 設置
- 사례 example 事例
- 원전 power plant 原子能发电站
- 폐지 abolition 廢止
- 지진 earthquake 地震
- 자연재해 natural disaster 自然災害
- 증설 establish more 增設
- 대비책 provision 对策
- 갑상선암 thyroid cancer 甲状腺癌
- 발생비율 incidence rate 发生率
- 선정 selection 选定
- 동의 agreement 同意
- 불신 distrust 不信任, 不信
- 반발 opposition 抵制, 反抗
- 대체 에너지 alternative energy 替代能源
- 폐로 decommissioning 反应堆退役
- 핵폐기물 nuclear waste 核废料
- 추가비용 additional expenses 附加费
- 생명체 life 生命体
- 유해 harmful 有害
- 피폭되다 be bombed 辐射暴露
- 세포조직 cellular tissue 细胞组织
- 손상 damage 损伤
- 기형아 deformed child 畸形儿
- 재앙 disaster 灾害
- 신재생 에너지 new renewable energy 可再生能源
- 사후관리 follow-up management 事后管理

283

관리 측면에서 핵폐기물을 안전하게 관리하고 처리, 처분할 수 있는 추가 비용이 발생합니다. 사고 후 처리비용까지 고려해 보았을 때 원자력발전은 절대 값싼 에너지라고 할 수 없습니다.

반대

- 원자력 nuclear energy 原子能
- 석유 oil 石油
- 방울 drop 点, 滴
- 수입 import 进口
- 조달하다 purvey 筹措, 筹集
- 소비량 consumption 消费量
- 의존하다 depend 依靠
- 석유파동 an oil crisis 石油危机, 石油波动
- 저비용 low cost 低成本, 低费用
- 고효율 high efficient 高效率
- 태양열 solar 太阳能
- 수력 hydraulic power 水力
- 지형상 제약 topographic constraint 地形上的制约
- 자본투자 capital investment 资本投资

1. 한국은 석유가 한 방울도 나지 않는 나라입니다. 석유를 모두 수입해 와야 하는 처지입니다. 원자력을 대체할 에너지가 충분하지 않기 때문에 원자력 발전소를 증설해야만 에너지를 조달할 수 있습니다. 한국의 에너지 소비량은 해마다 급격히 증가하고 있습니다. 언제까지 석유에 의존할 수 없습니다. 석유파동이 일어나면 석유 가격이 올라갈 것이고 에너지를 수입하는 한국은 엄청난 부담을 가지게 될 것입니다. 원자력 에너지는 현재 실현 가능한 저비용 고효율 에너지입니다.

2. 태양열, 풍력, 수력과 같은 에너지들은 지형적으로 제약이 많고 초기 자본이 많이 들어갑니다. 이에 비해 원자력 에너지는 많은 에너

지를 한꺼번에 생산할 수 있기 때문에 투자 비용에 비해 에너지량이 현저하게 높습니다. 원자력 발전소의 증설은 불가피합니다. 우리에게 안정적인 에너지를 공급할 수 있는 것은 원자력입니다. 원자력이 가장 효율적인 에너지원입니다. 대체 에너지 개발에 관한 기술이 많이 부족한 상태에서 원자력 발전소는 증설되어야 합니다.

3. 환경의 문제를 생각할 때 지구온난화를 막아줄 대표적인 에너지가 원자력입니다. 지금의 화력발전소를 대체할 것은 원자력뿐입니다. 친환경적 자원은 원자력 에너지입니다. 우리나라는 석탄과 같은 화석연료에 의존하는 에너지 소비가 83%입니다. 온실가스 배출문제도 심각합니다. 석유와 석탄과 같은 에너지는 이산화탄소의 양이 증가해 지구 온난화를 가속시키고 환경을 오염시키는 결과를 낳게합니다. 반면 원자력은 이산화탄소 배출량이 석탄 발전의 100분의 1이기 때문에 환경보존 측면에서 효과적입니다.

4. 원자력 발전소의 증설로 일자리 창출과 같은 부가적인 이득도 얻을 수 있습니다. 원자력 발전소가 생기면 지역 사회 경제적인 성장을 이룰 수 있습니다. 건설인력과 기술인력이 필요하여 일자리가 많이 늘어나게 됩니다.

5. 원자력의 위험은 과장된 것입니다. 한국의 원자력 발전소는 세계 최고수준의 기술력을 자부합니다. 안전성을 걱정할 필요는 없습니다. 해외 원자력 발전소를 한국에 맡기는 국가가 많습니다. 이것은 한국의 원자력 기술이 세계 최고임을 증명하는 것입니다.

- 현저하게 remarkably 显著地
- 증설 increase 增设
- 지구온난화 global warming 全球变暖
- 친환경적 자원 environment-friendly resource 环保资源
- 화석연료 fossil fuels 化石燃料
- 의존하다 depend 依靠
- 온실가스 greenhouse gas 温室气体
- 배출 emit 排出
- 환경 environment 环境
- 오염 pollution 污染
- 이산화탄소 carbon dioxide 二氧化碳
- 배출량 emissions 排出量
- 석탄 coal 煤
- 수준 level 程度, 水平
- 지구환경보존 global environment preservation 地球環境保护
- 일자리 창출 job creation 创造就业机会
- 과장되다 be exaggerated 夸张

🙍‍♂️🙍‍♀️ 여러분 나라에 원자력 발전소가 얼마나 많습니까? 여러분 나라에서 가장 많이 쓰는 에너지원은 무엇인지 이야기를 나누어 보세요.

285

57

GMO(유전자조작)식품, 개발 중단해야 한다.

GMO란 Genetically Modified Organism의 약자로 유전자 변형 농산물을 말합니다. 흔히 유전자 조작 식품 혹은 유전자 변형 식품이라고 합니다. 1999년 한국에서 두부에 유전자 변형 콩이 있다는 조사가 발표되어 충격을 준 일이 있습니다. 2000년부터는 GMO식품 표시제가 시행되고 있습니다. 세계 콩 재배 면적의 77%가 유전자 콩을 재배한다고 합니다. 건강, 기술의 효용성 등의 문제로 논란이 되면서 GMO식품 완전표시제에 대한 주장이 확대되고 있습니다.

찬성

- 약자 abbreviation 缩略语
- 유전자 遗传基因
- 변형 variation 变形
- 농산물 agricultural products 农产品
- 조작 manipulation 操作
- 두부 tofu 豆腐
- 조사 investigation 调查
- 충격 shock 刺激
- 표시제 labeling system 标识制
- 시행 enforcement 施行
- 콩 bean 豆
- 재배 cultivation 栽培
- 면적 area 面积
- 효용성 utility 效用性
- 논란 controversy 争议

1. GMO식품은 안심할 수가 없습니다. 우리의 먹거리 안전이 위험합니다. 건강이 위협받습니다. 유전자 변형에 대한 연구는 길어야 30년 정도입니다. 아직 안전하다고 검증받은 것이 아닙니다. 장기적으로 볼 때 사람에게 어떤 일이 발생할지 모릅니다. 어린이가 GMO식품을 오랫동안 섭취할 경우 여성 호르몬의 양이 많아진다는 보고가 있습니다. 바이오 기술 회사들이 개발한 결과물을 공개하지 않고 있습니다. 먹어도 안전하다는 결론이 나오기 전까지 개발은 제한해야 합니다.

2. GMO식품은 생태계를 위협할 수 있습니다. GMO식품을 위한 소수

의 품종으로 농사가 이루어지면 다른 생물들의 먹이사슬에 영향을 주게 되고 다른 생물에게도 피해를 줍니다. 특히 토종 품종들이 멸종될 위험이 있습니다. 생물의 다양성이 감소되고 돌연변이가 나타나는 등 생태계가 교란, 파괴될 것입니다. GMO식품으로 인해 GMO식품을 키우지 않는 농업인들이 손해를 보게 됩니다. 특정집단이 GMO식품을 독점하게 되는 경우 엄청난 피해가 예상됩니다. GMO는 정부가 아닌 정부의 지원이나 협력을 바탕으로 바이오 기술 기업들이 개발하는 것입니다. 이들이 이익창출에만 집중하게 될 경우 기술의 독점권이 생기게 되고 그 피해는 농업인과 국민들에게 돌아갑니다.

3. GMO를 개발하고 생산하는 특허권을 지닌 다국적 기업이 기술을 독점하여 이윤을 추구하게 되면 빈곤국은 여전히 빈곤을 벗어나지 못할 것입니다. 식량난을 겪고 있는 나라들은 가난한 국가들입니다. 그들에게 정말로 필요한 것은 스스로 일어설 수 있는 경제 개발 정책입니다. 단순하게 식량을 많이 생산한다고 해결되는 문제는 아닙니다. GMO는 빈곤국의 경제를 선진국에 더욱 종속시킬 뿐입니다

4. 환경오염의 문제도 심각해집니다. 환경단체 그린피스에 의하면 GMO 작물로 인한 환경오염 사고가 216건이 넘습니다. 한 번 심은

- 완전표시제 full labeling system 完全标识制
- 안심 relief 安心
- 먹거리 food 吃的
- 섭취하다 intake 摄取
- 호르몬 hormone 激素
- 생태계 ecosystem 生态系统
- 위협 threat 威胁
- 품종 varieties 品种
- 먹이사슬 food chain 食物链
- 토종 a native species 土种
- 멸종 extinction 灭种
- 돌연변이 mutant 突变
- 교란 disturb 搅乱
- 파괴 destruction 破坏
- 독점 monopoly 独占
- 협력 cooperation 协力
- 독점권 exclusive right 独占权
- 특허권 patent 专利权
- 빈곤국 poor country 贫困国家
- 식량난 the difficulty of obtaining food 粮食短缺
- 정책 policy 政策
- 종속시키다 subordinate 使…从属
- 작물 crop 作物
- 환경오염 environmental pollution 环境污染
- 종자 seed 种子
- 수거하다 collect 回收
- 제초제 weedkiller 除草剂
- 대규모 large scale 大规模
- 경작지 arable land 耕地
- 인력 manpower 人力
- 대체하다 substitute 代替

GMO 종자가 문제를 일으켰을 때 100% 수거할 수 없습니다.

5. GMO 작물 중에서 가장 많이 활용되는 것은 제초제 내성 유전자를 넣은 작물입니다. GMO가 식량문제를 해결한다는 목적보다는 대규모 경작지에 비행기나 헬기로 제초제를 뿌리면서 인력을 줄이고 손쉬운 농업을 하기 위해 개발되는 경우가 훨씬 많습니다.

반대

- GMO식품
  Genetically Modified Organism
  food 转基因食品
- 농업 생산 agricultural production
  农业生产
- 농업인 farm workers 农业人
- 식량 food 粮食
- 최소비용 minimum cost 最少费用
- 최대효과 maximum effect 最大
  效率
- 생산성 productivity 生产率
- 투입재 input material 投入材料
- 절감 reduction 节减
- 억 hundred million 亿
- 혜택 benefit 惠泽
- 부작용 side effect 副作用
- 품종 variety 品种
- 인공적 artificial 人工的
- 번식력 reproductive rate 繁殖力
- 품종 개량 bread improvement
  品种改良
- 진화 evolution 进化
- 생물체 an organism 生物体
- 유해성 harmfulness 有害性
- 시판 come to the market 上市销售
- 독성 toxicity 毒性
- 안정성 stability 稳定性
- 대안 alternative 应对方案, 对策
- 영양소 nutrient 营养素
- 공급 supply 供给

1. GMO식품은 생산에 드는 비용을 줄여 농업인들의 이익을 증가시킵니다. 같은 시간 내에 더 많은 양을 생산할 수 있어 식량가격이 안정됩니다. 최소비용으로 최대효과를 낼 수 있는 식품입니다. GMO 작물은 생산성을 높이고, 투입재를 감소시켜 생산비용을 절감시키는데 중요한 역할을 하는데, 엄청난 경제적 효과를 창출하였습니다. 농민들은 경제적 혜택을 받을 것입니다.

2. GMO식품은 체계적이고 안전한 검사를 받기 때문에 부작용이 발생하지 않습니다. GMO 품종은 아주 자연적인 것입니다. 인공적으로 번식력이 좋고 좋은 품질의 품종을 생산해내기 위해 오랫동안 농부들이 한 행위와 큰 차이가 없습니다. 품종개량한 것은 아무렇지도 않게 먹으면서 GMO식품을 반대하는 것은 모순입니다. 유전자 변형식품은 진화에 의해 나타난 생물체와 다를 바가 없습니다. 그리고 사람이나 동물에 대한 유해성이 입증된 사례는 한 건도 없습니다. 과학적으로 증명된 경우에만 시판이 허용되고 있기 때문에

지나친 걱정은 하지 않아도 될 것입니다. 독성이 있는지, 알레르기를 일으키지 않는지 등 안정성 검사를 하고 있습니다.

3. GMO식품은 세계 식량문제를 해결할 수 있는 대안입니다. 영양소가 일반 식품과 차이가 없으며 가격은 더 싸기 때문에 효율적으로 식량공급을 할 수 있습니다. 따라서 개발도상국, 빈민국의 기아문제를 해결해 줄 수 있습니다. 세계 곳곳에서 식량 부족이 심화되면서 어린 아이들이 죽어가고 있습니다. 유엔식량농업기구^FAO는 2050년 세계인구가 91억 명, 아시아와 아프리카 인구가 각각 51억, 19억 명이 될 것으로 전망하고 있습니다. 식량은 지금보다 약 2배가 더 필요할 것이라고 합니다.

4. GMO식품은 지구의 기후변화로 인한 굶주림을 예방해 줄 수 있습니다. 지구의 온도는 계속 올라가고 있습니다. 이러한 일이 계속 발생하면 농작물 수확도 줄어들고 식량도 확보하기 어렵게 됩니다. 미래 식량 공급을 확보하기 위해서는 GMO식품의 개발이 필요합니다. 식물이 자라기 어려운 지역에서도 자랄 수 있게 하는 것은 유전자 변형식물을 개발하는 일 뿐입니다.

5. GMO식품 개발은 농약사용이 크게 줄어들기 때문에 환경에 오히려 도움이 될 것입니다. 해충에 강하고 수확량이 많은 유전자를 넣은 농작물을 재배하면 살충제나 제초제와 같은 농약 사용을 줄일 수 있습니다. 유전자 변형 식품 개발을 통해 생명과학기술의 발전과 함께 궁극적으로 인류에 큰 도움이 됩니다.

우00 여러분은 GMO식품 중 어떤 것을 먹어본 적이 있습니까? 맛이 어떤지, 경험을 이야기해 보세요.

- 개발도상국 developing country 发展中国家
- 빈민국 poor country 贫民国
- 기아문제 hunger problem 饥饿问题
- 식량부족 shortage of food 粮食短缺
- 예상하다 forecast 预料
- 황금쌀 gold rice 黄金大米
- 특허권 patent rights 专利权
- 기후변화 climate change 气候变化
- 굶주림 starvation 饥饿
- 농약 agricultural pesticides 农药
- 해충 harmful insect 害虫
- 수확량 crop, yield 收获量
- 농작물 crops 农作物
- 재배 cultivation 栽培
- 살충제 insecticide 杀虫剂
- 제초제 herbicide 除草剂
- 생명과학기술 Life Science and Technology 生命科学技术
- 궁극적으로 ultimately 终极的
- 인류 human race, humankind 人类

58

배아 줄기 세포 연구 추진해야 한다.

배아줄기세포란 배아의 발생과정에서 추출한 세포를 말합니다. 이 세포는 미분화된 세포이지만 모든 조직의 세포로 분화할 수 있는 능력을 지니고 있습니다. 한국에서 배아줄기 세포는 황우석 교수의 연구로 큰 이슈가 되었습니다. 사람의 배아줄기 세포를 만드는데 성공해 세계적인 주목을 받았기 때문입니다. 그러나 이 연구에 대한 우려와 기대가 동시에 존재하는 것이기에 아직도 논란이 되고 있습니다.

찬성

- 배아줄기세포 embryonic stem cell 胚胎干细胞
- 배아 embryo 胚芽
- 추출한 extract 提取的
- 세포 cell 细胞
- 미분화 being undivided 未分化
- 조직 tissue 组织
- 분화하다 divide 分化
- 주목 attention 注目
- 우려 worry 忧虑
- 기대 expectation 期待
- 동시에 at the same time 同时
- 불치병 a terminal disease 不治之症
- 난치병 incurable disease 难治之症
- 치료 treatment 治疗
- 가능성 possibility 可能
- 파킨슨병 Parkinson disease 帕金

1. 배아줄기세포 연구는 불치병, 난치병 치료의 가능성을 열어줍니다. 파킨슨병, 당뇨병, 선천성 면역결핍증, 그밖에도 여러 가지 난치병 등의 치료에 이용될 수 있습니다. 2005년 보도된 기사에 따르면 국내 연구팀이 난치병, 불임 등 많은 질병을 치료하는데 체세포를 복제하는 방식으로 치료용 배아줄기 세포를 만드는 데 성공했다고 합니다. 배아줄기세포 실험을 통해 난치병을 치료할 수 있는 희망이 있습니다. 이 연구를 적극 추진해야 합니다.

2. 배아는 인간과 동등한 세포가 아닙니다. 수정한 지 14일이 되지 않은 세포는 착상이 불가한 세포입니다. 착상의 과정을 거치지 않으

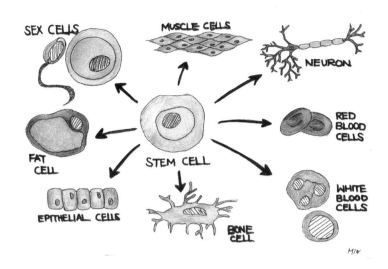

면 절대 인간이 될 수 없는 것이 배아세포입니다. 따라서 수정한 지 14일 이전의 배아세포를 이용하는 실험은 생명의 윤리에 어긋나지 않습니다. 배아줄기세포는 그 자체로 완전한 인간으로 성장할 수 없기 때문입니다. 14일 미만의 수정란만 사용하기 때문에 인간이라고 보기 어렵습니다. 죽어가고 있는 환자들의 생명이 중요할까요. 아니면 아직 생명체도 아닌 배아세포를 중요하게 생각해야 할까요.

3. 한국은 장기기증의 수가 매우 적습니다. 따라서 배아줄기세포로 이식용 장기를 대량생산할 수 있어 장기수급의 불균형을 해결할 수 있습니다. 자신의 줄기세포를 복제시켜서 필요한 부분에 놓으면 저절로 그 부분의 세포로 변합니다. 배아줄기 세포는 장기이식에 꼭 필요한 연구입니다.

4. 면역거부반응에 대한 걱정은 안하셔도 됩니다. 면역거부반응이란

다른 사람 또는 다른 동물의 장기를 이식할 경우 나타나는 부작용을 말합니다. 배아줄기세포는 이러한 면역거부반응을 전혀 일으키지 않는 치료용 줄기 세포를 만들어낼 수 있습니다.

5. 배아줄기세포 연구는 생명과학기술을 발전시킬 수 있습니다. 주요 국가들이 줄기세포 연구에 열을 올리고 있습니다. 줄기세포를 이용한 약품 시장이 2020년 약 70조에 이른다고 합니다. 국가의 큰 수입원이 되는 배아줄기 세포 연구를 적극 지원해야 합니다.

반대

1. 배아줄기세포는 하나의 생명체입니다. 배아는 곧 인간이 될 수 있는 생명 세포라는 말입니다. 이를 실험으로 활용하는 것은 윤리적으로 큰 문제입니다. 실험을 하기 위해서는 대량의 난자가 필요한데 이러한 생명체를 실험하고 돈벌이로 이용하고, 살생하는 것은 생명윤리에 어긋나는 것입니다. 생명을 파괴하는 행위이자 인간의 존엄성을 해치는 것입니다.

2. 배아줄기세포를 이용한 약과 장기 교체는 엄청난 비용을 필요로 합니다. 난치병을 누구나 고칠 수 있는 게 아닙니다. 부자들만이 배아줄기세포를 이용할 수 있고 이는 결국 부자들만을 위한 기술이 될 것입니다. 가난한 사람들에게 상대적 박탈감을 주게 되면 우리 사회의 양극화 현상은 더욱 심화될 것입니다.

3. 배아줄기세포 연구가 확대되면 미래에 복제된 인간이 만들어질 수 있으며 우성인간이 출현하여 새로운 계급이 만들어질 수도 있습니다. 끔찍한 미래가 예견됩니다. 배아줄기 세포 연구는 금지되어야 합니다.

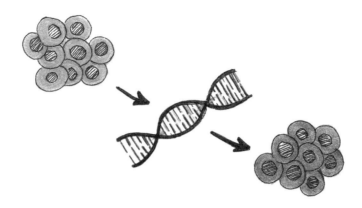

4. 배아줄기세포를 이용한 장기교체 등이 허용된다면 난자매매와 같은 범죄가 생길 것입니다. 난자채취를 위해 유도주사를 놓게 되는데 이로 인해 여성착취, 인신매매 등의 사회문제가 확산됩니다. 무엇보다 가장 큰 문제는 인간복제로 악용될 가능성이 있다는 것입니다. 이는 인간경시풍조로도 이어집니다.

5. 배아줄기세포는 분화가 완료되지 않은 세포입니다. 면역거부반응이 일어날 가능성이 있습니다. 배아줄기세포가 증식이 잘되고 다양하게 분화되지만 조절이 어렵고 조직이 혼합되어 생긴 종양이 생길수 있습니다. 이는 암세포가 될 수 있다는 말입니다. 이러한 변이로인해 현재 사람에게 적용되지 않고 있습니다. 인간의 면역체계는 본인의 것이 아닌 세포를 받아들일 때 면역거부반응을 일으킵니다. 부작용이 심각합니다.

여러분은 인간복제를 상상해 본 적이 있습니까? 인간이 정말로 복제된다면 어떤 일이 생길까요? 서로 재미있는 이야기를 나누어 보세요.

的将来
- 예견되다 be foreseen 预见
- 장기교체 replacing organs 脏器替换
- 난자매매 egg trading 卵子交易
- 난자채취 collection of eggs 采卵
- 유도주사 induced injection 诱导注射
- 여성착취 women exploitation 剥削妇女
- 인신매매 human trafficking 人身买卖
- 인간복제 human cloning 克隆人类
- 악용되다 be abused 被恶意利用
- 인간경시풍조 the cheapening of human life 轻视人命风潮
- 분화되다 be divided 分化
- 완료되다 be completed 完了
- 면역거부반응 mmunorejection 免疫排斥反应
- 조절 control 调节
- 혼합되다 be mixed 混合
- 종양 tumor 肿瘤
- 암세포 cancer cell 癌细胞
- 변이 transition 异变
- 면역체계 immune system 免疫系统
- 부작용 side effect 副作用

59

게임중독은 질병이 아니다

WHO세계보건기구가 게임중독을 질병으로 분류하는 결정을 내렸습니다. 이로 인해 관련업계의 반발이 심합니다. 특히 게임강국으로 알려진 한국에도 영향이 크게 미칠 것으로 예상됩니다. 한국의. 문화체육관광부에서는 과학적 근거가 없기 때문에 WHO의 결정을 재고해 달라는 공동성명을 냈습니다. 게임중독이 병이라 할 경우, 한국의 게임산업은 물론이고 한국의 교육에도 큰 영향을 미치게 됩니다.

찬성

- 게임중독 game addict 游戏成瘾
- 질병 disease 疾病
- 분류하다 classify 分类
- 결정 decision 决定
- 관련업계 related industry 相关业界
- 반발 resist 抵制, 反抗
- 게임강국 Game powerful nation 游戏强国
- 문화체육관광부 the Ministry of Culture and Sports. 文化体育观光部
- 과학적 scientific 科学的
- 근거 basis 根据
- 제고하다 enhance 提高
- 공동성명 joint communique 联合声明
- 뇌 brain 脑

1. 게임중독은 질병이 아닙니다. 미국의 한 대학 연구에서 게임은 오히려 뇌의 나이를 젊게 만든다는 효과를 입증한 바 있습니다. 게임은 뇌의 기능을 향상시키는데 도움이 됩니다. 게임중독이 질병이면 커피중독도 질병이고, 쇼핑중독도 질병입니다. 중독이 좋은 것은 아니지만 질병으로 분류하는 것은 문제가 있습니다.

2. 게임중독에 대한 명확한 기준을 객관적으로 세우기 어렵습니다. 미국의 의학계에서 게임중독은 알코올이나 마약보다 금단 증상이 덜해서 중독으로 분류하지 않고 있습니다. 아직까지 게임 중독에 대한 기준이 없습니다.

3. 게임중독이 질병이라고 할 경우 현재 적극적으로 발달하고 있는 한국의 게임산업이 위축될 것이며 더불어 한국의 게임문화, 그리고 관련된 직업 등에 모두 큰 타격을 받게 될 것입니다. 한국에서 게임이 차지하는 비중이 아주 크기 때문입니다. 보다 신중하게 결정을 내려야 합니다.

4. 게임 중독을 예방하고 규제하기 위해서는 보다 현실적이고 적극적인 규제 방안이 도입되어야 합니다. 게임이라는 카테고리에 질병이라는 개념이 떠오르게 되면 게임중독이 사라지기보다는 음지화된 게임이 활성화될 가능성이 큽니다.

- 입증하다 demonstrate 举证
- 기능 function 功能
- 명확한 clear 明确的
- 기준 standard 基准
- 객관적으로 objectively 客观的
- 마약 drug 毒品
- 금단증상 withdrawal symptom 戒断反应
- 게임산업 game industry 游戏产业
- 위축되다 subside 萎缩
- 타격 damage 打击
- 예방하다 prevent 预防
- 규제하다 regulate 控制
- 음지화 shady spot 背地化, 地下化
- 활성화 revitalization 激活

반대

1. 게임중독은 건강에 심각한 영향을 주는 질병입니다. 한 연구 논문에 따르면 게임에 중독된 뇌는 마약에 중독된 뇌처럼 변한다고 합

- 게임중독 game addict 游戏成瘾
- 심각한 serious 严重的
- 질병 illness 疾病

- 뇌 brain 脑
- 마약 drug 麻药
- 기억력 memory 记忆力
- 감정 emotion 感情
- 충동조절 impulse control 冲动调节
- 장기간 long time 长期
- 요통 backache 腰痛
- 견통 omalgia 肩痛
- 손목 wrist 手腕
- 손가락 finger 手指
- 근육 muscle 肌肉
- 안구건조증 dry eye syndrome 眼球干燥症
- 시력저하 decreased vision 视力下降
- 일상생활 daily life 日常生活
- 분류하다 classify 分类
- 치료 treatment 治疗
- 예방 prevention 预防
- 등록 registration 注册

니다. 게임중독으로 바뀐 뇌는 치료가 어려울뿐더러 기억력이 떨어지고 감정이나 충동조절이 어려워집니다. 또한 게임을 장기간 오래할 경우 요통, 견통, 손목 및 손가락 근육의 이상이 나타나고, 안구건조증과 시력저하 등의 현상도 나타날 수 있습니다. 이처럼 사람의 건강을 해치고 일상생활에 큰 영향을 미치는 게임중독은 질병으로 분류해 국가차원에서 관리해야 합니다.

2. 게임중독을 질병으로 해야 효과적인 치료와 예방이 가능합니다. 게임중독이 질병으로 등록되어 있지 않아 게임이 대중화되고 게임중독이 심각해지고 있습니다. 게임중독이 질병으로 정식 등록되어야 게임에 중독된 사람들에게도 치료와 예방을 제대로 할 수 있습니다. 질병이 되면 의료보험이 적용되어 제대로 치료할 수 있고 예방도 할 수 있습니다.

3. 게임중독이란 게임을 우선시해서 일상생활을 하는데 문제가 있는 것을 말합니다. 게임을 그만두지 못하고 과도하게 하는 행위가 1년 이상 지속되는 것을 게임중독이라고 하고 있습니다. 게임에 빠지면 대인관계에 영향을 미치게 됩니다. 특히 성장기에 있는 청소년의 경우 신체의 발달을 방해하고 사회 부적응을 일으키는 경우가 많습니다. 게임중독을 질병으로 구분해 게임중독에 빠지는 일을 경계해야 하고, 중독이 되었을 경우 니코틴이나 알코올처럼 전문적인 질병 치료를 해야 하는 것입니다.

4. 게임중독이 질병으로 분류되면 게임 중독으로 인한 범죄를 사전에 예방할 수 있습니다. 한국은 약 200만 명 정도가 게임 중독자로 추정되고 있습니다. 게임중독에 빠져 자녀가 부모를 살해하거나 폭행하는 범죄가 늘고 있습니다. 이것은 분명 질병으로 봐야 합니다. 게임 중독이 질병으로 인정된다면 게임 중독자들이 줄어 게임중독으로 인한 범죄를 미리 예방할 수 있을 것입니다.

> 여러분은 게임을 좋아하십니까? 어떤 게임을 좋아하는지 게임할 때 보통 몇 시간을 하는지 서로 이야기를 나누어 보세요.

- 의료보험 medical insurance 医疗保险
- 적용 application 适用
- 우선시하다 prioritize 优先
- 과도하게 excessively 过度地
- 대인관계 personal relation 人际关系
- 영향 influence 影响
- 성장기 period of growth 生长期
- 청소년 youth 青少年
- 방해하다 interrupt 妨害
- 부적응 maladjustment 不适应
- 경계하다 watch 警戒
- 사전에 in advance 事前
- 예방하다 prevent 预防
- 추정되다 be estimated 推断
- 살해하다 murder 杀害
- 폭행하다 use violence 暴行
- 범죄 crime 犯罪

중독의 종류

게임중독 / 인터넷중독 / 알코올 중독 / 니코틴중독 / 커피중독 / 카페인중독 / 약물중독 / 탄수화물중독 / 일중독 / 쇼핑중독 / 도박중독 / 성형중독 / 운동중독 / 초콜릿중독

한국의 전자게임 문화

한국은 IT산업이 최고로 발달된 나라입니다. 전자게임은 디지털 기술의 발전과 함께 한국인의 중요한 문화로 자리잡고 있습니다. 한국의 게임문화의 역사를 살펴보면 80년대 이전부터 학교 앞 가게에 있었던 전자 오락실에서 시작됩니다. 80년대 후반에는 PC게임이 등장하여 게임이 대중화되었고 90년대 중반 이후부터는 디지털 기술과 결합되면서 온라인 게임이 전성기를 맞게 됩니다. 이것은 인터넷 환경이 급속도로 좋아진 것과 관련됩니다.

한국의 게임문화는 그것을 즐기는 공간과 밀접하게 관련되어 있습니다. 한국에서 쉽게 찾아 볼 수 있는 곳이 PC방입니다. 가정에서 탈출한 사람들이 모여 저렴한 가격으로 게임을 즐길 수 있는 공간이 PC방입니다. 한국인에게 PC방은 단순한 방이 아닙니다. PC방은 초고속 인터넷망이 있고, 친구들과 모여 온라인 게임도 할 수 있고, 음료와 음식도 먹을 수 있는 개방적인 휴식의 공간이며, 놀이 공간으로 인식되고 있습니다.

지금의 한국 게임문화는 초고속 인터넷망과 PC방의 발달, 그리고 집단적 성격이 강한 한국인의 정서가 만든 것이라고 할 수 있습니다. 특히 역사가 짧은데도 불구하고 한국의 온라인 게임은 세계를 리드하게 되었습니다. 게임 산업의 비즈니스 모델과 이용 문화면에서도 한국은 앞서가고 있습니다. 한국에서 자체 개발한 온라인 게임 '리니지(LINEAGE)'는 세계적으로 인기를 얻어 전세계에 확산되었고 한국의 프로게이머들이 온라인 게임을 선도하고 있습니다. 최근 스마트폰의 급속한 보급으로 언제 어디서나 게임을 즐기는 모바일 게임이 크게 확산되어 한국의 전자게임은 더 다양화되고 차별화되는 추세에 있습니다. 이렇게 PC 게임, 온라인 게임, 모바일 게임 등 한국의 게임은 산업적인 관점에서 볼 때 매우 낙관적입니다.

그러나 한국에서 전자게임에 참여하는 가장 큰 사용자들은 청소년입니다. 게임 이용자의 약 64.2% 정도가 학생입니다. 인터넷 게임 셧다운제가 논란이 되는 것도 청소년을 게임중독으로부터 보호하기 위해서입니다. 한국이 전세계 온라인 게임 산업을 선도하고 있지만 동시에 게임은 여전히 중독성, 폭력성, 선정성 등과 결합되어 있는 것도 사실이기 때문입니다. 한국인의 교육열이 높은데도 전자게임에 대한 교육이나 정책은 매우 부족한 상태입니다. 이것은 전자게임에 대한 교육자와 학부모의 부정적 선입견이 작용하고 있기 때문으로 보입니다.

여러분 나라에서 전자게임을 주로 누가 합니까? 유명한 전자게임은 무엇입니까? 서로 이야기를 나누어 보세요.

60

인터넷 실명제 강화해야 한다.

인터넷 실명제란 회원 수 10만 명이 넘는 인터넷 사이트는 주민등록번호나 신용카드 등을 통해 회원들의 신원을 확인하도록 의무화한 제도를 말합니다. 인터넷 실명제에 대한 논쟁은 오래 전부터 있어왔습니다. 이 논제는 표현의 자유, 개인정보유출, 건전한 인터넷 문화 등이 쟁점이 되고 있습니다.

찬성

- 실명제 real-name system 实名制
- 강화 strengthen 强化
- 주민등록번호
  resident registration number 身份证号码
- 신용카드 credit card 信用卡
- 신원 identity 身份
- 의무화 become mandatory 义务化
- 표현의 자유
  freedom of expression 表达的自由
- 개인정보 personal information
  个人信息
- 유출 leakage 流出
- 건전한 sane 健全的
- 악성 댓글 abusive comments 恶意留言
- 허위내용 false information 虚假事实
- 익명 anonymity 匿名

1. 인터넷 실명제는 악성 댓글의 피해를 예방하기 위해 반드시 필요합니다. 인터넷을 통해 허위내용과 개인의 감정을 익명으로 표출함으로써 피해를 입는 사람이 늘고 있습니다. 악성 댓글로 자살을 하는 경우까지 발생하고 있습니다. 실명제를 시행하지 않는다면 무분별한 정보로 인해 정보의 신뢰도도 떨어지고 사회가 혼란에 처하게 될 수 있습니다. 일본에서는 실명제 이후 악성댓글이 절반으로 줄었다고 합니다.

2. 실명제를 하지 않으면 엉뚱한 사람이 마녀사냥의 표적이 되기도 합니다. 실명확인을 통해 개인 정보의 유출을 막을 수 있습니다. 또한 범죄를 예방하고 범죄행위를 한 사람을 사이버 수사대가 빠르고 쉽

게 추적할 수 있습니다.

3. 실명제는 건전한 인터넷 문화를 만들 수 있습니다. 사이버 공간에서도 예절이 필요합니다. 실명제를 통해 악성 루머와 거짓된 정보가 떠돌지 않도록 규제할 필요가 있습니다. 자신의 의견을 떳떳하게 표현하는 건전한 인터넷 문화를 조성하기 위해서는 실명제가 필수입니다.

4. 실명제를 하게 되면 인터넷 정보의 신뢰도가 높아집니다. 믿을 만한 정보가 인터넷에 올라가면 활용할 수 있는 인터넷 자원이 많아집니다. 실명제는 허위 내용과 가짜 뉴스를 차단할 수 있는 가장 좋은 방법입니다.

- 표출 expression 表达, 显露
- 자살 suicide 自杀
- 무분별한 indiscreet 盲目的
- 신뢰도 credibility 可信度
- 절반 half 一半, 半
- 엉뚱한 wrong 无关的
- 마녀사냥 witch hunt 魔女狩猎
- 표적 target 目标
- 범죄행위 犯罪行为
- 수사대 investigation team 侦查队
- 예절 etiquette 礼节
- 악성루머 vicious rumor 恶意谣言
- 규제하다 regulate 控制
- 조성하다 create 造成
- 신뢰도 credibility 可信度
- 허위내용 false information 虚假事实
- 가짜뉴스 fake news 假新闻

반대

- 인터넷 실명제
  rea- name in Internet regulation
  网络实名制
- 사이버 공간 cyber space 网络空间
- 허용되다 be permitted 容许
- 실명제
  real-name financial transaction
  system 实名制
- 강화하다 reinforce 强化
- 제한되다 to be limited 被限制
- 억압하다 suppress 压抑
- 악성 댓글 vicious comments 恶
  意留言
- 심리 mentality 心理
- 위축시키다 wither, shrink 压制
- 개인정보 personal information
  个人信息
- 유출 spill 流出
- 신상정보 personal information
  个人信息
- 노출되다 be revealed 泄漏
- 악용되다 be abused 被恶用
- 대규모 large scale 大规模
- 도용되다 be stolen 盗用

1. 사이버 공간에서 표현의 자유는 허용되어야 합니다. 실명제를 강화할 경우 개인의 자유로운 표현이 제한되고 이는 민주주의 사회에서 표현의 자유를 억압하는 것입니다. 실명제를 실시한 이후 악성댓글 수가 겨우 1.7% 감소한 반면 전체 댓글 수가 68% 감소했다는 통계가 있습니다. 인터넷 실명제는 악성댓글을 줄이는 데 효과가 없습니다. 인터넷 실명제는 글쓰는 사람의 심리를 위축시키는 경향이 있습니다.

2. 인터넷 실명제는 개인정보 유출이라는 심각한 문제가 발생합니다. 실명제를 도입할 경우 인터넷에서 개인의 신상정보가 직접 노출되기 때문에 악용되거나 피해를 당하는 경우가 생깁니다. 대규모 개인정보유출 사건의 사례에서 보듯이 인터넷에서의 실명 등록으로 한두 사람의 정보가 아니라 엄청난 신상정보가 순식간에 도용될 수 있습니다. 이로 인해 2차 3차 피해가 지속적으로 일어날 것입니다.

3. 사회적 약자와 소수자, 그리고 내부 제보자 등의 표현의 자유를 위해 익명성을 보장해 주어야 합니다. 사회적, 정치적인 의견을 말할 때 익명성은 자유로운 발언을 할 수 있는 중요한 요소입니다. 인터넷 실명제는 익명성을 보장하지 못하기 때문에 비판적이고 진보적인 의견을 표현할 공간을 상실하게 됩니다.

4. 독일, 영국, 프랑스 등 선진국들은 실명제를 채택하고 있지 않습니다. 이는 인터넷 실명제가 득보다는 실이 많기 때문입니다. 건전한 인터넷 문화를 위한 사람들의 인식 변화가 우선시되어야 하고 그렇지 않은 사람들에 대한 처벌이 강화되어야 합니다. 윤리적 교육이나 캠페인을 통해서도 인터넷 실명제의 장점을 충분히 살릴 수 있습니다.

- 지속적으로 continuously 持续的
- 약자 the weak 弱者
- 소수자 minority 少数人
- 내부 제보자 internal informant 内部举报人
- 익명성 anonymity 匿名性
- 익명 anonymous 匿名
- 발언 comment 发言
- 비판적 critical 批判的
- 진보적 progressive 进步的
- 상실하다 lose 丧失
- 채택하다 select 采用
- 득 gains 得, 利益
- 실 losses 损失
- 처벌 punishment 处罚
- 윤리적 교육 ethical education 伦理教育
- 장점 merit 长处

여러분은 인터넷을 할 때 어떤 아이디를 쓰십니까? 실명을 쓰는 것과 아이디를 쓰는 것과 어떤 차이가 있는지 이야기를 나누어 보세요.

61

셧다운제 실시해야 한다.

'셧다운제'란 일정 시간 동안 컴퓨터의 일부 접속을 차단하는 기술적 조치를 말합니다. 방법에 따라 간접적 셧다운, 직접적 셧다운, 선택적 셧다운제가 있습니다. 한국은 2011년부터 직접적 셧다운제를 시행했습니다. 직접적 셧다운제는 자정 12시부터 오전6시까지 16세 미만 청소년의 인터넷 게임 접속을 제한하는 제도입니다. 일명 '신데렐라'법이라고 합니다. 청소년들의 게임중독을 예방하고 중독된 청소년들의 수를 줄이기 위해 만들어진 제도입니다. 그러나 한국은 2016년 5년만에 이 제도가 폐지되고, 부모가 관리하는 '부모 선택제'를 도입했습니다.

찬성

- 셧다운제 The shutdown law 停机制度
- 접속 access 上网, 连接
- 차단 obstruct 隔绝, 切断
- 기술적 조치 Technological Measures 技术措施
- 직접적 direct 直接的
- 자정 midnight 子夜
- 게임중독 game addict 游戏上瘾
- 폐지 abolition 废除
- 확률 probability 概率
- 중독률 addiction rate 上瘾率
- 수면 sleep 睡眠
- 방해 disturbance 妨碍
- 최소한 at least 最少的

1. 한국은 현재 청소년들의 게임 중독이 심각합니다. 인터넷 게임은 중독으로 이어질 확률이 높습니다. 청소년의 인터넷 중독률이 성인보다 2배 이상 높다는 조사가 있습니다. 청소년들의 게임중독을 예방하고 해결하기 위해 셧다운제는 반드시 필요합니다. 부모관리로는 한계가 있습니다.

2. 게임은 수면을 방해하여 청소년들이 성장에 좋지 않은 영향을 줍니다. 셧다운제는 게임을 없애자는 것이 아닙니다. 청소년들에게 최소한의 잠을 잘 수 있도록 해주자는 것입니다. 수면의학회에 따르

면 한국의 청소년들이 세계에서 가장 잠을 적게 잔다고 합니다. 셧다운제는 청소년들을 해로운 환경으로부터 보호하는 청소년보호법인 것입니다.

3. 셧다운제는 청소년들의 게임 중독에 드는 사회적 비용을 절감할 수 있습니다. 청소년들이 게임에 중독된다면 국가와 가정이 지불해야 하는 비용이 큽니다. 한창 공부해서 미래 사회 주요 인력이 되어야 할 아이들이 제대로 성장하지 못하게 됩니다. 셧다운제로 미리 막아야 합니다.

4. 청소년기에 심야 게임에 빠지면 학업에도 심각한 문제가 생길 뿐 아니라 충동성과 폭력성이 길러질 수 있습니다. 전쟁을 소재로 한 게임들이 많아 무자비하게 총을 쏘고 상대방을 죽이는 것을 즐깁니다. 가상과 현실의 구별이 모호해지는 경우, 청소년들이 사회생활의 어려움을 겪을 수 있습니다. 심각한 사회문제로까지 이어질 수 있습니다.

- 수면 의학회
  society of sleep medicine 睡眠医学会
- 사회적 비용 social cost 社会成本
- 절감 reduction 节减
- 학업 study 学业
- 폭력성 violence 暴力性
- 무자비하게 mercilessly 无情地
- 가상 imagine 假想
- 현실 reality 现实
- 모호하다 ambiguous 含糊

반대

1. 셧다운제는 실효성이 없는 제도입니다. 설문조사에 따르면 청소년 의 46%가 강제로 셧다운제를 시행해도 어떤 방식으로든 온라인 게 임을 하겠다고 답변하였습니다. 셧다운제는 국내 PC온라인 게임만 포함하기 때문에 휴대용 기기의 게임에 대해서는 차단이 불가능합 니다. 그뿐만 아니라 부모의 주민등록번호를 도용하여 게임을 하는 경우도 많아 게임을 막는 방법이 될 수 없습니다.

2. 셧다운제는 청소년의 자유와 권리를 침해합니다. 청소년들을 보호 한다는 명목으로 만들어진 제도이지만 청소년들의 자유를 침해함 으로써 행복을 추구할 권리를 억압하고 있습니다. 인터넷 게임을 통해 자신의 소질과 취향을 살리고자 하는 청소년들의 자유권을 침 해하는 것입니다. 프로게이머를 꿈꾸는 청소년의 자유로운 활동을 침해하는 것입니다.

3. 한국은 게임산업의 규모가 큰 나라입니다. 셧다운제는 게임 산업의 침체와 경쟁력 약화를 가져오며 한국의 경제에 미치는 타격이 큽니 다. 셧다운제 실시 이후 게임 산업체가 절반 이상 줄어들었다고 합 니다. 셧다운제는 국내는 물론 해외 게임 시장의 축소를 가져옵니 다. IT강국이자 게임강국인 한국의 미래 산업을 짓밟는 것입니다.

4. 게임은 나쁜 것이 아닙니다. 스트레스 해소와 대인관계, 사회생활 등에 도움을 주는 것입니다. 아동들에게 게임이 집중력을 향상시키 는 데 도움이 된다는 보고도 있으며 자폐아들의 사회성 증진에도 도움이 되는 것으로 보고된 것이 있습니다. 이렇게 게임의 긍정적 영향이 많은데 게임을 규제한다는 것은 빈대 잡으려고 초가삼간을 모두 태우는 것과 같습니다. 게임을 새로운 놀이문화로 받아들이고 학업 이외의 시간에 하는 것은 허용되어야 합니다.

5. 청소년들의 인터넷 게임 중독율이 심각하지도 않으며 심각하더라도 게임 중독을 예방할 수 없습니다. 청소년들이 즐기는 게임은 대부분 인터넷 연결이 필요없는 싱글 게임이 많습니다. 셧다운제가 적용되지 않습니다. 이를 제어할 방법이 없는데 게임 중독을 이유로 셧다운제를 실시하는 것은 무모한 일입니다.

6. 게임을 강제로 규제하는 것은 좋은 방법이 아닙니다. 게임을 보다 즐겁게 할 수 있는 환경을 만들어 주는 것이 필요합니다. 게임을 스스로 그만둘 수 있게 해야지 무조건 법으로 차단하는 것은 더 큰 불만과 스트레스를 만드는 일입니다.

여러분 나라에서는 청소년들의 게임중독을 방지하기 위하여 어떤 노력을 하고 있습니까? 서로 이야기를 나누어 보세요.

62

잊힐 권리 보장해야 한다.

잊힐 권리는 사이버 공간에서 기록이 저장되어 있는 영구적인 저장소로부터 특정한 기록을 삭제할 수 있는 권리를 말합니다. 유럽사법재판소는 처음으로 잊힐 권리를 인정하는 판결을 내린 바 있습니다. 이 토론은 인터넷의 사용과 디지털 환경의 변화와 함께 활발하게 논의되고 있습니다. 인터넷에 자발적으로 공개한 사생활 정보를 사이버 공간에 영원히 보존할 것인가, 지울 것인가? 사생활 보호냐 표현의 자유냐가 이 논제의 쟁점이 됩니다.

찬성

- 잊힐 권리 right to be forgotten 被遺忘的权利
- 기록 record 记录
- 영구적인 permanent 永久的
- 저장소 storage 存放处
- 삭제 elimination 删除
- 사법재판소 a court of justice 法院
- 판결 ruling 判决
- 자발적 voluntary 自发的
- 공개 go public 公开
- 사생활 privacy 私生活
- 영원히 forever 永远地
- 보존 preservation 保存
- 사생활 보호 protection of privacy 私生活保护
- 표현의 자유 freedom of expression 表达的自由

1. 잊힐 권리는 개인의 사적 정보 보호를 위해 반드시 필요합니다. 인터넷 시대에는 과거의 기사가 보도된 뒤 상당한 시간이 지나도 언제든지 이를 검색할 수 있고 또 인터넷을 통해 유포할 수 있습니다. 소위 '신상털기'가 무차별적으로 확산되고 있습니다. 개인의 사생활보호를 위해 잊힐 권리는 보장되어야 합니다.

2. 인터넷상의 정보의 주체는 자기 자신입니다. 따라서 자기의 정보를 자기가 통제할 수 있는 자기 정보통제권을 법제화하는 것은 당연한 것입니다. 정보의 주체가 삭제를 원한다면 삭제되어야 하는 것이 맞습니다.

3. 영국 인터넷 사용자들의 64%가 잊힐 권리는 개인의 기본적인 인권이어야 한다고 응답했습니다. 대한민국 헌법17조에도 "모든 국민은 사생활의 비밀과 자유를 침해받지 아니한다"고 규정하고 있습니다. 인간의 독립적인 인간의 기본권 보호를 위해 잊힐 권리는 반드시 법제화되어야 합니다.

4. 인터넷의 특성을 이해한다면 잊힐 권리는 꼭 보장되어야 합니다. 과거에는 인쇄 매체의 개인정보나 기사는 시간이 지날수록 자연스럽게 잊혀 가는 정보였습니다. 그러나 지금은 인터넷 시대라 아무리 시간이 지나도 사라지지 않고 언제든지 이를 검색하고 유포가 가능합니다.

5. 잊힐 권리란 인터넷에 올려진 내용을 무조건 삭제하는 것이 아닙니다. 사생활에 관한 내용 가운데 적절하지 않은 자료거나 너무 오래 보관하고 있는 자료일 경우에 한하여 삭제하는 것입니다. 따라서

- 사적정보 private information 私人情報
- 기사 article 报道
- 검색 search 检索
- 유포하다 circulate 散布
- 신상털기 doxing 人肉搜索
- 무차별적 indiscriminative 无差别的
- 확산 spread 扩散
- 정보통제권 the right to control information 情报管制权
- 법제화 legalization 法制化
- 인권 human rights 人权
- 헌법 *조 / Article * of the Constitution / 法第 *条
- 침해받다 be invaded 受到侵害
- 독립적인 independent 独立的
- 정보주체 information object 情报主体
- 게재되다 be published 登载, 发表
- 언론의 자유 freedom of speech 言论自由
- 침해 violation 侵害
- 중단 interruption 中断
- 과장 exaggeration 夸张

언론의 자유를 침해한다거나 역사의 기록이 중단된다는 말은 과장입니다. 잊힐 권리는 보장되어야 합니다.

반대

1. 잊힐 권리는 표현의 자유를 침해합니다. 정보를 삭제하려면 정보 게재자 모두에게 동의가 필요합니다. 이것은 정보를 게재한 사람들의 표현의 자유를 위축하게 될 것입니다. 그렇게 되면 다른 사람들의 알권리도 침해할 소지가 있습니다.

2. 잊힐 권리가 무제한으로 행사된다면 역사를 기록하는 행위가 중단될 수 있습니다. 알아야 할 기록이 삭제되어 악용될 가능성도 있습니다. 역사는 '승자의 기록'이라는 말이 있습니다. 잊힐 권리가 적용되면 법을 잘 알고 있는 힘있는 사람들이 악용하여 인터넷이 승자의 기록이 될 수 있습니다.

3. 무엇보다 실효성이 없습니다. 광범위한 인터넷 전체에서 개인의 일부 정보만 지우는 것은 기술적으로 매우 어렵습니다. 현재 시행되고 있는 '개인 정보보호법'조차 실효성 논란이 제기되고 있는데 잊힐 권리로 개인의 정보가 보호받을 수 있을지 의문입니다. 너무 크고 방대한 자료 속에서 완벽히 지우기 힘듭니다. SNS와 인터넷의 전파속도가 매우 빠르기 때문에 퍼져나가는 정보를 다 삭제할 수 없습니다.

4. SNS나 인터넷에서 삭제되어야 하는 정보와 삭제되어서는 안될 정보를 판단하는 기준이 매우 주관적입니다. 그 범위가 모호하고 기준을 설정하기 어렵습니다.

5. 잊힐 권리가 보장되면 과거에 범죄를 저지른 전과자의 경우 자신의 범죄를 감출 수 있게 됩니다. 범죄를 예방할 수 있는 정보가 사라진다면 공익에 해를 끼칠 수 있습니다. 허위사실이 유포되어 악용될 수도 있다. 또한 잘못된 정보 유포로 인한 제3자의 2차 피해가 생길 수 있습니다.

6. 잊힐 권리를 보장하려면 인력과 비용의 문제가 큽니다. 엄청난 양의 정보에서 특정정보를 구별해 내는 작업은 '서울에서 김서방 찾기'와 같습니다. 정보 삭제 요청 대상자가 그 비용을 다 부담할 능력도 없습니다.

7. 한번 엎지른 물은 다시 담지 못합니다. 자신이 올린 자신의 정보가 잘못되었다고 잊어달라고 하는 것은 무책임한 행동입니다. 책임을 회피하기 위한 행동을 만드는 것은 바람직하지 않습니다. 처음부터 인터넷의 특성을 잘 알고 주의해서 글을 올려야 합니다.

> 여러분은 인터넷에 글을 올린 후 지우고 싶어서 후회한 적이 있습니까? 어떤 내용이었는지 자신의 경험을 이야기해 보세요.

- 구별하다 distinguish 区分
- 요청 request 要求
- 대상자 candidate, recipient 对象
- 엎지른 물 spilt water 覆水, 泼出去的水
- 무책임한 irresponsible 没有责任的
- 회피하다 avoid 回避

63

SNS 규제해야 한다.

휴대폰을 가진 자가 늘면서 페이스북과 트위터와 같은 SNS소셜네트워크 서비스가입자가 폭발적으로 늘고 있습니다. SNS는 이제 휴대폰 가입자들의 개인적인 대화와 정보를 교환하는 필수적인 소통의 미디어가 되고 있습니다. 그러나 이를 악용하는 문제가 생기면서 규제해야 한다는 소리가 높습니다.

찬성

- SNS social networking service 社交网站
- 규제하다 regulate 控制
- 페이스북 facebook 脸书
- 트위터 twitter 推特
- 폭팔적으로 explosively 火爆的
- 교환하다 exchange 交换
- 소통 communication 疏通
- 악용하다 abuse 恶用
- 파급력 power of influence 影响力
- 매체 media 媒体
- 사적 personal 私的
- 공적 public 公的
- 해 damage 害
- 허위정보 false information 虚假信息
- 유포되다 be circulated 散布
- 정치적 선동 political instigation 政治性煽动

1. SNS은 현대사회에서 가장 파급력이 있는 매체입니다. SNS는 더 이상 사적 미디어가 아닌 공적인 성격을 띠는 미디어입니다. 따라서 다른 사람에게 해가 되는 것은 규제가 필요합니다. SNS는 허위 정보가 쉽게 유포되고 정치적 선동이 일어날 수 있습니다. 국민들을 보호하고 사회 안전을 위해서 SNS 규제는 꼭 필요합니다.

2. 표현의 자유를 남용하고 악용하는 사례가 적지 않습니다. SNS에 올려진 악플로 인해 상처를 받는 사람들이 많습니다. 자유에는 책임이 따라야 합니다. 표현의 자유를 마음대로 허용하고 그로 인해 생기는 문제에 책임을 지지 않으려는 것은 매우 이기적인 생각입니다. 사회적으로 유해한 것을 규제하는 것은 당연한 것입니다. 타인

의 권리를 침해하는 표현은 명백히 처벌받아야 합니다.

3. 이 규제는 표현의 자유를 억압하는 것이 아닙니다. 개인의 자유가 타인의 자유를 침해할 수 없도록 피해를 예방하자는 것입니다. 건전한 표현은 허용하면서 유해한 표현에 대해 세부 규제 사항을 만들 필요가 있습니다.

4. 역사적으로 볼 때 규제가 없었던 미디어는 없었습니다. 최소한의 규제를 통해 처벌하면 이용자들이 책임감 있는 표현을 할 것입니다. 특히 선거 때가 되면 SNS를 통한 선거운동이 일어나면서 후보자에 대한 비방과 흑색선전이 많아집니다. 정부는 법과 제도를 정비해 SNS를 규제해야 합니다.

- 사회안전 social safety 社会安全
- 남용하다 abuse 滥用
- 사례 example 实例
- 상처 wound 伤
- 책임 responsibility 责任
- 이기적인 selfish 自私的
- 유해하다 harmful 有害
- 침해하다 violate 侵害
- 처벌받다 be punished 受到处罚
- 예방하다 prevent 预防
- 건전한 sound 健全
- 세부 details 细节
- 규제 사항 items to be controlled 限制事项
- 최소한 at least 最低限度的
- 책임감 responsibility 责任感
- 공론의 장 public sphere 公论场
- 파급력 power of influence 杀伤力
- 혼란 confusion 混乱
- 선거 election 选举
- 선거운동 electioneering 选举运动
- 후보자 candidate 候选人
- 비방 slander 诽谤
- 흑색선전 black propaganda 黑色宣传
- 정비하다 organize 整顿

반대

- 규제하다 regulate 規制
- 표현의 자유 freedom of
  expression 言论自由
- 감시하다 watch 監視
- 보장하다 guarantee 保障
- 실효성 effectiveness 实效性
- 외국기업 foreign firm 外国企业
- 불가능하다 impossible 不可能
- 모호하다 ambiguous 模糊
- 대중 mass 大众
- 영향력 influence 影响力
- 낭비하다 waste 浪费
- 혼란 confusion 混乱
- 초래하다 cause 招致, 导致
- 악영향 bad influence 坏影响
- 집단지성 collective intelligence
  集体智慧
- 자정능력 self purification
  capacity 自净能力
- 허위정보 false information 虚假
  信息
- 시민사회 civil society 市民社会
- 퇴보하다 regress, retrogress 退步
- 자율규제 voluntary restraint 自律
  控制
- 우선시하다 prioritize 优先
- 악용되다 be abused 被恶用
- 감시받다 under scrutiny 受到监视
- 위축시키다 wither, shrivel
  压制, 萎缩
- 위협하다 threat 威胁

1. SNS는 사람들끼리 의사를 표현하고 그 안에서 커뮤니티를 형성하는 사적인 매체입니다. 따라서 SNS를 규제하는 것은 개인의 사적 영역을 침해하는 것입니다. SNS를 규제하는 것은 표현의 자유를 침해하는 것입니다. 자유민주주의 국가에서 개인의 자유를 감시하는 일은 있을 수 없는 일입니다. 표현의 자유를 보장해 주어야 합니다.

2. SNS 규제는 실효성이 없습니다. 페이스북처럼 외국기업은 규제하기 어렵고, 엄청난 양의 메시지를 모두 규제한다는 것은 거의 불가능합니다. 또한 SNS를 법으로 규제한다고 할 때 규제의 기준이 모호합니다. 대중에게 영향을 끼치는 유명인만 규제해야 하는 것인지, 어느 정도의 영향력을 미칠 때 규제해야 하는 것인지 기준을 정하기 어렵습니다. 따라서 현실적으로 불가능합니다. SNS 규제는 비용을 낭비하고 혼란만 초래하는 일입니다.

3. 물론 SNS가 미치는 악영향을 충분히 생각할 수 있습니다. 그러나 SNS에서는 집단지성의 힘이 자정능력을 가지고 있습니다. 잘못된 허위정보는 쉽게 밝혀집니다. 규제하는 것보다 시민사회 스스로 풀어갈 수 있는 사회를 만들어야 합니다. 국가의 규제는 국민활동

을 제약함으로써 사회를 퇴보하게 만듭니다. 시민 스스로 자율규제 방식을 만들어나갈 수 있도록 지원하는 것이 바람직합니다. 또한 SNS에서 책임감있는 표현을 할 수 있도록 교육과 캠페인을 우선시 해야 합니다.

4. SNS를 규제하면 규제 자체가 정치적으로 악용될 수 있습니다. 또한 규제를 하게 되면 감시받는다는 생각에 시민들의 비판의식이 위축됩니다. 이는 민주주의의 발전을 위협하는 일입니다.

5. SNS 규제는 과잉규제입니다. 불법 유해정보나 악성 게시글만 규제하는 일이 불가능하기 때문에 계정 전체를 차단하게 됩니다. 따라서 계정 전체를 차단하는 것은 과잉규제가 됩니다. 또한 트위터나 페이스북 등 해외사업자가 운영하는 외국 서버를 사실상 규제하기 불가능합니다.

- 과잉규제 excessive regulation 监管过度, 过度规制
- 불법 illegality 不法
- 유해정보 harmful information 有害信息
- 악성 bad, vicious 恶劣
- 게시글 post, bulletin board message 帖
- 계정 account 账户
- 해외사업자 overseas operator 海外事业者

여러분이 자주 이용하는 SNS는 무엇입니까? SNS에서 주로 하는 것은 무엇인지 서로 이야기를 나누어 보세요.

64

인공지능, 미래의 재앙이다.

인공지능은 컴퓨터나 전자기술로 인간이 문제를 해결하는 능력, 시각 및 음성인식 능력, 언어이해 능력 등을 실현하는 기술 영역을 말합니다. 인공지능의 궁극적인 목표는 사람처럼 생각하고 행동할 수 있는 기계를 개발하는 데 있습니다. 인공지능이 인간의 미래를 환하게 밝혀줄지, 재앙이 될지 모르는 일입니다.

찬성

- 인공지능 AI artificial intelligence 人工智能
- 통제하다 control 管制
- 미래 future 未来
- 고도화 advancement 高度化
- 분석하다 analyze 分析
- 예측하다 predict 預測
- 위력 power 威力
- 지배당하다 be ruled 受支配
- 사생활의 침해 invasion of privacy 侵犯私生活
- 가능성 possibility 可能性
- 일자리 job 工作
- 실업문제 an unemployment problem 失業問題
- 소비감소 decreased consumption 消費減少
- 윤리의식 sense of ethics 倫理意識
- 선 good 善

1. 인공지능은 인간이 더 이상 통제하기 힘든 미래를 만들 것입니다. 인공지능이 고도화되면 위험합니다. 인공지능은 단순히 인간이 넣은 데이터를 읽고 분석하는 것이 아니라 완전히 새로운 것을 만들어 세상이 다른 양상으로 흘러갈 것입니다. 예측하기 힘든 인공지능의 위력으로 인간은 지배당할 수 있습니다.

2. 개인이 인공지능을 활용할 수 있게 되고 개인 서비스가 커지면 사생활의 침해 역시 커지게 됩니다. 인공지능이 빅브라더가 될 가능성이 충분히 있습니다. 인공지능 카메라와 스피커 등으로 개인정보가 쉽게 노출되면 개인의 사생활과 자유가 침해되는 것입니다.

3. 인공지능은 인간의 일자리를 빼앗아 갑니다. 2022년에 전 세계적

으로 약7500만개의 인간의 일자리가 사라진다고 합니다. 일자리 감소의 문제가 생기면 자연스럽게 소비 감소로 이어지고 경제문제가 커집니다. 인공지능은 미래의 재앙입니다.

4. 인공지능은 윤리의식이나 선과 악의 개념이 없습니다. 인공지능이 악용된다면 인류의 재앙이 될 것입니다. 인공지능이 무기에 적용된다면 전쟁이 초래될 수도 있고, 인명피해는 어마어마할 것입니다. 인공지능에 따른 혜택은 인간의 삶의 편의를 도와주는 수준에서 만족해야 합니다. 더 이상의 인공지능 고도화는 위험합니다.

5. 인공지능의 오작동으로 인한 피해도 큰 문제입니다. 인공지능의 자율성이 높아지고 있는만큼 인간의 통제를 벗어나 엄청난 사고를 일으킬 수 있습니다. 예상치 못한 피해가 발생했을 때 책임을 누구에게 물을 것인가의 문제가 생깁니다. 인간이 잘못한 것일까요? 인공지능이 잘못한 것일까요? 누구에게 죄를 물어야 하는 것인지 법체계도 혼란이 생깁니다.

- 악 evil 恶
- 개념 concept 概念
- 악용 abuse 恶用
- 어마어마하다
  enormous 超乎寻常地)宏大, 宏伟
- 인류 humanity 人类
- 재앙 disaster 灾殃
- 무기 weapon 武器
- 전쟁 war 战争
- 편의 convenience 便宜, 便利
- 고도화 advancement 高度化
- 오작동 malfunction 运转不正常
- 생산성 productivity 生产效益
- 향상 improvement 向上, 提高
- 부익부 빈익빈
  the rich-get-richer, the poor get poorer 富人越来越富, 穷人越来越穷

6. 인공지능으로 생산성이 향상될 것이라고 하지만 데이터와 기술에 우위를 가진 글로벌 기업의 지배가 강화될 것입니다. 이로 인해 국가의 힘도 큰 차이가 날 것이고 부익부 빈익빈의 사회문제 또한 심화될 것입니다. 인공지능은 인간이 살아가는 사회를 더 복잡하고 힘들게 만들 것입니다.

반대

1. 인공지능은 인간의 미래를 더욱 윤택하게 할 것입니다. 이제 4차 산업혁명시대입니다. 인공지능은 4차 혁명의 핵심기술입니다. 계속 발전시킨다면 인간의 미래는 보다 나아질 것입니다. 인공지능은 우리의 삶을 편리하게 하고 삶의 질을 보다 나아지게 합니다. 특히 인간의 힘으로 해결할 수 없는 일, 예를 들어 재난현장이나 방사선 오염구역 등에서 인간을 대신해서 인공지능이 하는 일은 많습니다.

2. 인공지능이 산업 전반에 도입되면 생산성이 향상될 것이고 고도의 부가가치를 창출할 것입니다. 산업적인 측면에서 큰 도움이 됩니다. 영국에서 산업혁명이 일 때도 수공업자들이 자동 방직기계를 반대했었습니다. 그러나 지금의 발전을 이룬 밑거름이 되었습니다.

3. 인공지능 때문에 사람들의 일자리는 감소되지 않습니다. 물론 인공지능으로 대신하는 일자리를 감소되겠지만 또 다른 관련 직업이 많이 생겨날 것입니다. 예를 들면 로봇이 일자리를 빼앗은 만큼 또 그 로봇을 만들고 로봇을 활용하는 일자리가 많이 생겨날 것입니다.

4. 인공지능으로 인간의 노동력을 대신하게 되면 인간의 삶은 보다 풍요롭게 될 것입니다. 기존의 자동화가 단순한 육체노동을 대체했다면 인공지능은 인간의 지식노동을 대체하여 의료·법률 등 전문지

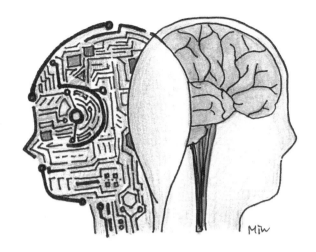

식서비스를 해줍니다. 인간은 남는 시간에 새로운 분야를 개척하거나 자기계발이 가능해집니다. 인공지능은 현대인간의 윤택한 삶을 보장해 줄 수 있습니다.

- 수천억 hundreds of billions 数千亿
- 신경세포 nerve cell 神经细胞
- 선한 목적 good purpose 善良的 目的

5. 인공지능이 인간을 지배한다는 것은 과장되고 허황된 생각입니다. 한 연구에 따르면 인간의 뇌를 완벽히 대신하는 것은 불가능하다고 합니다. 수천억 개의 뉴런과 신경세포가 존재하는 인간의 뇌를 따라갈 수 없습니다. 인공지능을 어떤 방식으로 사용해 나갈지는 인간의 손에 달려있습니다. 선한 목적을 가지고 인공지능을 개발하고 이용한다면 인류의 삶은 차원이 다른 수준으로 발전할 것입니다.

우리 사회에 들어와 있는 인공지능에 어떤 것이 있는지 이야기해 보세요. 여러분이 가장 많이 이용하는 인공지능은 무엇입니까?

65

예술 표현의 자유에도 규제가 필요하다.

예술이란 어떤 일정한 재료와 양식에 의하여 미를 창조하고 표현하는 인간의 활동을 말합니다. 예술 표현은 예술 창작의 자유와 함께 중요한 예술의 자유입니다. 그러나 예술의 각 분야에서 극단적인 표현이 잦아지면서 과연 이것이 예술인가 하는 의문이 들게 하는 경우가 있습니다.

찬성

- 예술표현 art form 艺术表现
- 재료 material 材料
- 양식 mode 样式
- 미 beauty 美
- 창조하다 create 创造
- 표현하다 express 表现
- 예술창작 artistic creation 艺术创作
- 극단인 extreme 极端的
- 잦아지다 occur frequently 经常
- 정당화하다 justify 正当化
- 불쾌감 displeasure 不快感
- 극단적으로 extremely 极端的
- 음란하다 obscene 淫乱
- 잔인한 cruel 残忍的
- 혐오감 disgust 嫌恶感
- 권리 right 权利
- 타인 others 他人
- 기본권 basic[fundamental] human rights 基本权
- 문학작품 literature 文学作品

1. 예술이라는 이유만으로 모든 예술이 표현의 자유를 정당화할 수 없습니다. 예술은 궁극적으로 인간을 위한 것입니다. 인간이 온전히 예술을 즐길 수 없고 누군가에게 불쾌감을 주고 해가 되는 것이라면 규제해야 합니다. 극단적으로 음란하거나 잔인한 작품들이 많은 사람들에게 혐오감을 준다면 그것은 예술이라고 할 수 없습니다. 규제가 필요합니다.

2. 법은 예술의 표현과 그 권리를 보호합니다. 그런데 타인의 기본권을 침해하는 예술은 규제할 수밖에 없습니다. 예를 들어 문학작품이나 미술작품 등에서 특정 정치인이나 유명인의 명예를 훼손하는 것은 제한해야 합니다. 개인의 기본적인 인격을 침해했기 때문입니다. 예술은 수용자에게 미치는 영향을 고려해야 하기 때문에 신중

할 필요가 있습니다. 예술에 무한한 자유가 주어질 수 있다는 것은 잘못된 생각입니다.

3. 예술 표현의 자유를 규제하지 않는다면 이를 악용하는 사례도 많이 등장할 것입니다. 포르노를 예술이라고 말하는 사람은 없습니다. 예술이라는 이름으로 악용될 소지가 있는 것은 미리 규제할 필요가 있습니다. 대중의 성욕을 자극하는 상업적 음란물은 예술이 될 수 없습니다.

4. 자유로운 예술의 표현이 청소년들에게 잘못된 영향을 줄 가능성이 큽니다. 최근 인터넷을 통해 전달되는 음란물로 심각한 문제가 생기고 있습니다. 예술이라는 이름으로 외설스런 음란물이 유통될 경

- 미술작품 a work of art 美术作品
- 명예를 훼손하다
  harm somebody's reputation 毁坏名誉
- 인격 personality 人格
- 침해하다 violate 侵害
- 신중하다 careful 慎重
- 무한한 infinite 无限的
- 주어지다 be given 赋予
- 악용하다 abuse 恶意利用
- 사례 example 事例
- 포르노 pornography 色情
- 소지 possess 持有
- 청소년 adolescent 青少年
- 음란물 pornography 淫秽物品
- 외설스런 salacious 淫秽的
- 유통되다 distribute 流通
- 성숙하다 mature 成熟
- 성인식 coming-of-age ceremony

우, 정신적 육체적으로 성숙하지 못한 청소년들에게 잘못된 성인식을 심어줄 수 있는 것입니다.

5. 예술작품에서 묘사한 범죄를 모방한 범죄행위가 나타나고 있습니다. 이같은 피해를 없애기 위해서는 예술 표현에 대한 사전 규제 즉, 사전 검열이 필요합니다. 예술의 목적은 인간이 행복을 성취하는 데 기여하는 것입니다. 인간에게 진정으로 가치있는 것이 아니라면 예술 표현은 규제해야 합니다.

반대

1. 대한민국 헌법22조에서 '모든 국민은 학문과 예술의 자유를 가진다'고 규정하고 있습니다. 예술표현의 자유는 누구나 누려야 하는 것이고 규제가 필요치 않습니다. 그것이 결국 우리 사회를 풍요롭게 하기 때문입니다.

2. 사람마다 예술을 인정하는 기준은 다릅니다. 누군가에게 혐오감을 준다고 해서 예술 표현을 규제한다면 예술은 독자적인 세계를 가질 수 없고 창의적인 발전을 할 수 없습니다. 어떠한 규제도 예술 표현에 있어서는 안 됩니다.

3. 상상한 것을 표현하는 것이 예술입니다. 법적 규제의 속도는 예술의 변화를 따라갈 수 없습니다. 예술표현의 자유는 창작 예술품을 예술품으로 보호받고 이를 일반 대중에게 전시하고 공연할 수 있는 자유를 의미합니다. 예술의 자유를 규제하면 예술 표현활동은 위축될 수밖에 없습니다. 예술은 자유를 통해 만들어지고 또 발전하는 것입니다.

4. 예술표현의 문제는 외설이나 폭력 등 대체로 도덕적 판단의 문제가 되는 경우가 많습니다. 이는 각 개인이나 사회구성원들이 양심적으로 판단하고 검증해야 할 문제이지 법으로 규제할 일은 아닙니다.

5. 예술과 외설, 예술과 폭력 등을 구별하는 기준은 모호합니다. 음란성과 폭력성을 어디까지 제한해야할 지 현실적으로 불가능한 규제입니다. 설령 예술이 외설과 폭력으로 이해되다 하더라도 그 판단은 수용자가 알아서 해야 하고 수용자가 선택할 자유를 주어야 합니다. 검열이 아니고 스스로 자정될 수 있는 여건을 마련하는 것이 필요합니다.

- 판단하다 judge 判断
- 검증하다 verify 验证
- 구별하다 distinguish 区分
- 모호하다 ambiguous 模糊
- 음란성 obscenity 淫秽性
- 폭력성 violence instinct 暴力性
- 현실적으로 realistic 现实的
- 수용자 consumer 需求者
- 검열 censorship 检查
- 자정 self-purification 自净
- 여건을 마련하다
  provide conditions 创造条件

여러분 나라에서는 예술을 규제하는 기준이 어떤 것입니까? 구체적인 예를 들어 서로 이야기해 보세요.

66

동물원, 폐지해야 한다.

살아있는 동물을 모아 사육하면서 일반사람들에게 보여주는 곳이 동물원입니다. 한국 최초의 동물원은 1909년 개원한 창경원 동물원입니다. 창경궁은 본래 조선시대 왕과 왕후가 살았던 곳으로, 일본에 의하여 고종이 강제 폐위된 뒤 조선의 마지막 왕 순종의 처소가 되었던 곳입니다. 1984년 창경궁이 복원되면서 동물들이 모두 서울대공원으로 이전하여 국제규모의 동물원이 만들어졌습니다.

찬성

- 인위적 artificial 人为的
- 부도덕한 immoral 不道德的
- 주거환경 residential environment 居住环境
- 오락거리 entertainment 消遣方式
- 이기적 selfish 自私的
- 공간 space 空間
- 학대당하다 be abused 受虐
- 사육되다 be bred 养
- 사육사 keeper 饲养员
- 가혹행위 harsh act 虐待行为
- 방문객 visitor 访客
- 무분별한 indiscriminate 盲目的
- 하등한 생물 low form of life 低等生物
- 인간중심적인 Anthropocentric 人类中心的

1. 동물은 모두 자연 속에서 살아왔습니다. 그들이 사는 환경에서 인위적으로 끌어내 동물원에 가두어 둔다는 것은 부도덕한 일입니다. 동물들에게도 자신의 주거환경에서 자유롭게 살아갈 권리가 있습니다. 인간의 오락거리를 위해, 인간의 즐거움을 위해 동물원을 유지하는 것은 바람직하지 않습니다. 동물원은 인간만을 위한 이기적인 공간입니다. 폐지해야 합니다.

2. 동물원에서 학대당하는 동물들이 많습니다. 동물원에서 사육되는 동물의 대부분이 좁은 곳에서, 사육사의 가혹행위와 동물원 방문객의 무분별한 행위에 시달리고 있습니다. 소규모 동물원의 목적은

동물을 이용해 돈을 버는 것이고 그 뒤에 동물들을 식당이나 가게 등으로 팔아 넘깁니다. 동물보호 차원에서 동물원은 폐지되어야 합니다.

• 자연생태계 natural ecosystem 自然 生态系统
• 파괴하다 destroy 破坏

3. 동물원이 인간에게 주는 교육적 효과는 보잘 것 없습니다. 동물을 가두어놓고 오락거리로 이용하는 것은 인간의 바람직한 교육이 아닙니다. 많은 어린이와 학생들이 동물을 직접 보기 위하여 동물원을 찾아가지만 좁은 공간에 갇혀서 자유롭지 못한 동물을 보고 배울 수 있는 것은 동물이 인간보다 하등한 생물이라는 것입니다. 인간중심적인 생각만 심어주는 것입니다. 서양 황제들이 자신의 권력을 자랑하려고 만들었던 19세기 동물원의 시대는 지났습니다.

4. 동물원은 자연생태계를 파괴합니다. 인간이 동물원을 만들기 위해

동물들을 유입시킴으로써 원래 자연에 있던 생태계가 파괴됩니다. 자연 속의 동물을 본다는 의미가 없습니다. 동물원의 동물을 자연 속으로 되돌려 보내고 자연에 있는 동물은 그대로 두어야 합니다.

반대

1. 동물원은 교육적인 측면에서 그리고 연구를 위해서도 필요합니다. 가까운 곳에서 여러 가지 동물을 관찰할 수 있고 희귀동물도 볼 수 있는 기회를 주어야 합니다. 동물과 인간이 최소한의 교감을 가지고 만날 수 있는 공간이 바로 동물원입니다. 사자나 악어를 보러 먼 곳으로 갈 수는 없습니다. 또한 과학자들도 동물의 형태를 다양하게 연구할 수 있는 동물원이 필요합니다.

2. 동물들에게 권리라는 것은 없습니다. 동물을 다루는 문제는 인간 스스로 결정할 문제입니다. 인간은 가장 힘있는 포식 동물이고, 다른 동물을 다스릴 수 있는 권한이 있는 것은 당연한 것입니다.

3. 동물원의 동물들은 일반적으로 좋은 대우를 받고 있습니다. 야생 상태에 방치된 동물들보다 더 편하고 더 오래 생존할 가능성이 높습니다. 동물을 위한 사료와 의료 혜택을 받을 수 있기 때문입니다.

야생의 자연에서 사는 것보다 훨씬 안전하고 편하게 살 수 있는 것이 동물원입니다.

4. 멸종 위기에 있는 동물은 오히려 동물원에서 안전하게 보호할 수 있습니다. 자연상태에 놓인 동물들은 약육강식의 원리에 따라 수많은 동물들이 멸종위기에 놓이게 됩니다. 희귀한 동물들을 보호할 수 있는 동물원이 필요합니다.

5. 지금 동물원을 폐지하면 오히려 동물들을 죽게 하는 것입니다. 동물원에 있던 동물들은 모두 어떻게 될까요. 야생으로 돌아가면 동물원 동물들은 모두 죽을 수 있습니다. 현 상황에서 동물원은 폐지할 수 없습니다.

> 여러분은 동물원을 좋아하십니까? 어떤 동물을 가장 좋아하십니까?
> 여러분 나라의 동물원을 소개해 보세요.

동물원 동물의 이름

- 사자 lion 獅子
- 호랑이 tiger 虎
- 표범 leopard 豹
- 기린 giraffe 长頸鹿, 麒麟
- 코끼리 elephant 大象
- 하마 ippopotamus 河馬
- 코뿔소 rhinoceros 犀牛
- 원숭이 monkey 猴子

한국인이 가장 좋아하는 동물과 반려동물

설문조사(만 13세 이상 남녀, 1,700명)에 의하면 한국인이 가장 좋아하는 동물은 호랑이라고 합니다.

그리고 한국인이 가장 키우고 싶은 동물, 함께 살아가고 싶은 동물은 개입니다. 개가 60%이고, 고양이는 8%입니다. 다음은 새(2%), 토끼(1%) 순서입니다. 키우고 싶은 동물이 없다고 말한 비율은 30%입니다. 한국인이 좋아하는 반려견의 종류는 푸들(16%), 몰티즈(10%), 진돗개(8%) 순서입니다.

67

국립박물관 입장료 유료화해야 한다.

국립박물관은 국가에서 운영하는 박물관을 말합니다. 박물관은 특정한 국가의 역사와 사회 환경 속에서 만들어졌으며 박물관 자체가 역사의 산물이라고 할 수 있습니다. 한국의 국립박물관은 현재 용산에 있는 국립중앙박물관과 12개의 지방 국립박물관이 있습니다. 국립중앙박물관 입장료는 19세에서 64세까지 2,000원을 받았습니다. 그러나 현재는 특별전시를 제외하고 무료입니다.

찬성

- 국립박물관
  the National Museum 国立博物馆
- 예산 budget 预算
- 세금부담 incidence of taxation
  税金负担
- 가중되다 increased 加重
- 관람료 an admission fee 票价
- 국립민속박물관
  the National Folk Museum of
  Korea 国立民俗博物馆
- 수입 income 收入
- 수익 profit, earnings 收益
- 무질서 disorder 无秩序
- 문화유산 cultural inheritance 文
  化遗产
- 전시물 exhibit 展品
- 정당한 just, reasonable 正当的

1. 박물관의 무료화로 외국인이 내는 관람료 수입이 사라지고 있습니다. 국립민속박물관의 경우 약 50% 이상이 외국인이고 한 해 평균 약 7억 원의 수입이 생겼습니다. 이 모두는 박물관 운영에 필요한 노동력과 유지비용에 쓰였습니다. 그러나 무료화가 되면서 박물관 운영에 필요한 인력과 작품 보존을 위해 쓰이는 비용이 부담이 되고 있습니다. 국가 재정이 어려운데 국민들의 세금만 가중될 것입니다. 관람료 무료에 따른 부담을, 시설을 이용하지 않는 국민 전체에게 맡기는 것은 바람직하지 않습니다. 유료화해야 합니다.

2. 어떤 시설이라도 무료화된다면 박물관이 무질서해지고 문화유산

에 대한 인식이 약해질 수 있습니다. 공짜라는 생각에 박물관 전시물을 함부로 대할 수 있게 됩니다. 작품이 훼손되는 사례도 늘어나고 있습니다. 정당한 대가를 지불하고 관람해야 문화유산을 지킬 수 있고 올바른 향유 문화를 만들 수 있습니다.

3. 사립박물관의 활동이 위축되고 있습니다. 국립박물관이 무료화되면서 사립박물관을 방문하는 시민들의 수가 줄고 있고 이는 사립박물관의 운영을 힘들게 합니다. 사립 박물관의 운영비에서 입장료 수입이 평균 30% 가량 차지하기 때문입니다. 사립 박물관까지 무료화될 수는 없는 일입니다.

4. 국립박물관을 무료화된다고 해서 관람객이 과연 얼마나 증가했는지 의문입니다. 경기도 자연사박물관의 경우 2008년부터 무료화했음에도 불구하고 관람객 수가 늘어나지 않고 있다고 합니다. 무료화보

- 훼손 damage 损坏
- 대가 price, cost 价钱
- 지불하다 pay 支付
- 관람하다 see 观览
- 향유하다 enjoy 享有
- 사립박물관 private museums 私立博物馆
- 위축되다 contract, shrink 畏缩
- 방문하다 visit 访问
- 운영비 operational costs 运营费
- 평균 average 平均
- 가량 a guess 大概
- 차지하다 account for 占有
- 자연사박물관 natural history museum 自然史博物馆

다 박물관 프로그램을 더 다양하게 하여 관람객을 늘리는 것이 중요합니다.

반대

1. 모든 국민은 문화생활을 할 수 있는 권리가 보장되어야 합니다. 박물관이라는 곳은 다른 문화시설에 비해 우리에게 아직 친근하게 다가오는 곳은 아닙니다. 국립박물관마저 유료화한다면 더욱 박물관이 멀어지게 될 것입니다. 박물관이 무료화되면서 문화가 시간과 돈이 있을 때만 향유할 수 있는 것이라는 생각에 변화가 생기고 있습니다. 한국 문화유산의 가치를 더 잘 알고 소중하게 생각할 것입니다.

2. 국립 박물관의 무료화는 문화 격차를 줄일 수 있습니다. 문화의 격차는 문화 소비의 불평등으로 생기는 경우가 많습니다. 기초생활수급자와 저소득층은 가장 기본적인 문화생활의 권리를 누리지 못합니다. 경제적 여건이 부족한 사람들에게도 쉽게 다가갈 수 있는 박물관이 되어야 하는 것이 바로 '국립'시설입니다. 국립박물관을 유료화하면 또 다시 문화소비의 불평등이 생길 것입니다.

3. 국립 박물관 입장료를 유료화하면 관람객의 수가 줄어들 것입니다. 박물관이 무료화가 되어 누구나 한국의 문화유산을 감상하고 한국의 문화유산을 느낌으로써 자부심을 가지게 될 기회가 커집니다. 한국 문화의 발전은 이런 자부심을 바탕으로 생겨나는 것입니다. 문화에 대한 인식 수준이 높아지면 작품 훼손 등의 문제를 걱정하지 않아도 됩니다. 대중들의 관람 예절이 더 좋아질 것입니다. 유료화된다면 이런 자부심이 생기기 어렵고 그냥 입장료를 내고 들어가는 시설이라는 생각이 들 것입니다.

4. 국립박물관이 무료화되어 외국인의 관광도 늘고 있습니다. 또한 외국인에게 한국문화에 대한 대외 홍보와 이미지 제고에 도움이 됩니다. 외국인의 관광 증가는 곧 대체 소비의 증가로 이어질 수 있습니다. 박물관이 무료화되어도 다른 수입이 증가하기 때문에 지방 박물관은 지역사회 발전에도 큰 도움이 될 것입니다. 유료화된다면 외국인들의 수가 많이 줄 것입니다. 유료화를 반대합니다.

여러분은 한국에서 국립박물관에 가본 적이 있습니까? 어떤 박물관이 좋았는지 경험을 이야기해 보세요.

68

카피레프트,
지식과 정보는 공유되어야 할 공공재이다

카피라이트copyright란 보통 저작권을 말합니다. 지적재산권은 특허권이나 상표권 등 문학과 예술 분야에서 저작권을 의미합니다. 저작물이 저자의 소유라는 점은 지극히 당연한 논리입니다. 그러나 이러한 개념은 근대 이후에 등장한 것입니다. 근대 이전에는 지식이나 정보는 공유재의 성격이 강해서 누구나 공유할 수 있는 것이었습니다. 현대 디지털시대에서 이 개념은 다시 카피레프트 운동으로 일어나고 있습니다.

찬성

- 카피라이트 the copyright 版权
- 저작권 copyright 著作权
- 지적 재산권 intellectual property right 知识产权
- 특허권 patent 专利权
- 상표권 trademark rights 商标权
- 분야 field 领域
- 저작물 a literary work 作品
- 저자 writer 作者
- 소유 ownership 所有
- 지극히 very 极其
- 당연한 justified 当然
- 논리 logic 逻辑
- 공유재 common pool resources

1. 지식과 정보는 상품이 아니라 공유되어야 할 공공재입니다. 사회전체의 공적 자산으로 구성원들이 모두 공유할 수 있습니다. 왜냐하면 모든 지식과 정보는 완벽하게 개인의 사적 독점의 대상이 될 수 없기 때문입니다. 아무리 창조적인 아이디어의 산물일지라도 앞서서 누군가의 창조자로부터 영감을 얻고 있는 것이기 때문입니다.

2. 카피레프트는 지식과 정보의 양극화현상을 극복할 수 있습니다. 정보의 과도한 독점을 통해 이루어지는 부의 과도한 축적을 막아야 합니다. 디지털사회에 정보와 지식은 더욱 중요성이 커지고 있습니

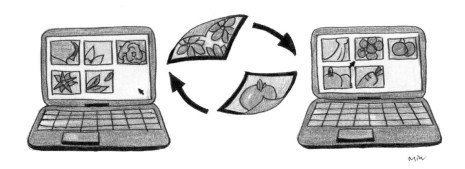

다. 이는 심각한 부의 불평등을 야기할 것입니다. 따라서 카피레프트는 정보의 평등을 이룰 수 있는 좋은 방법입니다.

3. 지식과 정보가 이윤이 목적이 된다면 더 이상 사회발전을 이끌어낼 수가 없습니다. 빌게이츠Bill Gates는 선배 프로그래머들이 축적해 온 프로그램을 공유하여 발전시켜 상품화시켰습니다. 그가 사업적으로 성공한 것은 그 한 사람만의 창조적 결과물로 이루어진 것이 아닙니다. 공적 자산을 특정 개인이나 기업에 가두어 두면 안 됩니다.

4. 카피레프트에 대한 오해 중에 하나는 무조건 모든 지적재산물을 공짜로 훔쳐쓴다는 것입니다. 결코 무료로 이용하자는 것은 아닙니다. 카피레프트는 자유로운 유통과 공유, 이를 통한 개선을 중시하는 것입니다. 카피라이트 권리를 무기로 부를 독점하려는 것을 반대하고 있습니다. 소프트웨어 공유를 주장하는 리눅스Linux가 카피레프트 진영의 대표적인 사례로 말할 수 있습니다. 소프트웨어의

公有财产
- 고유하다 unique 固有的
- 카피레프트 운동
  copyleft movement 无版权运动
- 공공재 public goods 公共财产
- 공적 자산 public assets 公共资产
- 사적 personal 私人的
- 독점 monopoly 独占
- 창조적인 creative 创造的
- 산물 product 产物
- 창조자 creator 创造者
- 영감 inspiration 灵感
- 양극화 현상 polarization 两极分化现象
- 과도한 excessive 过度的
- 축적 accumulation 蓄积
- 부의 불평등 wealth inequality 财富不平等
- 일회적인 one off 一次性的
- 소비재 consumer goods 消费品
- 재생산 reproduction 再生产
- 확산 spread 扩散
- 이윤 profit 利润

소스를 공개해 정보를 교환하고 개선하자는 것입니다. 현재 전세계 소프트웨어 시장의 90%를 장악하고 있는 마이크로소프트 Microsoft 사가 가지고 있는 독점은 바람직하지 않습니다.

5. 보고서가 공유된다고 해도 그것을 그대로 제출할 사람은 많지 않습니다. 오히려 공유된 보고서의 문제를 지적하고 수정하면서 더 발전된 보고서를 작성할 수 있습니다. 지식과 정보는 공유되어야 합니다.

- 상품화 commercialization 商品化
- 공적 자산 public assets 公共资产
- 오해 misunderstanding 误会
- 지적재산물 intellectual property 知识产权
- 유통 distribution 流通
- 개선 improvement 改善
- 무기 weapon 武器
- 공개하다 make public 公开
- 개선하다 improve 改善
- 장악하다 dominate 掌握
- 독과점 monopoly and oligopoly 垄断

반대

1. 자본주의 사회에서 지식과 정보는 개인에 대한 금전적 보상과 경쟁 속에서 창조적으로 발전합니다. 발명과 창작에는 보상이 뒤따르며 이것이 곧 사회발전의 동력이 되는 것입니다. 이는 지식과 정보의 사유화가 전제가 되어야 합니다. 누구나 가질 수 있는 공공재라면 새로운 것을 만들어 낼 동력이 상실됩니다.

2. 정보의 유통이 급속히 이루어지는 현대사회에서 상당한 시간과 인력, 비용을 투입하여 얻은 정보와 기술이 쉽게 다른 나라로 간다면

- 카피레프트 copyleft 版权
- 자본주의 사회 capitalist society 资本主义社会
- 금전적 monetary 金钱上
- 보상 reward 报偿
- 경쟁 competition 竞争
- 창조적 creative 创造的
- 발명 invention 发明
- 창작 creation 创作
- 동력 power 动力
- 사유화 privatization 私有化
- 전제 premise 前提

어떻게 되겠습니까? 애써 개발한 신제품을 복제해서 퍼뜨리는 일이 과연 공공의 이익을 위한 것입니까? 지적재산권을 보호하지 않는다면 고생할 사람이 누가 있겠습니까. 공공의 이익이라는 명분으로 다른 사람이 노력한 결과를 가진다는 것은 공짜로 남의 것을 훔치는 것과 같습니다.

3. 역사를 바꿀만한 혁신적인 기술은 몇몇 천재의 손에서 창조적으로 탄생한 것입니다. 누구나 생산할 수 있고 변형할 수 있는 정보는 결국 낮은 수준에 머물 수밖에 없습니다. 리눅스의 경우 공공재로 이용하기 어려운 점이 많습니다. 모두의 것은 누구의 것도 아닙니다. 정보의 공유를 통해 기술의 진보를 가져온다고 하는 것은 어불성설입니다.

4. 여러분은 여러분이 공들여 작성한 보고서를 공공재로 공유한다면 어떻겠습니까. 계속 보고서를 쓰려고 할까요? 아마 많은 사람들이 공유되는 보고서를 그대로 활용하면서 노력없이 과제를 수행하게 될 것입니다. 보고서를 쓴 사람의 노력을 보호해야 합니다. 디지털 시대에 카피레프트는 모든 것을 가짜와 모방으로 가득한 사회를 만드는 일입니다.

여러분은 인터넷에 있는 자료를 그냥 사용한 적이 있습니까? 과제를 할 때 어떤 자료를 가장 많이 활용하나요? 서로 이야기를 나누어보세요.

- 유통 distribution 流通
- 상당한 considerable 相当多
- 인력 manpower 人力
- 투입하다 invest 投入
- 애써 with effort 努力
- 개발하다 develop 开发
- 신제품 new product 新产品
- 복제하다 copy 复制
- 공공의 이익
  public interests 公共利益
- 의문 wonder 疑问
- 지적재산권
  intellectual property right 知识产权
- 명분 justification 名分
- 혁신적인 innovative 革新的
- 창조적으로 creative 创造的
- 탄생하다 be born 诞生
- 변형하다 deform 变形
- 공유 sharing 共有
- 진보 progress 进步
- 어불성설
  illogicality 语不成说, 天方夜谭
- 수행하다 execute 完成, 执行

69

패러디는 새로운 예술 창조방법이다.

패러디parody란 원작을 변형해서 새롭게 표현하는 형식을 말합니다. 잘 알려진 원작을 활용해 예술 작품을 재생산하는 것입니다. 패러디는 단순한 모방이 아니고 새로운 의미를 가지게 된다는 점에서 표절과 구분되기도 합니다. 그러나 여전히 원작을 베껴서 하는 작업이라 패러디는 심각한 문제가 되기도 합니다.

찬성

- 원작 original work 原作
- 변형 variation 变形
- 재생산 reproduction 再生产
- 모방 imitation 模仿
- 표절 plagiarism 剽窃
- 인용하다 quote 引用
- 베끼다 copy 抄写
- 비틀다 twist 歪曲
- 원본 original text 原本
- 권위 authority 权威
- 폭로하다 disclose 暴露
- 가치 value 价值
- 풍자하다 satirize 讽刺
- 생명 life 生命
- 광범위하게 extensively 广泛
- 공감 sympathy 共鸣
- 문화창조 culture creation 文化创意

1. 문학과 예술에서 패러디는 표절과는 다릅니다. 단순히 원작을 인용하고 모방하는 것이 아닙니다. 원작을 활용하지만 그대로 베끼는 것이 아닙니다. 원작을 비틀고 원본이 가지고 있는 권위를 폭로함으로써 새로운 가치를 만들어내는 것이 패러디입니다. 패러디는 세상을 풍자하는 것이 생명입니다. 원본을 창조적인 방식으로 변형하는 패러디는 오랜 역사를 가지고 있는 예술방법입니다. 현대에 와서 음악, 미술, 문학 뿐 아니라 영화나 드라마와 같은 대중예술에도 활용되고 인터넷을 통해 대중들에게 광범위하게 확산되면서 공감을 이끌어내고 있습니다. 예술의 표현기법을 넘어 새로운 문화창조의 기법이 되고 있습니다.

2. 세상에는 완전히 새롭고 유일한 창조란 없습니다. 무에서 유를 창조하는 것은 존재하지 않습니다. 모방은 예술의 기본 원리입니다. '모방은 창조의 어머니'라는 말이 있습니다. 모든 예술은 모방에서 출발하고 그 속에서 탄생합니다. 엄밀한 의미에서 예술은 넓은 의미에서 모두 패러디인 것입니다. 세상에 모방하지 않은 작품은 없습니다.

3. 패러디를 활용하는 것은 표현의 자유입니다. 패러디를 규제하는 것은 표현의 자유를 침해하는 것입니다. 패러디를 통해 정치적 풍자를 하는 것은 건강한 사회를 만들어가는 동력이 될 수 있습니다. 이를 규제하는 것은 건강한 문화를 억압하는 것입니다. 패러디는 누구나 아는 것을 끌어와 풍자하거나 재미있게 전달하는 표현방식입니다. 단순한 모방에 그치는 것이 아니라 나름의 독창성과 표현으로 재탄생되는 것입니다.

- 기법 culture creation 技法
- 유일한 only 唯一
- 무 nothing 无
- 유 existence 有
- 창조 creation 创造
- 표현의 자유
  freedom of expression 表达的自由
- 정치적 풍자
  political satire 政治讽刺
- 동력 power 动力
- 억압하다 suppress 压抑
- 풍자 satire 讽刺
- 독창성 originality 独创性
- 재탄생 Reborn 再次诞生

4. 패러디를 쉽게 베끼는 것으로 생각하는 것은 예술을 모르고 하는
   말입니다. 기존의 작품을 잘 이해하고 정밀하게 분석할 수 있는 예
   술가만이 패러디 작품을 만들 수 있습니다. 어떤 아이가 피카소의
   작품을 금방 베꼈다고 해서 우리는 그것을 패러디 작품이라고 하지
   않습니다.

반대

1. 패러디는 표절입니다. 패러디는 그대로 베끼는 모방일 뿐 창조적인
   것이라 할 수 없습니다. 모방이 창조적인 영감과 예술활동에 자극
   을 주는 것은 사실이지만 창조활동은 아닙니다. 예술작품에서 창의
   적인 것이 없다면 우리는 예술작품에 대해 뛰어난 것이라고 판단할
   기준이 없습니다. 창조적 예술과 원본을 변형해서 만든 패러디는
   구분되어야 합니다. 원본을 모방하는 표절은 부끄러운 일이지 예술
   이라고 볼 수 없습니다.

2. 패러디는 예술작품의 원본을 훼손하는 일입니다. 원본에서 아이디
   어를 베끼는 것은 남의 창작물을 훔치는 것입니다. 표절이지 창작
   이 아닙니다. 또한 원본을 변형해서 우스꽝스럽게 조롱하는 것은
   원본에 대한 모독입니다. 도덕과 양심에 어긋나는 범죄나 마찬가지
   입니다.

3. 패러디를 예술로 인정한다면 패러디가 확산되면서 원작자에게 피해
   를 줄 수 있습니다. 적절하게 규제하지 않으면 안 됩니다. 오랫동안
   노력해서 만든 작품을 제멋대로 활용하는 것을 규제해야 합니다.

4. 패러디는 예술의 발전을 저해합니다. 창작의욕을 꺾고 예술의 다양
   한 창조적 가능성을 막는 행위입니다. 원작의 유명세를 활용하여

손쉽게 무임승차하는 것은 예술의 발전을 막는 것입니다. 패러디로 저급한 문화가 유행할 것입니다.

5. 선거 때가 되면 각종 정치 패러디물들이 인터넷에 등장합니다. 이것은 매우 저속한 인신공격이며 명예훼손입니다. 표현의 자유를 핑계로 어떤 정치인을 희화화해서 모욕감을 주는 경우를 예술이라고 할 수 없습니다. 표현의 자유라는 말로 다른 사람의 기본권을 침해하는 것은 옳지 않습니다.

作品, 恶搞
- 저속한 vulgar 低俗的
- 인신공격 personal attack 人身攻击
- 명예훼손 defamation 损害名誉
- 핑계 excuse 借口
- 희화화하다 make a caricature 丑化, 漫画化
- 모욕감 feeling of insult 羞辱感
- 기본권 basic human rights 基本权

그림이나 영화에서 재미있는 패러디물을 소개하고 이야기를 나누어 보세요.

70

스크린 상한제, 도입해야 한다.

스크린 상한제란 관객이 몰리는 주요 시간대에 특정 영화의 상영관 스크린의 수를 제한하는 제도입니다. 스크린 상한제의 목적은 외국 영화로 인해 경쟁력이 약해진 국내 영화산업을 보호하려는 것입니다. 2019년 4월 영화 '어벤저스Avengers'가 전국 스크린의 90%가 넘으면서 정부는 이 제도의 도입을 추진하려고 하고 있습니다.

찬성

- 스크린 상한제 screen upper limit 银幕上限制
- 관객 cinema audiences 看客
- 시간대 timeslot 时段
- 상영관 theater 电影院
- 제한하다 restrict 限制
- 경쟁력 competitiveness 竞争力
- 영화산업 film industry 电影产业
- 보호하다 protect 保护
- 도입하다 institute 引进
- 독과점 monopoly and oligopoly 垄断
- 블록버스터 영화 blockbuster movie 大片电影
- 대형 배급사 largest distributor 大型电影发行公司
- 거대한 huge 庞大的
- 자본 capital 资本

1. 스크린 상한제는 한국영화의 발전을 위해 반드시 도입해야 합니다. 스크린의 독과점은 한국 영화계의 발전을 막습니다. 미국 블록버스터 영화, 국내 대형 배급사의 영화는 거대한 자본으로 많은 상영관을 독점합니다. 현재의 상황을 계속 둔다면 한국영화는 발전할 수 없습니다.

2. 스크린 상한제를 도입하여 관객들의 선택권을 보장해야 합니다. 영화 '어벤저스'가 개봉되었을 때 관객들은 다른 영화를 보고 싶어도 볼 수가 없었습니

다. 관객들이 많은 오후 시간대에 대부분의 상영관에서 모두 '어벤져스'를 상영하고 있었기 때문입니다. 어떤 극장에서는 상영 예정이었던 영화를 취소하고 '어벤져스'를 상영하기까지 했습니다.

3. 영화간의 공정한 경쟁과 영화의 다양성 확보를 위해 스크린 상한제가 필요합니다. 잘 만든 영화는 굳이 독점하지 않아도 흥행에 성공합니다. 굳이 시작부터 스크린을 독점하는 것은 공정한 경쟁을 차단하는 것입니다. 다양한 영화들이 적정한 스크린을 배정받아 공정하게 경쟁하는 것이 옳은 방법입니다.

- 독점하다 monopolize 独占
- 선택권 option 选择权
- 개봉되다 premiere 首映
- 공정한 fair 公正的, 公平的
- 경쟁 competition 竞争
- 다양성 확보 secure diversity 确保多样性
- 흥행 commercial success 上映, 票房
- 차단하다 block 阻断
- 배정받다 be assigned 分配

반대

1. 한국은 자본주의 사회입니다. 인기있는 영화가 수요가 더 크고 따라서 더 많은 스크린을 공급하는 것은 당연한 일입니다. 인기 영화의 예매가 어려워진다면 불법적인 암표가 거래될 것이고 이는 문화소비의 질서를 파괴하는 일입니다.

2. 스크린 상한제를 도입하면 영화관 운영에 경제적 피해를 줄 것입니다. 영화를 보고 싶어하는 관객들을 위해 더 쉽고 더 많이 스크린을 확보하는 것은 극장의 당연한 권리입니다. 연일 '매진'을 기록할 수 있는 영화를 규제한다면 영화관은 큰 손실을 입게 됩니다. 스크린 상한제는 결국 영화관 운영을 막게 되는 결과를 초래할 것입니다.

3. 스크린 상한제로 보고싶은 영화를 보지 못하게 규제한다고 해서 관객들이 보고싶지 않은 영화를 보지는 않습니다. 영화의 흥행은 결국 스크린의 독과점 때문이 아니라 그 영화 자체의 문제입니다. 스크린 상한제로 독과점을 막는다고 해도 영화의 다양성은 보장되지 않습니다. 규제하는 것보다 영화가 더 발전할 수 있는 방향으로 지

원하는 것이 더 현명한 방법이라고 생각합니다.

oligopolistic 壟斷
- 다양성 diversity 多样性
- 지원하다 support 支援
- 현명한 wise 賢明

4. 스크린 상한제는 영화의 진정한 경쟁을 오히려 막습니다. 영화 자체의 경쟁력있는 발전을 위해서는 스크린 상한제가 불필요합니다. 좋은 영화는 스크린 상한제가 없어도 많은 사람이 찾아서 봅니다. 특히 요즘처럼 영화관에 가지 않고도 영화를 많이 볼 수 있는 시대에 스크린 상한제는 큰 의미가 없습니다.

👥 여러분이 좋아하는 영화는 어떤 종류의 것입니까? 영화를 보러 영화관에 얼마나 자주 갑니까? 영화에 대해 서로 이야기를 나누어 보세요.

한국인의 여가문화

한국 사람들은 일하지 않고 쉬는 시간에 무엇을 할까요? 여가활동은 소득과 연령, 성별에 따라 다르지만 한 조사에 의하면 한국사람들이 가장 많이 하는 여가활동은 텔레비전 시청이 46.4%라고 합니다. 그 다음은 영화보기, 등산, 친구 만남, 인터넷 검색, 게임, 산책, 종교활동 등입니다.

한국인의 여가는 휴식형에서 체험형으로 변화되고 있지만 한국인의 대다수 여가는 비교적 단순하고 소극적이라고 할 수 있습니다. 여가를 혼자서 즐기는 사람이 점점 늘어나고 있으며, 특히 기혼 여성의 경우 가사노동에 많은 시간을 사용하기 때문에 이들의 여가시간이 매우 적고 노동시간은 많은 것으로 보고되고 있습니다. 이처럼 한국인의 여가활동은 집단에 따라 불균등하게 나타납니다. 또한 개인적인 자율적 선택보다는 사회구조나 문화적인 요인에 의해 여가의 양이 결정되고 있습니다.

한국은 2003년부터 주 5일 근무제가 시작되었고 2011년부터 주 40시간 근무제가 도입되면서 한국인들에게 여가생활의 중요성이 커졌습니다. 따라서 여가 시간과 여가 비용 등도 크게 늘고 있습니다. 그러나 여가활동에 대한 만족도는 상대적으로 낮습니다. 그 이유는 경제적 부담과 시간 부족으로 조사되고 있습니다.

한국인은 전통적으로 술과 노래를 즐기는 '음주가무'의 문화를 가지고 있습니다. 한국에 술집과 노래방이 많은 것도 이와 관련이 있습니다. 조사에 의하면 노래방을 가는 이유는 남녀모두 스트레스 해소와 친목 도모를 위해서라고 합니다. 여성은 주로 노래를 즐기러 노래방에 가고 남성들은 회식 후에 노래방에 가는 경우가 많습니다.

최근에는 일인가구가 증가하고 있기 때문에 여가문화도 바뀌고 있습니다. 혼자서 밥을 먹고, 혼자서 술을 마시고, 혼자서 노래를 할 수 있는 공간도 많이 생기고 있습니다. 2022년이면 한국에서 일인가구가 30%가 넘을 것으로 예측하고 있습니다. 일인가구의 여가활동은 주로 휴식이고 여가시간은 평일 4.4시간, 휴일 5.9시간이라고 합니다. 일인 가구의 여가비용은 월 평균 11만 3천원 정도라고 합니다.

여러분은 시간이 날 때 무엇을 하십니까? 여가생활에 대해 서로 이야기를 나누어 보세요.

지은이 **이은자** Lee Eun-Ja, 李銀子

숙명여대 국문과를 졸업하고, 같은 대학, 대학원에서 현대문학으로 박사학위를 받았다. 여러 대학에서 문학과 교양강의를 했고, 외국인을 위한 한국어교육에 관심을 가지면서 국제언어교육원과 영국 더램대학(Durham University)에서 한국어와 한국문화를 가르친 바 있다. 현재 숙명여자대학교 기초교양대학 교수로 재직 중이다. 외국인 유학생을 위해 만든 『한국 옛날이야기로 배우는 한국어·한국문화』(역락, 2015)가 있다.

그린이 **이승민** Lee Seung-Min, 李承珉

영국 Imperial College London, Medical School을 졸업하고, 지금은 영국 NHS(National Health Service)에 재직 중이다.

한국 토론 70
토론으로 배우는 한국어·한국문화

초판 1쇄 인쇄 2021년 2월 18일
초판 1쇄 발행 2021년 2월 26일

지은이	이은자
그린이	이승민
펴낸이	이대현
편집	이태곤 권분옥 문선희 임애정 강윤경
디자인	안혜진 최선주 이경진
마케팅	박태훈 안현진
펴낸곳	도서출판 역락
주소	서울시 서초구 동광로 46길 6-6 문창빌딩 2층
전화	02-3409-2060(편집), 2058(마케팅)
팩스	02-3409-2059
등록	1999년 4월 19일 제303-2002-000014호
전자우편	youkrack@hanmail.net
홈페이지	www.youkrackbooks.com

ISBN   979-11-6244-704-8 03710